Die Nähe fremder Kulturen

C(

Bei allen kulturellen Differenzen verbindet Japan und Deutschland eine Reihe von Ähnlichkeiten und Gemeinsamkeiten: die Rolle des Staates im Modernisierungsprozess, die Konsens- und Ordnungsorientierung sowie die Bedeutsamkeit sozialer Verantwortung. Schlieper verfolgt die entdeckten Parallelen in ihrer historischen Entwicklung und zeigt anhand von Beispielen einerseits, wo sich Marktchancen eröffnen, andererseits, wie strukturelle Ähnlichkeiten zu Wirtschaftskooperationen genutzt werden können.

Andreas Schlieper, geb. 1951, ist Geschäftsführer der nordrhein-westfälischen Gesellschaft für Wirtschaftsförderung in Düsseldorf und Vorstand der NRW Japan k.k. in Tokyo. Er widmet sich vor allem der Pflege wirtschaftspolitischer Kontakte zu Japan und dem Aufbau branchenbezogener Netzwerke für deutsche Unternehmen.

Andreas Schlieper

Die Nähe fremder Kulturen

Parallelen zwischen Japan und Deutschland

Campus Verlag
Frankfurt/New York

Redaktion: Margret Neuefeind, Wedel

Die Deutsche Bibliothek – CIP-Einheitsaufnahme

Schlieper, Andreas:
Die Nähe fremder Kulturen: Parallelen zwischen Japan und
Deutschland / Andreas Schlieper. – Frankfurt/Main; New York:
Campus Verlag, 1997
ISBN 3-593-35861-1

Umschlaggestaltung: Atelier Warminski, Büdingen
Satz: Fotosatzstudio »Die Letter«, Hausen/Wied
Druck und Bindung: Druckhaus Beltz, Hemsbach
Gedruckt auf säurefreiem und chlorfrei gebleichtem Papier.
Printed in Germany

Inhalt

Kapitel 4
Eine Gruppengesellschaft im Wandel
92

Kapitel 5
Gibt es eine japanische Außenpolitik?
119

Kapitel 6
Auf der Suche nach einem neuen Gleichgewicht
143

Kapitel 7
Wirtschaftspolitik auf neuen Wegen
172

Kapitel 8
Deutschland und Japan: neue Chancen durch Kooperation
198

Vorwort

Sich intensiver mit Japan, seiner Gesellschaft, seinen Traditionen und Perspektiven zu beschäftigen, gehört in Deutschland leider immer noch zu den eher exotischen Tätigkeiten; das Interesse in der Öffentlichkeit ist ebenso begrenzt wie die Zahl derjenigen, die sich damit professionell befassen. Zwar wird man ohne größere Probleme bei der Recherche genügend feinsinniges und tiefgründiges Material in deutscher oder wenigstens doch englischer Sprache zu nahezu jedem, noch so filigranen Aspekt des japanischen Sozialsystems finden, nach zusammenfassenden Arbeiten, die auch dem interessierten, aber eiligen Laien einen Überblick über die Strukturen der japanischen Kultur und Tradition und vor allem ihre Bedeutung für das Handeln in der heutigen Gesellschaft Japans vermitteln, muß man jedoch länger und manchmal auch vergeblich suchen. Damit korrespondiert auch das – gelinde ausgedrückt – Desinteresse der deutschen Medien an den politischen, ökonomischen oder sozialen Entwicklungen in Japan: Das Ergebnis der Wahlen im Oktober 1996 und die sich daraus ergebenden politischen Konsequenzen waren den meisten deutschen Zeitungen und Fernsehanstalten kaum mehr Platz wert als die gleichzeitig stattfindenden Wahlen in Rumänien, Bulgarien oder Litauen. Was sich aus der regionalen und vielleicht auch kulturellen Nähe zu diesen Ländern noch erklären läßt, ist spätestens dann kaum noch verständlich, wenn man bedenkt, daß es sich bei Japan um die zweitgrößte Wirtschaftsnation der Welt handelt, deren Handelsströme und Investitionen auch für Deutschland eine hohe Bedeutung haben. Die japanischen Unternehmen in Deutschland erzielen mehr Umsatz und sichern mehr Arbeitsplätze als der Daimler-Benz-Konzern. Man könnte lang und breit darüber spekulieren, woher dieses mangelnde Interesse und Verständnis sogar in der deutschen Wirtschaft und Politik für die Entwicklungen in Japan stammt – jedenfalls wird in den Medien gerade einmal die exotische Oberfläche der japanischen Gesellschaft wahrgenommen und kommentiert. Vielleicht hat das etwas damit zu tun, daß man sich nicht zwischen den Gefühlen der Überheblichkeit und der Bewunderung für Japan entscheiden kann; ein profaner, aber wichtiger Grund liegt jedoch sicherlich auch in der fast unüberwindlich erscheinenden Sprachbarriere, die es dem durchschnittlichen Deutschen kaum ermöglicht, in direkten, unmittelbaren Kontakt zu den Japanern und der japanischen Kultur zu treten. Der Austausch von Informationen, Meinungen und Gefühlen wird immer gefiltert durch einen Übersetzer oder eine dritte, zumeist die englische Sprache.

Nun bin auch ich nicht der japanischen Sprache mächtig und habe mich nicht den größten Teil meines Lebens mit der wissenschaftlichen Erforschung der japanischen Kultur und Gesellschaft beschäftigt, habe noch nicht einmal längere Zeit in Japan gelebt – in diesem Sinne tue ich schon jetzt Abbitte bei allen Experten jedweder Fachrichtung der Japanologie, deren Tätigkeit ich vor allem seit den Recherchen zu diesem Buch einen hohen Respekt entgegenbringe. Mein Zugang zu Japan ist entstanden aus der Faszination, die auch nach drei Dutzend Besuchen seit Beginn der 90er Jahre und unzähligen Gesprächen mit Japanern und Deutschen eher noch stärker geworden ist. Auch ich habe während dieser Jahre den Prozeß durchlebt, den Arthur Koestler in seinem Buch *The Lotus and the Robot* vor mehr als 30 Jahren beschrieben hat, nämlich das langsam beginnende Verständnis für Japan, das abgelöst wird von der tiefen Verzweiflung, manchmal auch der Wut über immer wieder auftretende Mißverständnisse, um schließlich wieder in einer erneuten Begeisterung und Faszination zu münden. Solche Phasen wechseln sich selbst heute noch innerhalb eines Tages oder sogar weniger Stunden ab. Aus diesem Prozeß heraus ist dieses Buch entstanden, geschrieben von einem Laien, der anderen Laien den Zugang zu einer schillernden Kultur ermöglichen will – und gleichzeitig hofft, die Fachleute nicht zu beleidigen. Verkürzungen und Vereinfachungen haben sich dabei ebensowenig vermeiden lassen wie manche Vergleiche zwischen den Verhältnissen in Deutschland und Japan, die vielleicht einer wirklich tiefgründigen kulturhistorischen Analyse im Detail nicht standhalten würden. Mir aber kam es auf das an, was man als den heuristischen Wert der Darstellung bezeichnen könnte, also eher auf die Erinnerung an das Bekannte als das Vertrautmachen mit dem absolut Fremden. Wenn es denn zutrifft, daß sich politische und ökonomische Kooperationen vor allem dann einstellen, wenn es auch kulturelle Bezugspunkte gibt, und wenn man – wie ich – eine solche Kooperation mit Japan gerade in einer sich herausbildenden multipolaren Welt für sinnvoll und notwendig hält, dann muß es darum gehen, solche Bezugspunkte zwischen der deutschen und japanischen Gesellschaft zu identifizieren, dann muß die gegenseitige Exotik reduziert werden.

Natürlich ist dieses Buch nicht allein durch meine eigene Arbeit entstanden: Ich habe mich ausgiebig der Werke vieler wirklicher, ausgewiesener Experten bedient, allerdings der Lesbarkeit halber darauf verzichtet, Quellen und

Zitate durch Fußnoten kenntlich zu machen; alle zitierten Werke sind jedoch im Literaturverzeichnis am Ende dieses Buches aufgeführt. Mindestens ebenso wichtig waren die vielen und langen Gespräche mit Fachleuten in Deutschland und Japan, denen ich zu höchstem Dank verpflichtet bin, vor allem den Mitarbeiterinnen und Mitarbeitern der NRW Japan k. k. in Tokyo. Besonders zu danken habe ich jedoch Frau Eva Lück, M. A., die mich nicht nur mit ihren profunden Kenntnissen der japanischen Sprache und Kultur vor den gröbsten Fehlern und Mißverständnissen zu bewahren versucht hat, sondern sich auch immer wieder bemühte, auf alle noch so absurden Fragen eine tragfähige und zutreffende Antwort zu finden. Der Verantwortung für die verbleibenden Fehler und Unzulänglichkeiten dieses Buches kann ich mich dadurch trotzdem nicht entziehen.

Einleitung

Vom Wirtschaftsstandort Deutschland und seinen negativen Seiten ist in der letzten Zeit häufig die Rede gewesen, und die steigenden Arbeitslosenzahlen, verbunden mit niedrigem Wirtschaftswachstum, werden auch in Zukunft dafür sorgen, daß dieses Thema der breiten Öffentlichkeit erhalten bleibt, auch wenn die Konjunktur allmählich wieder an Fahrt gewinnen sollte. Nun ist gerade die Massenarbeitslosigkeit kein unbedingt neues Phänomen in der bundesdeutschen Wirtschaftsgeschichte: Schon seit dem Ende der 70er Jahre halten sich die Arbeitslosenzahlen auf einem nahezu konstant ansteigenden Niveau, und seit fast ebenso langer Zeit werden die gleichen Vorschläge zur Lösung dieser Probleme in die Debatte geworfen, ohne daß sich an den grundlegenden strukturellen Entwicklungen dadurch viel geändert hätte. Natürlich ist es ein gesellschaftlicher Skandal, daß mehr Geld zur Verfügung gestellt wird, um die Arbeitslosigkeit zu finanzieren, als Arbeit zu beschaffen, aber die entsprechenden Vorschläge zur Umstellung der Finanzierungssysteme – zumeist mit Verve und Empörung vorgetragen – zeichnen sich inzwischen auch nicht mehr durch besondere Kreativität und Innovationskraft aus. Mit schöner Regelmäßigkeit werden sie seit zwei Jahrzehnten genauso schnell verworfen, wie sie aufgestellt wurden. Offenbar sind weder die traditionellen sozialen Sicherungssysteme noch die Instrumente der klassischen Wirtschaftspolitik in der Lage, dem sich seit Jahren anstauenden strukturpolitischen Problemdruck standzuhalten. Was sich jetzt mit zunehmender Heftigkeit entlädt, sind eben keine kurzfristig gewachsenen Verwerfungen in den ökonomischen Standortbedingungen, sondern tiefgreifende und langfristig wirkende Veränderungen, die schon in der Mitte der 80er Jahre an die Oberfläche drängten, dann aber durch die wirtschaftlichen Folgen der deutschen Vereinigung zeitweise überdeckt wurden.

Es hat nichts mit einer Depression des *fin de siècle* zu tun, wenn man Arbeitslosigkeit und Wachstumsschwäche als Symptome grundlegender Strukturprobleme in einer entwickelten Industriegesellschaft diagnostiziert: Angesichts der sich immer noch beschleunigenden technischen Entwicklung stellt Arbeit – und die menschliche allemal – inzwischen in den Industrieländern keinen knappen Faktor mehr da, um dessen qualitative oder gar quantitative Verfügbarkeit gestritten werden müßte. Denn die technische Entwicklung hat nicht allein zunächst die Mechanisierung und dann die Elektronisierung und Automatisierung der Produktionsabläufe im engeren Sinne zur Folge gehabt, sondern erfaßt – vor allem durch die Fortschritte in der Telekommunikation und Informationswirtschaft – inzwischen den gesamten Produktionsfluß von Entwicklung und Zulieferung über Distribution bis hin zum Zahlungssystem. Daß der Ausbau und die Verbesserung der Informations- und Kommunikationssysteme per saldo mehr Arbeitsplätze gefährden und schließlich vernichten werden, als sie neue schaffen können, wird allmählich auch zum Allgemeingut wirtschaftspolitischer Prognosen. Was in bezug auf die Wertschöpfung einer Gesellschaft trotzdem noch als positiv beurteilt werden mag, wird spätestens dann zum dramatischen Problem, wenn das Ausmaß an Arbeitslosigkeit derart groß geworden ist, daß die auf der Abschöpfung entlohnter Arbeit basierenden Sozial-, Renten- und Steuersysteme ihre Funktion der Umverteilung mangels Masse nicht mehr erfüllen können. Wenn dann noch hinzukommt, daß die private Nachfrage erheblich darunter leidet, daß durch die Privatisierung ehemals kollektiver Sicherungssysteme (Gesundheit, Pflege, Alter) die für den Konsum verfügbaren Einkommen stagnieren, wird eine Rezession mit hoher Eigendynamik in Gang gesetzt, die sich den Steuerungsversuchen einer klassischen Wirtschaftspolitik schon im nationalen Kontext völlig entzieht.

Noch problematischer wird die Situation im Rahmen dessen, was man als Internationalisierung und Globalisierung der Wirtschaft bezeichnet, also einer Entwicklung, welche die unternehmerischen – und letztlich auch die politischen – Entscheidungen immer mehr in ein internationales Beziehungsgeflecht einbindet, in dem die individuellen Handlungsspielräume in dem Maße enger werden, wie die Abhängigkeit von den Entscheidungen und Handlungen der anderen Akteure wächst. Das hat für die Unternehmen zur Konsequenz, daß ihre Entscheidungen einem immer komplizierter und komplexer werdenden Kalkül folgen müssen, dessen einzelne Komponenten sie kaum kennen, geschweige denn adäquat bewerten können. Managementfehler können in einer solchen Situation kaum mehr die Ausnahme bleiben, sondern werden eher zur Regel. Für die Politik sind die Folgen ebenso schwerwiegend, wird doch die nationale Autonomie der Gestaltung und Entscheidung von Politik genauso zur leeren Fiktion wie die Hoffnung auf die staatliche Steuerbarkeit ökonomischer oder gar technologischer Prozesse.

Nun haben Internationalisierung und Globalisierung andererseits aber auch ganz handfeste Vorteile, denn die geschilderten Konsequenzen betreffen nicht nur Politik und Unternehmen in einem Land allein, sondern in nahezu gleichem Maße alle Länder, die an der Weltwirtschaft teilnehmen. Zunächst also sind die Wettbewerbschancen über alle Konkurrenten mehr oder weniger gleich verteilt, wenn auch große und kapitalstarke Unternehmen (und Staaten) eher in der Lage sind, sich noch eine gewisse Autonomie zu bewahren (was sie aber – wie auch in Deutschland einige Beispiele zeigen – nicht unbedingt vor Fehleinschätzungen und gehobenem Mißmanagement mit zum Teil dramatischen Folgen schützt). Die zunächst gleichen Wettbewerbschancen differenzieren sich allerdings in dem Maße, in dem Unternehmen (und Staaten) in der Lage sind, eigene Strategien der Internationalisierung zu entwickeln und umzusetzen und dabei mit anderen Unternehmen (und Staaten) spezifische Allianzen einzugehen. Solche Allianzen können den gesamten Produktionsfluß umfassen, also von der Entwicklung über die Finanzierung und Zulieferung bis hin zur Produktion, der Distribution und dem Service. Angesichts wachsender globaler Konkurrenz versuchen sich Unternehmen gerade über solche Produkt- und Dienstleistungspakete Vorteile zu verschaffen, was für Investitions- und Konsumgüter gleichermaßen zutrifft. Die Identifikation entsprechender Kooperationspartner wird also ebenso zu einem wichtigen Bestandteil unternehmerischer Strategien wie die Entwicklung von integrierten Produkt- und Dienstleistungsangeboten, die weit über die klassischen Verfahren von Produktion und Marketing hinausgehen. Damit wird im übrigen ein grundlegender strategischer Vorteil von größeren Unternehmen benannt, falls sie sich in ein entsprechendes Umfeld hinein entwickelt haben, das es ihnen ermöglicht, ein solches integriertes Angebot aus eigenen Ressourcen, also aus dem Konzernverbund, kostengünstig darstellen zu können.

Die Bewältigung der strukturpolitischen Herausforderungen erfordert also in einem international und global verflochtenen Wirtschaftssystem mehr und umfassendere Antworten als nur Versuche zur Anpassung auf der Kostenseite, so wichtig sie auch zum Erhalt der kurzfristigen Wettbewerbsfähigkeit sein mögen. Die technologischen, infrastrukturellen oder sozialen Aufgaben der zukünftigen Entwicklung der Industriegesellschaften werden damit allein nicht zu bewältigen sein. Wenn es darum geht, auf der Produktseite Anpassungen vorzunehmen, und das wiederum bedeutet, daß integrierte Produkt- und Dienstleistungsangebote in internationaler Kooperation zu entwickeln sind, dann macht eine systematische Suche nach passenden Partnern erheblichen Sinn. Und wenn darüber hinaus die entscheidenden Aufgaben der Strukturpolitik einen gesamtgesellschaftlichen Charakter haben – weil sie wie beispielsweise in der Telekommunikation und Informationswirtschaft wesentliche öffentliche Vorleistungen im Bereich der Infrastruktur oder der Anpassung rechtlicher und institutioneller Rahmenbedingungen erfordern –, dann macht auch die systematische Einbeziehung staatlicher Einrichtungen in die Suche nach Kooperationspartnern Sinn. Solche Partner im öffentlichen oder unternehmerischen Bereich sollten in der Lage sein, aus einer ähnlichen Ausgangsposition eigenständige strategische Überlegungen zu entwickeln und zu implementieren. Das wiederum verweist darauf, daß für derartige Herausforderungen zunächst einmal Partner aus dem Fundus der entwickelten Industrienationen in Betracht kommen, denn von China oder Indien sind konzeptionelle oder technologische Beiträge zur Lösung der strukturpolitischen Probleme in einem Land wie Deutschland kaum zu erwarten. Kooperation und Austausch mit den europäischen Ländern oder den Vereinigten Staaten scheinen demgegenüber effizienter zu sein, haben aber auf Grund der engen kulturellen und ökonomischen Verbundenheit schon eine lange Tradition, so daß besonders neuartige oder innovative Aspekte in der Zusammenarbeit eher selten sind. Das schließlich führt uns zu Japan, dem sich weder Politik noch Wirtschaft in Deutschland während der vergangenen Jahre in besonderer Weise gewidmet haben, was sich nun – so jedenfalls hört man es – grundlegend ändern soll, aber angesichts der hohen Anfälligkeit der deutschen Außenwirtschaftsstrategie für Modetrends noch abzuwarten bleibt.

Dabei lohnte sich eine engere Zusammenarbeit mit Unternehmen und Staat in Japan allein schon deshalb, weil Japan angesichts des Bruttosozialproduktes und der Kaufkraft zu den interessantesten und – versuchte man es denn einmal ernsthaft – auch den ertragreichsten Märkten in der Welt gehört. Japan hat mehr als nur eine ethnische Nuance in die Entwicklung der Industriegesellschaften eingebracht. Wenn es also darum geht, die möglichen Lösungen der uns alle gleichermaßen betreffenden Herausforderungen einmal aus einem anderen Blickwinkel zu betrachten, der zudem noch über beeindruckende Referenzen für die Erfolge seiner Entwicklungsvariante verfügt, dann bleibt Japan nicht etwa als Restgröße übrig, sondern erscheint als die beste mögliche Wahl. Dazu aber ist eine veränderte Attitüde gegenüber Japan erforderlich, die sich weder in kritikloser Bewunderung bestimmter Formen der Organisation von Unternehmen erschöpft noch von vornherein vor den scheinbaren Schwierigkeiten eines Markteintritts kapituliert, also eine Einstellung, die sich weder dem technologischen Vorsprung in manchen Produktsektoren defätistisch ergibt noch schon jetzt auf ein baldiges Ende des japanischen Wirtschaftswunders angesichts von Erdbeben und Bankenkrise hofft. Erforderlich wäre demgegenüber ein Bild von Japan, das die ökonomischen (und sozialen) Erfolge der letzten 15 Jahrzehnte ebenso anerkennt wie die Schwachstellen einer immer noch nicht im westlichen Sinne modern zu nennenden Gesellschaft – und darauf mit einer sehr japanischen Haltung reagiert, nämlich nicht bei Schadenfreude und Spott zu verweilen, sondern in den

Schwachstellen auch gleichzeitig Marktchancen zu erkennen, die es rigoros und zielstrebig auszunutzen gilt.

Das wäre dann auch ein Bild von Japan, das nicht so sehr das Fremde und Exotische in den Vordergrund stellt, weil das zumeist eher ablenkt und verschreckt, sondern ein Bild, das zunächst einmal versucht, die Gemeinsamkeiten zu definieren, aus denen heraus sich gemeinsame – und das bedeutet hier: ökonomische – Interessen ableiten lassen. Wahrscheinlich hat der amerikanische Autor Samuel Huntington recht, wenn er feststellt, daß sich ökonomische und politische Kooperationen am ehesten dann einstellen und auch über längere Zeit stabilisieren, wenn die Partner aus dem gleichen (oder zumindest einem ähnlichen) Kulturkreis stammen. Für Japan und Europa erschließen sich diese Ähnlichkeiten sicherlich nicht auf den ersten Blick – zu unterschiedlich erscheinen Ästhetik, Tradition oder Religion. Gleichwohl wird man bei genauerem Hinsehen manches in den Strukturen der sozialen Systeme, aber auch der Werte finden, das ein gegenseitiges Wiedererkennen zuläßt. Grundvoraussetzung dafür aber sind Wissen und auch ein gewisses Maß an Verständnis für die historischen, kulturellen und sozialen Gegebenheiten und Entwicklungen Japans. Denn wenn man schon unbedingt etwas von Japan lernen will, dann vielleicht die systematische Angehensweise, mit der dieses Land schon geradezu traditionell seine militärische oder ökonomische Expansion durch die Sammlung und Auswertung von Informationen vorbereitet und oft genug auf diese Weise auch zum Erfolg geführt hat.

Es geht im folgenden also darum, einige dieser Gemeinsamkeiten zwischen Japan und Deutschland herauszuarbeiten und damit auch Felder einer möglichen Kooperation darzustellen. Eine umfassende Aufarbeitung der japanischen Geschichte, Kultur oder Gesellschaft ist allerdings ebenso wenig beabsichtigt wie eine detaillierte Recherche der Marktchancen für konkrete Produkte oder Technologien. Wer danach sucht, wird auch weiterhin auf die entsprechende und inzwischen auch recht zahlreiche Fachliteratur angewiesen sein. Denn ein Vorwurf, den man immer noch häufig hört, geht seit einiger Zeit ins Leere, nämlich der, es gebe in Deutschland keine qualifizierte Wissenschaft und Ausbildung in bezug auf Japan. In vielen Regionen Deutschlands ist eine Infrastruktur an Universitäten, Instituten und Beratungsunternehmen entstanden, die – gibt man ihr dazu Zeit, Gelegenheit und Mittel – nahezu jedes Thema der japanischen Gesellschaft und Wirtschaft kompetent aufarbeiten und auf diese Weise auch die Vorbereitung für unternehmerische Entscheidungen anbieten kann. Daß solche Entscheidungen nur selten bewußt gefällt werden und die weitverbreitete ablehnende Haltung gegenüber Japan immer noch eher auf Stimmungen als auf rationalen Urteilen beruht, ist ein anderes Thema – und das gehört wahrscheinlich schon zu den eigentlichen Standortproblemen der deutschen Wirtschaft, daß man nämlich in den Unternehmensstrategien zu sehr auf die technische Ästhetik und Kunstfertigkeit und zu wenig auf Information, Marketing und Kommunikation baut. Daran wird dieses Buch auch nur wenig ändern können; wenn es aber dazu dient, Japan etwas mehr auf ein verstehbares Maß zu bringen, dann hat es schon viel erreicht.

Es bleibt an dieser Stelle schließlich nur noch eine kurze Vorschau auf die Gliederung des Buches: In einem ersten Teil werden die Gemeinsamkeiten in der deutschen und japanischen Entwicklung der letzten anderthalb Jahrhunderte angesprochen: die historischen Herausforderungen einer im Vergleich zu den angelsächsischen, aber auch manchen anderen europäischen Ländern wie Frankreich oder Belgien recht späten Industrialisierung, die sich sowohl in Deutschland wie auch in Japan in nur sehr geringem Maße auf eine bereits erfolgte Modernisierung der sozialen und politischen Systeme stützen konnte. Dann wird ein wesentliches Strukturmerkmal der japanischen wie auch der deutschen Gesellschaft, nämlich die ausgeprägte Orientierung auf die soziale Gruppe, ausführlicher erläutert. Auch darin weist die deutsche Tradition eher strukturelle Ähnlichkeiten zur japanischen auf als etwa zu den angelsächsischen Modellen, in denen dem Individuum ein höheres Maß an Autonomie gegenüber dem sozialen System im allgemeinen und der Gruppe im besonderen zugemessen wird. Der dritte Teil schließlich beschreibt die aktuellen Herausforderungen an die japanische Gesellschaft, wobei auch aufgezeigt wird, daß und wie diese trotz aller Tendenzen zu einer vermeintlich ubiquitär herrschenden Weltkultur auch weiterhin spezifische Antworten zu finden und zu implementieren versucht. Am Ende dieser Darstellungen wird dann der Versuch gemacht, die Notwendigkeit, aber auch die Möglichkeiten zu einer engeren Kooperation zwischen Deutschland und Japan genauer zu beschreiben und auf der Grundlage empirischer Erfahrungen konkrete Optionen dazu aufzuzeigen. Um es abschließend noch einmal zu betonen: Es geht im folgenden nicht um eine analytische, sondern um eine pragmatische Aufgabe, nämlich darum, zum Handeln anzuregen, ganz im Sinne des englischen Philosophen Francis Bacon, der das Wahre nur aus dem Nützlichen heraus definieren wollte.

Kapitel 1

Modernisierung als Aufgabe des Staates

Die Suche nach Gemeinsamkeiten zwischen der japanischen und der deutschen Gesellschaft in der Geschichte der beiden Völker zu beginnen, scheint zwar für ein Buch über die Möglichkeiten einer ökonomischen Kooperation zunächst abwegig oder zumindest doch überflüssig zu sein, aber es gibt nun einmal lange Wellen in der ökonomischen und sozialen Entwicklung, aus denen sich manchmal genauere Analysen und Prognosen ableiten lassen als aus der Betrachtung von Quartalsbilanzen. In der ökonomischen Theorie sind es die von Kondratieff und Juglar vorgestellten Überlegungen, mit denen Wachstum und Konjunktur als das Ergebnis langfristiger Wellenbewegungen in der Entwicklung von Innovation und Technologie erklärt werden sollen; in den Geschichtswissenschaften haben vor allem französische Historiker das Paradigma der sogenannten *longue durée* entwickelt, also das Bild von der Regelmäßigkeit und Beständigkeit sozialer Strukturen und Systeme, in denen tradierte Gewohnheiten des Denkens und Handelns überaus lange fortdauern und sich gegenüber ökonomischen und technischen Veränderungen als sehr widerstandsfähig erweisen. Individuelle und kollektive Verhaltensweisen sind das Ergebnis von langwierigen und überaus komplizierten Sozialisationsprozessen, in denen die Erziehung und die dabei vermittelten Normen und Kategorien eine wesentliche Rolle spielen, welche wiederum über den Familienverbund und die Generationenfolge weit in die Vergangenheit zurückreichen.

Zwar mögen sich heutzutage Veränderungen angesichts einer globalen Kommunikation und einer daher immer kosmopolitischer werdenden Kultur schneller und grundlegender abspielen als in den vergangenen Jahrzehnten, aber auch in der kritischen Auseinandersetzung mit Verhaltensnormen oder gar deren Ablehnung behält die Tradition eine Funktion. In diesem Sinne stellt sich sicherlich auch die Frage nach *Freiheit* und *Notwendigkeit* in der historischen und sozialen Entwicklung, denn folgt man der oben geschilderten Auffassung, reduzieren sich die Wahlmöglichkeiten in konkreten historischen Situationen zwar nicht völlig, aber doch deutlich. Tatsächlich fällt es einer Gesellschaft schwer, sich aus dem Rahmen ihrer historischen Entwicklung zu lösen; was immer sie auch entscheidet, ist bedingt durch die bereits getroffenen Entscheidungen. Vor dem Hintergrund jener historischen Textur beruht die Freiheit einer Gesellschaft auf der Möglichkeit, die mehr oder weniger flexiblen Balancen zwischen verschiedenen zwingenden Instanzen, die überdies ständig im Fluß sind, auf mannigfaltige Weise zu steuern – wie es der Philosoph Norbert Elias einmal ausgedrückt hat. Zwar neigen Ökonomen dazu, die Bedeutung dieser Textur im allgemeinen und die Einflüsse von Tradition und Kultur im besonderen eher zu unterschätzen, aber gerade die Diskussionen über die wirtschaftlichen Erfolge Japans und der südostasiatischen Nationen machen deutlich, wie sehr die ökonomische Entwicklung eingebettet ist in das, was man als die Kultur einer Gesellschaft bezeichnen kann. Neuere Ansätze in der Kognitionstheorie stützen diese Annahmen, weisen sie doch darauf hin, daß selbst die individuelle Wahrnehmung beeinflußt wird durch Erziehung und kulturelles Umfeld, denn nur das wird bewußt, was bereits gestaltet und geprägt ist, was also durch soziales Lernen im jeweiligen Umfeld vermittelt wurde.

Ein einfaches Beispiel: Der Umstand, daß in nahezu allen nicht-englischsprachigen Ländern die jeweilige Musikwirtschaft – gemessen an den tatsächlichen Absatzzahlen – bei aller Akzeptanz und Imitation angelsächsischer Vorbilder weiterhin von lokalen Produktionen, und zwar in der Landessprache, dominiert wird, weist ökonomisch greifbar darauf hin, daß die oft beschworene Weltkultur auf absehbare Zeit regional (und sprachlich) differenziert bleibt. Ähnliche Aussagen gelten für die Fernsehwirtschaft, wo sich zwar das Massengeschäft weitgehend aus US-amerikanischen Produktionen bedient, die wirtschaftlich besonders erfolgreichen Programm- und Sendeformate jedoch zumindest eine deutliche regionale Varianz aufweisen, wenn sie nicht sogar auf jeweiligen Eigenentwicklungen basieren. Wenn man so will (und ohne eine solche Analogie zu weit zu führen), stellt die Tradition so etwas wie das Unterbewußtsein in der kollektiven Psyche einer Gesellschaft dar, dessen Wirkung nicht immer klar und deutlich zu Tage tritt, aber trotzdem das Entscheiden und Handeln von Gruppen und Individuen beeinflußt. Diese Bedeutung *kultureller* Faktoren für die ökonomische und soziale Entwicklung einer Gesellschaft ist in letzter Zeit wieder verstärkt von der Wissenschaft aufgenommen worden. Die jüngst erschienenen Werke von Francis Fukuyama (*Konfuzius und Marktwirtschaft. Der Konflikt der Kulturen*, 1995) und Samuel Huntington (*Der Kampf der Kulturen*, 1996) und ihre Rezeption in der Öffentlichkeit, aber auch die erneute Verschiebung des Paradigmas in den Geschichtswissenschaften von der puren Ökonomie hin zur Kultur mögen als Beispiele dafür dienen.

Diese Betonung von Kultur (und damit auch von Tradition) als einem für die gesellschaftliche Entwicklung hochrelevanten Faktor ist jedoch nicht neu; in gewisser Weise wird nun – nach dem Ende der alles beherrschenden ideologischen Auseinandersetzung des Kalten Krieges, in der es vor allem darum ging, die Überlegenheit des jeweiligen Systems anhand *ökonomischer* Kriterien zu beweisen – auf Überlegungen und Modelle zurückgegriffen, die lange vor dieser Phase etwa von Max Weber, Oswald Spengler, Arnold Toynbee oder Fernand Braudel entwickelt worden waren und in denen kulturelle Traditionen und Prozesse eine wesentliche Rolle in der Beschreibung und Analyse der Gesellschaft spielen. Aber auch in einem sehr viel materielleren Sinne lohnt der Blick in die Geschichte, um soziale und ökonomische Strukturen zu verstehen: Die Siedlungsstruktur und die daraus resultierenden verkehrs-, umwelt- und sozialpolitischen Konsequenzen, die Stellung bestimmter Gruppen im Machtgefüge der Gesellschaft, das politische System nicht nur in bezug auf die Parteienlandschaft, sondern auch auf die Relationen zwischen Legislative und Exekutive, die kulturelle Identität von Individuen und Institutionen – all das ist das Ergebnis einer spezifischen historischen Entwicklung, die nicht auf der Grundlage von abstrakten Theorien, sondern allein durch das Wissen um konkrete geschichtliche Ereignisse und ihre Beziehung zueinander verständlich wird. Beginnen wir also mit einem Blick in die japanische Geschichte und versuchen dabei vor allem auf das zu achten, was Ähnlichkeiten zur deutschen Geschichte aufweisen mag, ohne jedoch die Unterschiede zu vernachlässigen.

Die chinesische Herausforderung

Das Grundmotiv der japanischen Geschichte läßt sich – sicherlich sehr vereinfacht – in wenigen Worten darstellen als das letztlich erfolgreiche Bestreben, trotz aller äußeren Einflüsse die eigene kulturelle Identität zu bewahren. Dabei haben sich Phasen einer offensiven mit denen einer defensiven Strategie abgewechselt: Die japanische Geschichte kennt die aktive Anpassung an fremde Kulturen ebenso wie eine über Jahrhunderte während faktische Abschließung des Landes gegenüber allen Außenkontakten, die wiederum abgelöst wurde von systematischen Versuchen der militärischen und ökonomischen Expansion. Dieses Grundmotiv der japanischen Gesellschaft scheint auch heute noch wirksam, und viele der manchmal widersprüchlichen Elemente in der Politik des Staates oder der Unternehmen, nämlich sich einerseits fast schon rückhaltlos ökonomischen, technischen oder kulturellen Außeneinflüssen zu öffnen und andererseits Land und Märkte rigoros abzuschotten, lassen erhebliche strukturelle Ähnlichkeiten zu jenen historischen Strategien erkennen.

Es spricht allerdings einiges dafür, hinter all diesen unterschiedlichen strategischen Varianten ein gleichbleibendes Ziel zu vermuten. In diesem Sinne ist auch die Äußerung des britischen Historikers Arnold Toynbee zu verstehen, wenn er die Öffnung Japans in der Mitte des 19. Jahrhunderts als eine bewußte Strategie begreift, mit der unter Anwendung der technischen Revolution und der Umwandlung Japans in eine Großmacht im abendländischen Stile nichts anderes ermöglicht werden sollte, als dem japanischen Gesellschaftskörper eben seine besondere Identität zu bewahren. Tatsächlich gelang es den Organisatoren der *Meiji*-Restauration, das feudal strukturierte, ökonomisch, technisch und militärisch rückständige Land nach 1868 innerhalb weniger Jahrzehnte so weit zu entwickeln, daß es nicht nur der drohenden Gefahr einer Kolonialisierung oder wenigstens Dominierung durch die westlichen Mächte entgehen konnte, sondern spätestens nach den Erfolgen im militärischen Konflikt mit dem zaristischen Rußland im Jahre 1905 als mehr oder minder gleichberechtigte Ordnungsmacht in Ostasien anerkannt wurde. Immerhin blieb Japan über weite Strecken des 19. und 20. Jahrhunderts das einzige Land außerhalb des abendländischen Kulturkreises, das die Modernisierung in Wirtschaft und Gesellschaft nicht nur – und zwar weitgehend aus eigener Kraft – zustandebrachte, sondern schließlich sogar zu einem wettbewerbsfähigen Konkurrenten der westlichen Industrienationen heranwuchs.

Zweimal in seiner Geschichte sah sich die japanische Gesellschaft mit der massiven Herausforderung einer überlegenen Kultur konfrontiert, auf die es galt, schnelle und wirkungsvolle Antworten zu finden, wenn die eigene kulturelle Identität bewahrt werden sollte: im frühen Mittelalter die chinesische Kultur und im 19. Jahrhundert die ziemlich gewaltsame Öffnung des Landes durch die westlichen Staaten, an der Spitze die USA. Wo immer sich auch die Ursprünge Japans im Nebel frühgeschichtlicher Mythen verlieren, wann immer man den Beginn einer Staatlichkeit ansetzt, im 6. und 7. Jahrhundert jedenfalls beginnt eine Entwicklung, die man vereinfacht als die *Sinifizierung* Japans bezeichnen könnte, die sich wahrscheinlich aber eher als eine politische und soziale Restrukturierung des Landes auf der Basis vielfältiger chinesischer Einflüsse darstellt. Chinesische Vorbilder sind nur selten direkt kopiert und übernommen, sondern zumeist an die spezifischen japanischen Bedingungen angepaßt worden.

Am besten läßt sich dies vielleicht an den Unterschieden in der gesellschaftlichen Stellung des japanischen und chinesischen Kaisertums verdeutlichen. Für den chinesischen Konfuzianismus als lange Zeit beherrschende Staatsideologie nimmt der Kaiser zwar die oberste Position in der sozialen Hierarchie ein, dem die Individuen und Gruppen in der Gesellschaft Gehorsam schulden, der Kaiser aber steht mit seinem vom Himmel verliehenen Mandat nicht außerhalb dieses Regelwerkes, sondern unterliegt selbst dem strengen konfuzianischen Tugendgebot. Zeigt der Himmel durch gewisse Zeichen – Naturkatastrophen, Mißernten, politische Unruhen – an, daß der Kaiser das Mandat verloren hat, so kann und darf er legitimerweise gestürzt werden, und im Erfolg der Revolte zeigt sich dann, daß nunmehr der neue Kaiser jenes Mandat des Himmels innehat.

Interessanterweise kennt das europäische Mittelalter eine ähnliche Herleitung des Königtums aus der direkten Verbindung zu den überirdischen Mächten, nämlich den Begriff des *Königsheils*; man meint damit den Umstand, daß der Herrscher in einer direkten Beziehung zu Gott steht, der jenen als ausführendes Organ seines Willens benutzt. Der König – heilig und übermenschlich – wird gesehen als der Beauftragte Gottes zur Wahrung der Ordnung, ihm werden entsprechend auch übermenschliche und magische Fähigkeiten, unter anderem zur Heilung von Krankheiten durch bloße Berührung, zugeschrieben; er hat – wie es das englische Staatsrecht formulierte – zwei Körper, einen sterblichen und einen ewigen durch das Amt und durch Gottes Gnade. Diese Verbindung zu Gott wiederum zeigt sich in Erfolg und Glück, also im Heil des Herrschers, das er durchaus wieder verlieren kann, wenn er den Geboten und Weisungen Gottes nicht Folge leistet, was im übrigen ebenfalls die Ablösung des Königs legitimiert.

Das klassische japanische Kaisertum definiert sich demgegenüber völlig anders: Es steht infolge seiner direkten göttlichen Abstammung von der Sonnengöttin *Amaterasu* zwar über, aber doch auch außerhalb einer jeglichen gesellschaftlichen Ordnung, ist also vor allem Objekt der religiösen Verehrung im Rahmen des *shintô* und nicht irgendeiner politischen oder sozialen Legitimations- und Leistungskontrolle. Auch in den Zeiten, da das japanische Kaisertum jeglichen politischen Einfluß einbüßte – und diese Phasen überwiegen in der japanischen Geschichte –, wurde doch seine besondere religiöse und soziale Stellung nie in Frage gestellt; in der reinen Existenz des Kaisertums lag seine heilbringende Wirkung für die Gesellschaft. Deshalb mußten sich die realen politischen Herrscher Japans zumindest formal immer der Legitimation durch den Kaiser versichern (und versuchten trotz aller politischen und militärischen Macht nie, den jeweiligen Kaiser zu stürzen und sich selbst an seine Stelle zu setzen), und deshalb legitimierte sich auch die Ablosung der *Tokugawa*-Shôgune im Jahre 1868 nicht als Revolution, sondern als Restauration, weil nämlich die Macht im Staate dem Kaisertum zurückgegeben werden sollte.

Solche Vorstellungen haben nun nicht unbedingt etwas mit einer tiefen emotionalen Verwurzelung der japanischen Gesellschaft im *shintô* zu tun, son-

dern sie lassen sich eher auf die konkrete innenpolitische Situation Japans im
7. Jahrhundert zurückführen, als es in der Folge der sogenannten *Taika*-Reform (*taika*, großer Wandel) darum ging, die Stellung des Kaisertums als beherrschende, zentralistische Macht im Wettbewerb zu den Feudalfamilien nicht nur rein militärisch, sondern auch ideologisch abzusichern. Im Auftrag des Kaisers Temmu, der im Jahre 673 nach einem Erbfolgekrieg den Thron bestiegen hatte und bis 686 regierte, wurden im *Kojiki* Mythen und Sagen zusammengefaßt, mit denen die Macht der Dynastie durch die Betonung der göttlichen Abstammung der Kaiserfamilie für alle Zeit gesichert werden sollte. Und in diesem Sinne einer mythischen Legitimation hat sich auch die chinesische Vorstellung von einer Trennung zwischen dem Staat, den man als ewig ansah, und der Regierung, der man nur so lange Macht zugestand, wie sie über das Mandat des Himmels verfügte, in Japan eigentlich nie völlig durchsetzen können, vielmehr blieben Regierung und Staat, vor allem in der Institution des Kaisers, aber auch im daraus abgeleiteten Feudalsystem, untrennbar miteinander verwoben. Auch im Rahmen von vielfältigen Verwaltungsreformen nach dem Vorbild des chinesischen Beamtensystems dominierte weiterhin die feudale Komponente: Die Möglichkeit, wie in China unabhängig von der sozialen Herkunft durch Studium und Prüfungen in (hohe) Staatsämter zu gelangen, bestand in Japan im Grunde erst nach jener *Meiji*-Restauration des 19. Jahrhunderts.

Trotz aller Transformationen, die die chinesischen Vorbilder bei der Anpassung an die japanische Gesellschaft erfahren haben, sind die tiefen Einflüsse Chinas unverkennbar. Das vielleicht deutlichste Beispiel dafür ist die Übernahme der Schrift, womit ja nicht nur bestimmte graphische Konventionen gemeint sind, sondern auch ein daraus abgeleitetes bestimmtes System der Wahrnehmung, das eher einen bildhaften, holistischen Zugang zur Natur ermöglicht als einen analytischen und individualistischen. Gestärkt wurde eine solche Auffassung, wie die Verbreitung der chinesischen Kultur in Japan überhaupt, sicherlich auch durch den Buddhismus, der – von China und Korea her kommend – schon im 6. Jahrhundert ein nicht nur religiös bedeutender Machtfaktor in der japanischen Gesellschaft geworden war, sondern durchaus auch zur Befriedung und zum Schutz des Staates (*chingo kokka*) beitrug. Allerdings setzten auch hier sehr bald Tendenzen ein, das ursprüngliche buddhistische Werte- und Denksystem den japanischen Bedingungen anzupassen: Es entwickelten sich vielerlei Sekten und Schulen, die sich in ihrer Bedeutung und in ihrem Bestreben nach Teilhabe an der politischen Macht im Staate ablösten. Dabei entwickelten sich auch spezifisch nationalistische Varianten wie die *Nichiren*-Sekte im 13. Jahrhundert. Diese Sekten lieferten aber auch die Legitimation und ideologische Unterstützung für ein sehr spezifisches Grundmuster der japanischen Gesellschaft, nämlich die herausgehobene Bedeutung der Kriegerschicht: Der *bushidô* als der Kanon der Werte- und Verhaltensnormen des Kriegers (*bushi*) läßt sich unschwer auf Zen-buddhistische Strukturen zurückführen. Die dort entwickelten meditativen Techniken, bei denen die Anspannung von Körper und Geist auf einen Punkt hin – unter Ausschaltung der rationalen Überlegung – in der richtigen, spontanen Reaktion auf eine Aufgabe größte Energien freisetzen kann, wurden bewußt in einer Variante kultiviert, welche die kriegerischen Tugenden (körperliche Selbstbeherrschung, Willensstärke und Todesverachtung) betonte – eine Uminterpretierung ursprünglich chinesischer Traditionen, durch die die Kriegerschicht ihre gesellschaftliche Machtposition absichern konnte.

Die Herausforderung aus dem Westen

Man kann solche Beispiele für die Anpassung chinesischer Vorbilder an die spezifischen japanischen Bedingungen sicherlich noch weiter führen, wesentlich daran aber ist, daß die japanische Gesellschaft – und insbesondere ihre Eliten – schon früh in der Lage war, auf Herausforderungen durch ausländische Einflüsse anpassungsfähig zu reagieren, um auf diese Weise ihre Position zu sichern. Ähnlich wie die chinesische Kultur wurde dann Jahrhunderte später auch die westliche Kultur adaptiert, zwar erst nach einer langen Phase der Abschließung (*sakoku*), dann aber in einer Geschwindigkeit und mit einer Effizienz, die auch heute noch überraschen. Die nach einer langen Phase territorialer Zersplitterung unter den *Tokugawa*-Shôgunen im Jahre 1600 nach der berühmten Schlacht von Sekigahara eingeleitete erneute Einigung des Landes hatte zwar zunächst die Macht der lokalen Herrscher (*daimyô*) gebrochen, gleichwohl waren Maßnahmen erforderlich, um die Zentralmacht auch weiterhin zu konsolidieren.

Um einerseits die Autonomiebestrebungen vor allem der Lokalfürsten in Westjapan zu schwächen, andererseits aber auch zu verhindern, daß europäische Händler oder Staaten in das anfangs noch sehr labile Machtgefüge eingriffen, entschieden sich die *Tokugawa*-Shôgune in der Mitte des 17. Jahrhunderts zu einer recht rigorosen Politik der Abschließung. Kein Japaner durfte nach 1635 ins Ausland reisen, und ab 1641 wurden alle Handelskontakte – und damit auch der Aufenthalt für Ausländer – auf die Stadt Nagasaki im Süden der Insel Kyushu begrenzt. Das *sakoku* hatte allerdings nicht unbedingt eine völlige kulturelle und wissenschaftliche Isolation zur Folge: Zwar gab es zunächst auch ein Verbot, ausländische Bücher einzuführen oder Sprachen zu lernen, aber schon 1720 wurden diese Regelungen weitgehend gelockert, so daß durchaus Informationen über die Entwicklung der westlichen Wissenschaften auf systematische Weise nach Japan gelangten und dort ausgewertet wurden. Dadurch wußte man auch recht genau die technische und militärische Überlegenheit der westlichen Staaten einzuschätzen, als im Jahre 1853 mit der Ankunft der Schwarzen Schiffe des Commodore Perry vor Uraga deutlich wurde, daß die westliche Politik bereit war, zur wirtschaftlichen Öffnung Japans auch massive militärische Mittel einzusetzen.

Nun hatte es schon zu Beginn des 19. Jahrhunderts in der sogenannten *Tempô*-Ära durchaus Reformversuche gegeben, ausgelöst durch erhebliche innenpolitische, vor allem ökonomische Probleme, die verstärkt durch Mißernten sogar zu Revolten in einigen Provinzen geführt hatten. Auch war durch die offenkundige Unfähigkeit des *Tokugawa*-Shôgunats, grundlegende Antworten auf diese innenpolitischen Herausforderungen zu finden, die Loyalität vor allem der *samurai*-Schicht, immerhin der tragenden Säule des herrschenden Regimes, deutlich geschwächt worden, denn durch eine rasche Folge von Geldentwertungen in den ersten Jahrzehnten des 19. Jahrhunderts zum Ausgleich des Staatshaushaltes hatte sich die ökonomische Lage der *samurai* dramatisch verschlechtert. Die allfälligen Reformen ließen jedoch das überkommene System in seinen wesentlichen Strukturen unangetastet, ja waren sogar weitgehend der bewußte Regreß auf tatsächliche oder vermeintliche Traditionen im Sinne einer geistigen Ertüchtigung. In der Realität scheiterten sie jedoch kläglich und hatten schließlich nichts anderes zur Konsequenz, als daß sich die Krisenstimmung im Lande weiter steigerte. Trotzdem machen diese Reformversuche deutlich, daß sich das Land zum Zeitpunkt der Einmischung äußerer Kräfte in einer Phase nicht nur der sozialen, sondern auch der institutionellen Veränderung befand. In diesem Sinne stellt die erzwungene Konfrontation mit der westlichen Kultur nach 1853 sicherlich eine bedeutende Epochenschwelle in der japanischen Geschichte dar, ist aber eher Auslöser und weniger Ursache des tatsächlichen Wandels von Wirtschaft, Gesellschaft und Politik während der *Meiji*-Periode. Diejenigen Kräfte, die diesen Prozeß schließlich initiieren und tragen sollten, nämlich die führenden politischen Eliten in den Provinzen Chôshû und Satsuma, hatten bereits während der *Tempô*-Ära recht erfolgreich Erfahrungen mit wirtschaftspolitischen Reformen sammeln können, auf deren Grundlage später das gesamte Land umgestaltet werden sollte.

Auch in Deutschland stand der Beginn der zielstrebigen Modernisierung und Industrialisierung – wenigstens in Preußen – unter dem Eindruck einer massiven militärischen Überlegenheit des Auslandes: Das preußische Militär – immerhin in der Mitte des 18. Jahrhunderts, also nur wenige Jahre zuvor, noch in der Lage, sich im Siebenjährigen Krieg erfolgreich gegenüber den vereinten Armeen Österreichs und Rußlands zu behaupten – brach recht schnell unter dem Ansturm der napoleonischen Truppen zusammen. Den Verantwortlichen in der preußischen Politik wurde auf dramatische Art und Weise bewußt, daß daran nicht allein eine mangelhafte militärische Führung schuld war, sondern sich diese wiederum als Resultat einer selbst gegenüber Frankreich erheblichen sozialen, ökonomischen und technischen Rückständigkeit darstellte. Sollten die überkommenen gesellschaftlichen Machtstrukturen erhalten werden, waren Reformen, und sogar sehr umfassende und tiefgehende, innerhalb des Systems unausweichlich. Ähnlich den japanischen Versuchen in der *Tempô*-Ära befand sich auch Preußen in einem Prozeß der inneren Veränderung. Die ersten dieser Reformversuche bewegten sich allerdings in einem eher begrenzten Rahmen: Man stellte zwar die Zunftorganisationen unter direkte staatliche Aufsicht und Lenkung (mit der preußischen Handwerksordnung von 1783), ließ ansonsten aber die zünftischen Markteintrittsschranken in Kraft, so daß sich eine endogene Industrialisierung kaum entwickeln konnte.

Vor allem aber mangelte es an ausreichendem, mobilem Kapital, weil Wirtschafts- und Finanzpolitik weiterhin die Bindung des Kapitals in der Landwirtschaft bevorteilten. Dort besaßen die Machtstrukturen nicht nur des preußischen Staates eben ihre entscheidende Basis. Im übrigen stellte die Kapitalknappheit auch noch zur Mitte des 19. Jahrhunderts ein ernstzunehmendes entwicklungspolitisches Problem in Deutschland dar, so daß ein wesentlicher Teil der deutschen Industrialisierung durch ausländisches – überwiegend englisches, französisches und belgisches – Kapital finanziert werden mußte. Wie auch immer: Erst durch den Einfluß der napoleonischen Politik kam eine neue Dynamik in die Reformbewegungen der deutschen Staaten, sei es, daß direkt unter französischer Herrschaft zwangsweise Gesellschaft und Wirtschaft modernisiert wurden, sei es, daß ausgelöst dadurch in den autonom gebliebenen Staaten eigene Konzepte entwickelt und umgesetzt wurden.

Der Kulturschock, dem sich die deutschen politischen Eliten durch die Auswirkungen der französischen Revolution und dabei vor allem der napoleonischen Eroberungen ausgesetzt sahen, war nun sicherlich weniger tief und erschütternd als die japanischen Erfahrungen. Immerhin waren die philosophischen und politischen Diskussionen über die Modernisierung und Demokratisierung der Gesellschaft, die sich dann in eben jener Revolution von 1789 entladen hatten, keine nationale französische Besonderheit gewesen, sondern ein gesamteuropäisches Ereignis, wie sich überhaupt die politischen Eliten in Europa – wenigstens bis zur Mitte des 19. Jahrhunderts – selbst nur in sehr geringem Maße nach nationalen oder lokalen Kriterien definierten. Die Herausforderung in den deutschen Staaten bestand daher auch weniger in der

Entwicklung geeigneter Strategien und Instrumente zur Modernisierung von Wirtschaft und Gesellschaft als in ihrer tatsächlichen Umsetzung und Implementation. Über lange Zeit hatte sich das Fehlen einer politisch starken und auch ideologisch dominierenden Zentralgewalt in Deutschland durchaus noch positiv ausgewirkt, indem es einen kulturellen Wettbewerb und innere Diversifikation ermöglichte. Nun aber führte es dazu, daß in den überwiegend kleinen deutschen Territorialstaaten die kritische Masse fehlte, um die erforderlichen sozialen und ökonomischen Veränderungsprozesse zu initiieren. Die aus mittelalterlichen Strukturen erwachsene Ordnung des Heiligen Römischen Reiches Deutscher Nation hatte zwar genügend Kraft aufgebracht, um bis in die napoleonische Zeit zu überleben, war aber schon im 16. Jahrhundert nicht mehr stark genug gewesen, um die dringend notwendigen inneren Reformen umzusetzen. Versuche zur Einführung einer Zollunion (1523) innerhalb des Reiches scheiterten ebenso wie diejenigen zu einer Währungsunion (1566) oder zu einer Modernisierung der Gewerbeordnung (1731).

Als Folge dieser territorialen und institutionellen Zersplitterung waren zur Zeit des napoleonischen Ansturms die deutschen Länder im Vergleich vor allem zu Frankreich und England arm, Handel und Gewerbe unterentwickelt, geprägt durch ein kleinstädtisches Bürgertum mit engem Horizont, das sich im wesentlichen auf die Deckung der lokalen Bedürfnisse beschränkte. Und so war die Gewerbestruktur in den deutschen Staaten auch fast schon zwangsläufig auf Verbrauchsgüter und die Endnachfrage, aber kaum auf Investitionsgüter ausgerichtet, was eigentlich wesentlich für ein sich selbst tragendes Wirtschaftswachstum gewesen wäre. Auch im ökonomischen Sinne also zeigte Deutschland zu Beginn des 19. Jahrhunderts noch deutlich mittelalterliche Züge.

In der japanischen Führung standen nach der erzwungenen Öffnung im Jahre 1853 zunächst zwei strategische Ansätze gegeneinander: zum einen der Versuch, die Politik des *sakoku* notfalls mit Gewalt fortzusetzen (*sonnô-jôi*, Verehrung des Kaisers und Vertreibung der Barbaren), der allerdings angesichts der militärtechnischen Überlegenheit der westlichen Mächte sehr schnell scheiterte (dies desavouierte im übrigen das Ansehen des *shôgun* als Beschützer Japans vor den Barbaren – so die etymologische Herleitung aus dem Titel *seii taishôgun* – endgültig und trug seinen Teil zur Revolution des Jahres 1868 und zum Ende des *Tokugawa*-Shôgunats bei). Damit gewann die andere Strategie die Oberhand, nämlich der Vorsatz, der offenkundigen nationalen Verwundbarkeit Japans gegenüber ausländischen Hegemonialabsichten dadurch zu begegnen, daß man eine wirtschaftliche, technische und letztlich auch militärische Überlegenheit gegenüber den westlichen Staaten zu erringen versuchte (*ô-bei ni oikose*), was wiederum zunächst eine Phase des Lernens und Adaptierens voraussetzte.

Die *Meiji*-Restauration der Jahre nach 1868 ist dann auch vor allem dadurch gekennzeichnet, daß intensiv und systematisch in Europa und den USA nach Modellen für die Modernisierung von Politik, Wirtschaft und Gesellschaft gesucht wurde. Dabei verfuhr man ganz bewußt eklektisch, übernahm also nicht Gesamtsysteme, sondern wählte für einzelne Bereiche unterschiedliche Vorbilder. Daß sich gleichzeitig die politische Führung in Japan dazu entschloß, nationalistische Stimmungen aktiv zu fördern, hatte sicherlich viel mit dem allgemeinen Zeitgeist jener Jahre zu tun, aber auch mit der Notwendigkeit, innenpolitische Konflikte und eine mögliche erneute Zersplitterung des Landes zu verhindern. Deshalb entschied man sich auch für ein eher straffes und zentralistisches Verwaltungsmodell, das im übrigen die Reorganisation Japans nach dem Zweiten Weltkrieg überlebte und gerade heute zu einer erheblichen Menge an Problemen führt.

Industrialisierung von oben

Das anhaltende Image Japans – und insbesondere der japanischen Wirtschaft – als eines puren Imitators westlicher Einrichtungen und Erfindungen, ohne große eigene Kreativität und Innovationskraft, hat seine historischen Wurzeln sicherlich in jener Phase der japanischen Geschichte. Wie immer man zu einem solchen Urteil auch stehen mag: Im Prozeß der gesellschaftlichen Evolution hat es stets Gesellschaften gegeben, die bestimmte Phasen jenes Prozesses erst später vollziehen konnten als andere und dabei darauf angewiesen waren, sich an diesen fortgeschrittenen Vorbildern auszurichten. Der Nachteil, nicht am Innovationsgewinn teilhaben zu können, wurde im übrigen dadurch mehr als kompensiert, daß man in der Lage war, die Fehler in Strategie und Entwicklung zu vermeiden. Der österreichische Ökonom Joseph Alois Schumpeter hat seine Theorie von Konjunktur und Wachstum in der Wirtschaft genau auf diesen Zusammenhang von *Invention* (der technischen Erfindung), *Innovation* (der wirtschaftlichen Anwendung jener Erfindung) und *Imitation* (der weiteren Diffundierung von Erfindung und Produkt) gegründet. Jede dieser Phasen hat dabei ihre eigene, spezifische Bedeutung für die gesamtwirtschaftliche Entwicklung, denn erst im zeitlichen und sachlichen Zusammenspiel jener Phasen kommt ökonomische, technische und soziale Entwicklung überhaupt zustande; eine Invention, die nicht ökonomisch in eine Innovation umgesetzt wird, oder eine Innovation, die auf einen Betrieb oder eine Region beschränkt bliebe, sind für die Entwicklung von Wirtschaft und Gesellschaft von nur geringer Relevanz. Anders ausgedrückt: Der Erfolg einer Innovation zeigt sich am ehesten daran, daß sie möglichst schnell und von möglichst vielen imitiert wird.

Die Modernisierung und vor allem Industrialisierung Deutschlands zu Beginn des 19. Jahrhunderts hat jedenfalls in ganz erheblichem Maße davon profitiert, daß technische (und auch soziale) Entwicklungen aus England und Frankreich importiert und zunächst auch bis ins Detail imitiert werden konnten. Dabei wurden von deutschen Unternehmen und Behörden durchaus systematische Strategien der Informationsgewinnung bis hin zur Industriespionage eingesetzt. Die im Jahre 1808 als Teil des preußischen Innenministeriums eingesetzte *Technische Gewerbe- und Handelsdeputation* beispielsweise hatte deziert die Aufgabe, ausländische Journale und Schriften auf alle Informationen hin auszuwerten, die für die gewerbliche Entwicklung von Bedeutung sein konnten, und von vielen deutschen Industriellen ist bekannt, daß sie sich durch ausgedehnte Auslandsreisen auf welche Weise auch immer das notwendige technische und ökonomische Wissen verschafften. In diesem Sinne kann man also die Imitation als eine durchaus legitime Entwicklungsstrategie bezeichnen. Von daher ist es auch nicht erstaunlich, daß sich in diesem Punkt die Entwicklungsstrategien Japans und Deutschlands sehr gleichen, denn es blieb beiden Gesellschaften gar nichts anderes übrig, als auf diesem Wege einen mehr als hundertjährigen Rückstand von Technik und Wirtschaft innerhalb kurzer Zeit aufzuholen. Interessanter ist demgegenüber schon, daß die Ähnlichkeiten noch weiter gehen, nämlich auch in denjenigen gesellschaftlichen Bereich hinein, den Staat und Bürokratie sich im Rahmen dieser Strategien vorbehielten.

Ähnlichkeiten in den strategischen Ansätzen zur Industrialisierung und Modernisierung in Japan und Deutschland – und davon wird noch genauer zu reden sein – sind also wenig überraschend, sahen sich doch beide Länder zu Beginn dieser Prozesse mit sehr ähnlichen Herausforderungen konfrontiert. Wann immer man diesen Zeitpunkt auch ansetzt (in Deutschland vielleicht die 1830er Jahre, in Japan nach 1868) – beide Länder wiesen einen erheblichen Rückstand in der technischen und damit in der ökonomischen, vor allem aber in der gesellschaftlichen Entwicklung auf. In beiden Ländern fehlte es an einer tragfähigen bürgerlichen Schicht, die auch ökonomisch und politisch stark genug gewesen wäre, die notwendigen Modernisierungsprozesse selbst zu generieren. Was sich in England ökonomisch und in Frankreich politisch über Jahrzehnte hinweg auf einem – wenn man so will – natürlichen Wege vollzogen hatte, nämlich die Emanzipation der bürgerlichen Klasse gegenüber Monarchie und Adel mit all ihren technologischen und wirtschaftlichen Auswirkungen, mußte in Deutschland und Japan innerhalb kurzer Zeit nachgeholt werden.

Nun gab es in beiden Ländern sicherlich Gruppen in der Bevölkerung, welche man durchaus in jene soziale Schicht der Bürger hätte einordnen können, ihnen fehlte jedoch allein schon die Quantität, von einem gemeinsamen Bewußtsein als gesellschaftlicher Avantgarde ganz zu schweigen, welche politische Veränderungen hätte induzieren können. Die Funktion eines Katalysators und Organisators des gesellschaftlichen Wandels mußte also von anderen Kräften wahrgenommen werden, und sowohl in Japan als auch in Deutschland nahmen sich Politik und vor allem Verwaltung dieser Aufgabe an. In diesem Sinne ist ein Vergleich zwischen den führenden Personen der *Meiji*-Restauration, etwa Saigô Takamori, Okubo Toshimichi oder Itagaki Taisuke, mit den preußischen Reformern Freiherr vom Stein, Hardenberg, Beuth oder von Rother gar nicht so abwegig, wenngleich die flächenhafte Industrialisierung und Modernisierung Deutschlands nicht durch eine zentralistische Lenkung – eben wegen des Fehlens eines einheitlichen Nationalstaates –, sondern bis zu einem gewissen Grade durch den Wettbewerb der einzelnen Territorialstaaten untereinander zustande kam.

Auf jeden Fall aber war diesen Reformern in Japan und Deutschland eine eher zwiespältige Haltung zu eigen, nämlich auf der einen Seite das Bestreben, den ökonomischen und technischen Fortschritt voranzutreiben (möglichst so weit, daß beide Länder in die Lage versetzt wurden, dem kolonialen und imperialistischen Wettbewerb standzuhalten), andererseits aber die sozialen und politischen Strukturen der jeweiligen Gesellschaften weitgehend unangetastet zu lassen. Anders ausgedrückt: Die soziale Hierarchie sollte nicht umgestürzt, sondern die Gesellschaft als ganze dynamisiert werden. Und wie immer man die Motive, die im Jahre 1871 zur Einigung Deutschlands unter preußischer Hegemonie führten, bewerten will – eine solche Einigung war inzwischen auch aus rein ökonomischen Erwägungen heraus unausweichlich geworden, um nämlich der wachsenden Industrie die erforderlichen größeren Binnenmärkte, aber auch den entsprechenden Außenschutz zu sichern. Ein Bestreben nach Demokratisierung und innerer Modernisierung der Gesellschaft war damit keineswegs verbunden, wie Verfassung und soziale Realität des nachmaligen Deutschen Reiches eindeutig belegen. Wenn man – wie in Deutschland und auch in Japan – die Industrialisierung als eine staatliche Angelegenheit betrachtet, ist dies nicht verwunderlich, stehen dabei doch die Interessen derjenigen im Vordergrund, die über die tatsächliche Macht im Staate verfügen. Daß sich mit einer solchen Strategie die im Verlaufe einer Industrialisierung geradezu zwangsläufigen sozialen Veränderungen und ihre politischen Auswirkungen nicht völlig unterdrücken lassen, zeigen allerdings die Streiks in Deutschland gegen Ende des 19. Jahrhunderts ebenso wie die Rebellionen in der ländlichen Bevölkerung Japans zu Beginn des 20. Jahrhunderts und die daraus resultierenden Verschiebungen im politischen Machtgefüge.

Nun lassen sich – wie gerade schon angedeutet – die Gemeinsamkeiten sicherlich nicht bis ins letzte Detail führen: Das Japan der *Meiji*-Zeit war regional und funktional sehr viel stärker zentralisiert als Deutschland auch nach der Einigung durch Bismarck, was eine ganz andere und sehr viel massivere Art der Umsetzung einer planvollen Entwicklungsstrategie ermöglichte. Auch beruhten die Widerstände gegen diese Strategien auf unterschiedlichen Motiven und Zielen; während sich in Japan ein Widerstand von der konservativen Seite her organisierte und die Beibehaltung überkommener Privilegien einforderte (die letzte der großen *samurai*-Rebellionen wurde 1877 niedergeschlagen), war es der Opposition in Deutschland vor allem in der Revolution von 1848 zunächst darum gegangen, die ökonomische Modernisierung durch eine politische, nämlich einen Prozeß der Demokratisierung, zu ergänzen. Diese Widerstandsversuche scheiterten allerdings in beiden Ländern, ohne daß sie einen wesentlichen oder anhaltenden Einfluß auf die politische und gesellschaftliche Entwicklung hätten nehmen können.

Der Erfolg der staatlichen Industrialisierungsstrategie war sowohl in Japan als auch in Deutschland so groß, daß er die inzwischen entstandene gesellschaftliche Dynamik absorbieren und in die gewünschten Bahnen lenken konnte. Hinzu kam in beiden Fällen – und hier zeigt sich wieder ein ähnliches Muster – recht schnell eine wachsende Tendenz zum Nationalismus, was die Einbindung jener gesellschaftlichen Dynamik in die Entwicklungsstrategie ideologisch absicherte und erleichterte. Damit aber blieben die tradierten sozialen und gesellschaftlichen Strukturen weitgehend unangetastet, wurden nur in sich modernisiert und an die Bedingungen einer sich herausbildenden Industriegesellschaft angepaßt. Der amerikanische Autor Francis Fukuyama sieht in dieser Fähigkeit Japans und Deutschlands zu einer – wie er es nennt – *spontanen Soziabilität*, also der Fähigkeit, das traditionell in sozialen Gruppen erworbene gegenseitige Vertrauen auch in neue soziale Organisationen zu übertragen, eine der wesentlichen Ursachen für die ökonomischen Erfolge beider Länder, und das nicht erst seit dem Ende des Zweiten Weltkrieges.

Tatsächlich verfügten beide Länder zu Beginn ihrer Industrialisierung über eine zwar sich an allen Ecken und Kanten auflösende, im Kern aber weitgehend unangetastete traditionelle Gesellschaftsstruktur. Man kann sie vielleicht nicht unbedingt als eine feudale Ordnung bezeichnen (weil dieser Begriff zu sehr durch die Spezifika des europäischen Mittelalters besetzt ist), wohl aber als eine »formierte« Gesellschaft. Damit ist gemeint, daß die Rang- und Standesunterschiede innerhalb der Gesellschaft zwar nicht mehr völlig beherrschend waren und als unüberbrückbar angesehen wurden – in Deutschland waren Verwaltung und höheres Offizierskorps auch dem Bürgertum zugänglich, in Japan hatte sich die *samurai*-Schicht gegen Ende des 18. Jahrhunderts aus ökonomischen Gründen zum Bürgertum hin öffnen müssen –, die Existenz definierter gesellschaftlicher Gruppen und daraus abgeleiteter Unterschiede in Rechten, Pflichten und Funktionen wurde aber gleichwohl weiterhin akzeptiert.

Diese Formierung der Gesellschaft und das daraus resultierende Gefüge von Vertrauen und Verantwortung blieben auch über lange Phasen der Industrialisierung erhalten: Die innovative Sozialgesetzgebung Deutschlands gegen Ende des 19. Jahrhunderts basierte fast bis ins Detail hinein auf den durch ein sich paternalistisch verstehendes Unternehmertum geschaffenen Vorbildern, etwa den Krupp'schen Betrieben des Ruhrgebietes. Auch den Gewerkschaften ging es in Deutschland weniger um eine Revolution der Verhältnisse im Sinne der Übernahme von Macht, sondern um die Partizipation an ihr; wenn man so will, ist die Sozialdemokratie als eine sich innerhalb des bürgerlichen Politiksystems bewegende Arbeiterpartei eine genuin deutsche Erfindung.

Phasen eines Wettbewerbes nach marktwirtschaftlichen Normen sind in der Wirtschaftsgeschichte Deutschlands ebenso selten wie in der Japans. Das, was in Japan mit dem Begriff *zaibatsu* belegt wurde, hat in Deutschland sein Gegenstück in den Kartellen und Konzernen, die sich – vielleicht gefördert, zumindest aber nicht behindert durch die Politik – schon zu einem frühen Zeitpunkt der Industrialisierung herausgebildet hatten und auch zu einem bestimmenden Faktor der Politik wurden. Anders ausgedrückt: Eine kapitalistische Entwicklung nach englischem Vorbild, mit marktwirtschaftlicher Konkurrenz auf der einen und klassenkämpferischen Attitüden auf der anderen Seite, hat weder in Deutschland noch in Japan während des 19. Jahrhunderts stattgefunden.

Auf jeden Fall bestand (und besteht) in Japan und in Deutschland eine besondere Verbindung zwischen Staat und Unternehmen; anders als in den angelsächsischen Ländern hat sich keine antagonistische Haltung entwickelt, anders allerdings auch als in Frankreich hat derjenige Bereich der Wirtschaft, der direktem Staatseinfluß ausgesetzt war, nie eine dominierende Rolle eingenommen. Eher schon sahen sich Staat und Wirtschaft als Teile einer gemeinsamen nationalen Entwicklungsstrategie mit der Notwendigkeit zu enger Kooperation. In diesem Sinne kann man übrigens die Industrialisierungspolitik beider Länder als eine Fortführung merkantilistischer Strategien ansehen, wozu sowohl in Deutschland als auch in Japan über weite Phasen des 19. Jahrhunderts rigide protektionistische Maßnahmen gehörten. Dabei richtete sich die japanische *Meiji*-Administration explizit am deutschen Vorbild aus, und hierbei nicht zuletzt an den Vorgaben Friedrich Lists oder Johann Gottlieb Fichtes, die zu Beginn des 19. Jahrhunderts den engen Zusammenhang zwischen einer politischen und einer ökonomischen Entwicklungsstrategie beschrieben hatten. Die Verbindungen zwischen Staat und Unternehmen reichten weit: Direkte Repressionsmaßnahmen gegen das sich formierende Aufbegehren der Arbeiterschaft gehörten neben dem angesprochenen Protektionismus ebenso dazu wie mitunter enorme Subventionen an einzelne Unternehmen (wenn es darum ging, im Wettbewerb gegen ausländische Konkurrenten zu bestehen) oder gar die militärische Eroberung und Sicherung von Absatz- und Rohstoffmärkten.

Die Unterstützung floß allerdings auch in die umgekehrte Richtung, daß nämlich Unternehmen politische Parteien und Gruppierungen direkt finanziell und organisatorisch unterstützten; so hatte beispielsweise das Handelshaus *Mitsui* schon den Aufstand, der zum Ende des *Tokugawa*-Shôgunats und zum Beginn der *Meiji*-Restauration führte, weitgehend finanziert. In der *Taishô*-Periode zwischen 1912 und 1926 unterstützten sowohl der *Mitsubishi*- als auch der *Mitsui*-Konzern politische Parteien (die *Minseitô* bzw. die *Seiyûkai*), die natürlich auch in Konkurrenz zueinander standen, weil sie eben unterschiedliche Konzerninteressen zu vertreten hatten. Auch Deutschland zu Zeiten der Weimarer Republik kannte solche engen finanziellen und damit auch politischen Verbindungen zwischen Wirtschaft und Parteien; sie äußerten sich allerdings nicht in der für Japan typischen Form der Verknüpfung einer Partei mit einem einzelnen Unternehmen, sondern eher dergestalt, daß die Unternehmen und ihre Verbände die Unterstützung auf alle konservativen Parteien (später unter Einschluß der NSDAP) mehr oder weniger gleichmäßig verteilten. Auf jeden Fall aber entwickelte sich weder in Japan noch in Deutschland ein Staatsverständnis, das eine strikte Trennung zwischen Politik und Wirtschaft forderte – sozusagen als wirtschaftspolitische Entsprechung der Säkularisierung –, sondern eher Begründungen dafür, weshalb beide Systeme im Interesse der Gesellschaft miteinander zu kooperieren haben.

Liberal-individualistische Tendenzen blieben dementsprechend sowohl in der deutschen als auch in der japanischen politischen Landschaft die Ausnahme. Allenfalls verstand sich das Bürgertum als wirtschaftsliberal (im Sinne einer Forderung nach staatlicher Abstinenz von direkter Planung und Kontrolle) oder als *bourgeois* (im Sinne eines Besitzbürgertums), kaum aber als *citoyen* mit dem Ziel einer Stärkung individueller Freiheitsrechte. So war beispielsweise die Gewährung der Gewerbefreiheit durch die preußische Regierung im Jahre 1810 auf so heftigen Widerstand der in Zünften organisierten Handwerkerschaft gestoßen, daß man sie 1845 zumindest teilweise wieder einschränken mußte. Der japanische Begriff für Bürger, *shimin*, ist zunächst nichts anderes als eine Bezeichnung der regionalen Herkunft; er bedeutet nämlich wörtlich übersetzt: der Stadtmensch, im Gegensatz etwa zum Bauern. Für den

Bürger im politischen Sinne wird das Wort *burujoa* als Übernahme des französischen *bourgeois* benutzt, was schon sprachlich deutlich macht, wie wenig verwurzelt ein Bürgertum nach europäischer Definition in der japanischen Gesellschaft war.

Das, was sich als bürgerliche Schicht in Deutschland und Japan schon vor und besonders während der Industrialisierung herausbildete, definierte keine Forderungen nach einer politischen und sozialen Gleichstellung mit Adel und Militär; eher schon war man bemüht, seine durch wachsenden Wohlstand ebenfalls gestiegene gesellschaftliche Bedeutung durch Aufnahme in den Adelsstand, wenigstens aber durch entsprechende familiäre Verbindungen zu markieren. Jene Sehnsucht nach sozialem Aufstieg nicht im Rahmen – und gemeinsam mit – seiner Klasse, sondern durch den Ausstieg aus ihr, zeigt sich im übrigen auch daran, daß es weder dem japanischen noch dem deutschen Bürgertum zu Beginn der Industrialisierung gelang, eine eigenständige Ästhetik zu entwickeln. Lebensstil und Geschmack der Nobilität wurden einfach, so gut es ging, kopiert. Das deutsche Bürgertum verhielt sich über weite Strecken des 19. Jahrhunderts zudem dezidiert unpolitisch: Man nahm die in der romantischen Philosophie zum ersten Male umfassend formulierte Kapitalismuskritik zwar auf, blieb dabei jedoch an der Oberfläche – der Religiosität, der Ablehnung politischen Handelns und Hinwendung zur nationalen Geschichte –, ohne sich gleichzeitig der kritischen, emanzipatorischen Wurzeln der romantischen Bewegung zu bedienen. Als Reaktion auf die Wirren von Krieg und Revolution zog sich das deutsche Bürgertum spätestens ab der Mitte des 19. Jahrhunderts in eine konservative Idylle zurück, in der man mit Ruhe den neu erworbenen Wohlstand zu genießen suchte.

Als die Nation zur Heimat wurde

Gesellschaftlicher Widerstand gegen die neue Dynamik des Kapitalismus organisierte sich – wenigstens in Deutschland, in Japan zunächst weniger – ebenfalls kollektiv, nämlich in Form der Gewerkschaften und der sozialistischen Parteien. Der Arbeiterbewegung war relativ früh deutlich geworden, daß angesichts von Arbeitslosigkeit und Pauperismus, vor allem aber angesichts der ökonomischen und damit auch faktischen politischen Macht der Unternehmen ein individueller Kampf gegen Kapital und Kapitalismus wenig Aussicht auf Erfolg versprach. Den frühen Theoretikern der Arbeiterbewegung in der Nachfolge von Karl Marx und Friedrich Engels ging es nicht – jedenfalls nicht in der Hauptsache – um eine Fortführung der bürgerlichen Revolution im

Sinne einer Ausdehnung der individuellen bürgerlichen Freiheitsrechte auf alle Mitglieder der Gesellschaft, sondern um die Machtübernahme durch eine neue soziale Organisation, das Kollektiv der Arbeiterklasse. Eine solche Haltung setzte sich allerdings – wie erwähnt – weder in Deutschland noch in Japan als politisch bestimmend durch. Es gelang zudem der politischen Elite in beiden Ländern, diese Auseinandersetzungen mit Hilfe des aufkommenden Nationalismus einzugrenzen, der eine von Kapital und Arbeit gemeinsam akzeptierte kollektive Plattform anbot. Nationale Ziele und Interessen erwiesen sich als hervorragend geeignet, die sozialen Antagonismen auf einer quasi höheren Ebene aufzulösen. Dieser Nationalismus führte auch in beiden Ländern recht schnell zu expansiven militärischen Aktionen: in Deutschland aus dem Bestreben heraus, sich noch seinen »Platz an der (kolonialen) Sonne« zu sichern, in Japan zur Sicherung von Rohstoffen und Märkten (in den Kriegen in Korea 1876, gegen China 1894/95 mit der Annexion Taiwans und 1904/05 gegen Rußland).

Jedenfalls boten die nationalistischen Ideologien eine wirksame Alternative zur Demokratisierung der Gesellschaft, denn damit konnte zumindest zeitweise der Grundwiderspruch einer staatlich gelenkten Strategie der Industrialisierung überwunden werden: Auf der einen Seite wurden alle Teile des Volkes im Interesse eben dieser Industrialisierung mobilisiert (und zwar im tatsächlichen Sinne von Mobilität als dem Verlust der regionalen und der emotionalen Heimat), andererseits aber keine wirkliche Teilhabe an der politischen Macht gewährt. Mit dem Regreß auf die nationale Gemeinschaft sollte nach der Auflösung der tradierten gesellschaftlichen Ordnung eine neue Legitimation für kollektives Handeln geschaffen werden, der sich sowohl die deutsche als auch die japanische Gesellschaft nahezu widerstandslos unterwarfen. Dieser Prozeß verlief um so reibungsloser, als die Menschen in beiden Ländern durch die späte und daher notwendigerweise schnelle Industrialisierung besonders stark entwurzelt waren – hier ist der Begriff der Industriellen *Revolution* tatsächlich angebracht.

Es hat sich in der Geschichte gezeigt, daß soziale Bindungen immer dann besonders eng geknüpft und Verhaltensweisen besonders nachhaltig eingeübt werden, wenn sie sich nicht allein rational und ökonomisch begründen, sondern zudem noch transzendent, mit dem Verweis auf göttliche oder zumindest überirdische Gebote. An die Stelle der religiösen Transzendenz der gesellschaftlichen Ordnung, wie sie der mittelalterlichen Vorstellung von einer ständischen Gesellschaft zugrunde lag, tritt nun am Ende des 19. Jahrhunderts eine nationale »Transzendenz«, deren Regeln und Normen sich ebenfalls einer jeglichen Kontrolle und Kritik durch weltliche Institutionen entziehen. Insoweit hat der Nationalismus selbst religiöse Züge, bedarf also eigentlich keiner weiteren religiösen Legitimation. In Deutschland vollzieht sich im 19. Jahrhundert ein Prozeß, den Thomas Nipperdey als *Entchristianisierung* bezeichnet hat; der deutsche Nationalismus bedient sich bei seiner Suche nach einer transzendenten Legitimation der Geschichte statt der Religion. Sie wird unter dem Einfluß Hegels zur erklärenden und normsetzenden Instanz für die gesellschaftliche Entwicklung, wobei das *Volk* nicht nur den ethischen Maßstab, sondern auch das handelnde Subjekt einer so verstandenen Geschichte darstellt. Um aber das freilegen zu können, was das gemeindeutsche Wesen ausmacht, müssen die fremden, verfremdenden äußeren Einflüsse Schicht um Schicht abgelöst werden.

Dieses »eigentliche« Wesen des deutschen Volkes läßt sich dieser Anschauung zufolge historisch in der vorrömischen, vorchristlichen Zeit finden und hat sich vor allem in der Volkskultur erhalten, die sich diesen äußeren Einflüssen am längsten und am stärksten widersetzt hat. Daher erhält die Suche nach den Quellen, sei es in Form von Märchen und Sagen, sei es in Form des nichtkodifizierten Volksrechtes, ihre besondere Bedeutung und ebenso ihre Umsetzung in die zeitgenössische Kunst. Die Popularität Wagners, aber auch der historisierenden Literatur sind dafür gute Beispiele. In diesem Sinne wird auch die ökonomische und soziale Rückständigkeit Deutschlands positiv umgedeutet, ist das deutsche Volk dadurch doch nahe an Natur und Urzustand verblieben, was seine physische und rassische Überlegenheit ausmacht.

Eine solche Mystik ist nicht religiös, auch wenn nicht zu verkennen ist, daß vor allem die evangelische Kirche die Nähe zu diesem neuen Nationalismus gesucht hat und sich dabei auf ihre Tradition als Kirche deutschen Ursprungs berufen konnte. Obwohl sich national-christliche Varianten entwickelten, denen zufolge das Neue Jerusalem in Deutschland zu finden und das deutsche Volk ein neues Geschlecht, ein heiliges Volk war, blieben solche Vorstellungen letztlich ohne größeren Einfluß auf die sich herausbildende nationalistische Ideologie. Der Konflikt der deutschen, vor allem der preußischen Regierung mit der katholischen Kirche im Rahmen des sogenannten Kulturkampfes Ende des 19. Jahrhunderts war im übrigen auch die Auseinandersetzung zwischen einer sich national definierenden Staatsgewalt und einem sich eher international gebenden Katholizismus. Wie auch immer: Der Zeitgeist jener Jahre suchte eher nach einer wissenschaftlichen, im Zweifel sogar biologischen Erklärung der Differenzierung und Hierarchisierung von Völkern – das Darwinsche Paradigma sollte auch für die Beziehungen in Gesellschaft und Wirtschaft gelten.

Der japanische Nationalismus der *Meiji*-Zeit jedoch wird bei aller Ähnlichkeit in der Argumentation sowohl von shintôistischen als auch von buddhistischen, also eher religiösen als wissenschaftlichen Mustern überlagert. Aus der bereits erwähnten *Nichiren*-Sekte beispielsweise entwickelte sich Ende des

19. Jahrhunderts eine nationalistische Variante (*Nippon shugi*), in der das japanische als das von den Göttern auserwählte Volk definiert wurde, von dem in der Endzeit die Erlösung der gesamten Welt zu erwarten sei, weil Japan und seine Kultur im Ideal des sittlichen, vernünftigen Friedens begründet seien. Am deutlichsten allerdings zeigt sich die spezifisch japanische Verbindung von Religion und Nationalismus in den Veränderungen, denen der *shintô* in der *Meiji*-Zeit unterworfen war: Zwar schon immer als Legitimation des Kaisertums genutzt, wurde er nun zu einem Staatskult, dem Staatsshintô (*kokkateki shintô*), umgedeutet, mit dessen Hilfe die Loyalität der Untertanen und das Nationalgefühl gestärkt werden sollten. Er bezog sich ebenfalls – wie der deutsche Nationalismus – auf vorzeitliche Ursprünge, reaktivierte den Symbolismus eines archaischen Kultes einer kaiserlichen Dynastie, die ihren und den Ursprung des Landes direkt vom Weltenschöpfer ableitete. Interessanterweise wurde bis zum Ende des Zweiten Weltkrieges der *shintô* auch nicht wie der Buddhismus von einem Religions-, sondern vom Innenministerium verwaltet und geführt.

Wie unterschiedlich sich aber der Nationalismus in Deutschland und Japan auch begründet: In beiden Ländern nahm er die Funktion ein, die von Fukuyama benannte spontane Soziabilität der Gesellschaft zu stärken, indem er einen ideologischen Rahmen und damit auch die Legitimation abgab, innerhalb deren sich die Gesellschaft neue Strukturen zulegen konnte. Wenn man die Industrialisierung und Modernisierung beider Gesellschaften in der Terminologie des britischen Soziologen Anthony Giddens als einen Vorgang der *Entbettung*, also der Herauslösung aus den traditionellen (ständischen und regionalen) Verflechtungen, bezeichnen will, dann stellte der Nationalismus den Versuch einer neuen *Einbettung* in ein soziales Sinngefüge dar. Dieses stand zudem in Einklang mit den tatsächlichen ökonomischen und sozialen Verflechtungen jener Zeit, denn für diese Phase der Wirtschaftsgeschichte macht es gerade noch Sinn, von einer *National*ökonomie zu sprechen.

Die Erfolge einer nationalistischen Ideologie konnten in Japan und Deutschland wahrscheinlich nur deshalb so groß sein, weil sie an einer in beiden Ländern traditionellen Kultur des Kollektivs ansetzen konnte, in der dem Individuum Eigeninitiative entweder im Interesse und zum Wohle der Gemeinschaft zugebilligt wurde – was sich dann in besonderen Heldentaten oder charismatischer Führerschaft äußerte – oder aber zum Zwecke der mystischen Innensicht – wobei die Ähnlichkeiten zwischen buddhistischen Methoden der individuellen Suche nach der emotionalen Gotteserfahrung und denen der mittelalterlichen und insbesondere deutschen christlichen Mystik frappierend sind. In beiden Gesellschaften jedenfalls hat sich das Individuum den Regeln und Werten der Gemeinschaft und vor allem ihrer hierarchischen Struktur anzupassen und nicht umgekehrt. Das Individuum erfährt auch nur innerhalb einer solchen Gemeinschaft die Sinnerfüllung seines Daseins. Wenn man so will, hat in einer solchen Vorstellungswelt auch eigentlich nur das Kollektiv eine wahre Existenz in dem Sinne, daß sich nur von der Gruppe auf das Individuum schließen läßt und nicht umgekehrt. Ein solcher Ansatz erinnert an die Auffassung im europäischen Mittelalter, derzufolge es nicht auf das einzelne Ding ankommt, sondern auf die Gruppe oder Kategorie, der es angehört, denn diese Kategorien, die – wie man sie nannte – *Universalien*, und nicht ihre individuellen Ausprägungen entstammen der göttlichen Schöpfung, haben also eine höhere Wahrheit und damit auch höhere Bedeutung als das einzelne Ding. Oder anders ausgedrückt: Nicht das Individuum, seine Wünsche und Interessen zählen, sondern die Gruppe, der *Stand*, als Teil der göttlichen Ordnung, was dann auch ein bestimmtes – standesgemäßes – Verhalten impliziert.

Im vormodernen Japan hatte jedenfalls das Individuum – zumindest das bäuerliche oder bürgerliche – keine rechtliche Existenz im eigentlichen Sinne; jede Familie war beispielsweise verpflichtet, an ihrem Hauseingang deutlich sichtbar zu vermerken, welchem Stand sie angehörte. Familien und Gruppen waren auch kollektiv für das Handeln ihrer Mitglieder verantwortlich, was zur Folge hatte, daß Strafen kollektiv und nicht individuell ausgesprochen und, etwa durch gemeinschaftliche Zahlung einer Geldsumme, exekutiert wurden. Auch dafür gibt es Entsprechungen in der europäischen Sozialgeschichte: Der Soziologe Georg Simmel spricht davon, daß die mittelalterliche Gesellschaft den ganzen Menschen beanspruchte und dafür ihrerseits mit ihm solidarisch war, etwa wenn sich Genossenschaften und Gilden verpflichteten, das einzelne Mitglied in schwierigen Lebenslagen zu unterstützen (Todesfälle, Geldstrafen etc.), was so weit gehen konnte, daß man ihm sogar Schutz vor der staatlichen Strafverfolgung zu gewähren hatte.

Auf die alte Frage in der soziologischen Terminologie, ob man sich einer Gesellschaft oder Gemeinschaft zugehörig fühlt, hätten Japaner und Deutsche jener Zeit sich wohl eher für den Begriff der *Gemeinschaft* entschieden, hätten also eine besondere Zusammengehörigkeit und innere Übereinstimmung betont. Der *lonesome rider,* der selbstbewußte Einzelgänger, der sich bewußt im Vertrauen auf seine eigene Kraft von der Gruppe löst und ebenso bewußt sogar in Konflikt mit ihr gerät, ist weder in Japan noch in Deutschland ein traditioneller sozialer Archetypus, sondern eher negativ bewertet. Mögen nun die einzelnen Gruppen in der Gesellschaft auch hierarchisch zueinander strukturiert sein, innerhalb der Gruppen selbst hat das Prinzip der Gleichheit Vorrang vor dem der Freiheit, woraus sich wiederum die starke Konsensorientierung beider Gesellschaften erklären läßt. Eine Entscheidung läßt sich in einem solchen System nur dann tatsächlich umsetzen, wenn sie von allen Mitgliedern der

Gruppe nicht nur rational, sondern auch emotional akzeptiert wird. Dieser hohe Stellenwert der Gleichheit hat in beiden Gesellschaften dazu geführt, daß sich die Differenzen zwischen den oberen und unteren Einkommensschichten nicht so weit entwickelt haben wie in anderen Industriegesellschaften. In diesen Zusammenhang gehören auch Maßnahmen der ausgleichenden Sozialpolitik – sei es durch den Staat, sei es durch die Unternehmen –, die zu einem nachgerade bestimmenden Merkmal der gesellschaftlichen Systeme in Deutschland und Japan geworden sind.

Will man nun die Überlegungen dieses Kapitels zusammenfassen, dann vielleicht in Form der folgenden Thesen:

1 Deutschland und Japan sind im Vergleich zu England, Frankreich und den USA relativ spät in die Phase der Industrialisierung eingetreten. Das traditionelle, vormoderne Gesellschaftssystem war zu diesem Zeitpunkt zwar geschwächt, aber noch weitgehend intakt und sozial akzeptiert.

2 Dieses Gesellschaftssystem war in beiden Ländern dadurch geprägt, daß liberal-individualistische Tendenzen in Gesellschaft und Politik schwach entwickelt waren. Demgegenüber waren soziale Theorie und Realität weiterhin stark auf Kollektive ausgerichtet, innerhalb derer individuell abweichendes Verhalten oder soziale Mobilität nur schwer möglich waren.

3 Das daraus resultierende Fehlen einer handlungsfähigen und selbstbewußten bürgerlichen Schicht führte in beiden Ländern dazu, daß deren Funktion bei der Initiierung und Implementierung gesellschaftlicher Veränderungsprozesse von der staatlichen Bürokratie übernommen wurde. Die dabei verfolgte Strategie war deutlich geprägt durch nationale Entwicklungsziele als Reaktion auf die sozialen, ökonomischen und politischen Herausforderungen, die durch eine militärische Konfrontation mit einem als überlegen eingeschätzten Ausland entstanden waren.

4 Die Benennung der ökonomischen Entwicklung als Ziel einer politischen Strategie hatte wiederum zur Konsequenz, daß sich marktwirtschaftliche Elemente im Sinne von Wettbewerb oder Trennung zwischen Staat und Unternehmen in beiden Ländern nur schwach entwickelten. Die Vernetzung zwischen den Unternehmen einerseits und zwischen Staat und Wirtschaft andererseits ist dementsprechend in Japan und Deutschland stärker ausgeprägt als in anderen westlichen Industriegesellschaften.

5 Beiden Ländern gelang es allerdings auf der Basis solcher Strategien, sich nicht nur schnell (innerhalb weniger Jahrzehnte), sondern auch äußerst erfolgreich zu industrialisieren und dabei ein geringeres Maß an sozialen Brüchen und Konflikten zu erleben als andere Industriegesellschaften.

6 Gestützt wurde dieser Prozeß der Industrialisierung in beiden Ländern

durch eine staatlicherseits geförderte, nationalistische Ideologie, deren weitgehende Akzeptanz dazu beitrug, daß zumindest über eine gewisse Zeit die soziale Kohärenz auch angesichts tiefgreifender struktureller Veränderungen in Wirtschaft, Politik und Gesellschaft erhalten blieb.

Bei allen konkreten Unterschieden zwischen der deutschen und der japanischen Gesellschaft also, in denen sich eben immer noch die Unterschiede einer verschiedenartigen kulturellen und historischen Entwicklung materialisieren, lassen sich strukturelle Ähnlichkeiten identifizieren, die – wie zu zeigen sein wird – nicht allein eine Bedeutung für geschichtliche Betrachtungen haben. Diese historischen Ähnlichkeiten setzen sich nämlich in die Gegenwart fort, wo sie sowohl zu vergleichbaren Herausforderungen als auch zu durchaus ähnlichen Reaktionen in der Gestaltung gesellschaftlicher Strategien führen. Zunächst aber sollen diese strukturellen Ähnlichkeiten in den historischen Entwicklungen Japans und Deutschlands noch ein wenig weiter verfolgt werden.

Kapitel 2

Japan: eine kulturelle Insel

Wie auch immer man die entwicklungspolitischen Strategien in Japan und Deutschland in weltanschaulicher Sicht bewerten will, unter ökonomischen Aspekten jedenfalls waren sie überaus erfolgreich: Die Ziele des Einholens und Überholens der traditionellen Wettbewerber Großbritannien und Frankreich wurden in Deutschland etwa zur Jahrhundertwende und in Japan zu Beginn der 40er Jahre des 20. Jahrhunderts erreicht, wenn man die industrielle Produktion als Kriterium dafür gelten lassen will. In Japan allerdings war diese wirtschaftliche Aufholjagd über lange Zeit mit erheblich höheren Produktionskosten – und damit auch einem geringeren individuellen und kollektiven Wohlstand – als in Nordamerika oder Westeuropa verbunden. Dies ist nicht allein auf eine immer noch nicht völlig überwundene technische Unterlegenheit der japanischen Industrie zurückzuführen, sondern auch auf deren hohe Abhängigkeit von Rohstoffimporten, insbesondere bei Erzen und fossilen Brennstoffen. Die politischen Diskussionen in Japan während der 20er und 30er Jahre drehten sich also um die immer noch virulente Frage, wie man angesichts der westlichen Dominanz dieser Rohstoffmärkte das würde erlangen können, was man unter wirtschaftlicher und damit nationaler Sicherheit verstand.

Aus unterschiedlichen Gründen – Deutschland in der Folge der militärischen Niederlage im Ersten Weltkrieg, Japan wegen wachsender Probleme in der Landwirtschaft – sahen sich beide Länder in dieser Phase erheblichen inneren Problemen ausgesetzt: Die Arbeiteraufstände in Deutschland und diejenigen der Reisbauern in Japan machten deutlich, wie sehr die rigorose Strategie der Industrialisierung und Modernisierung in die sozialen Strukturen eingegriffen hatte und auf welch labilen sozialen Grundlagen diese Strategie letztendlich stand. Die politischen Reaktionen auf diese Situation erscheinen zwar in beiden Ländern zunächst unterschiedlich, führten jedoch schließlich zum gleichen Ergebnis, nämlich dazu, daß eine Lösung der innenpolitischen Spannungen durch eine außenpolitische – genauer: militärische – Expansion gesucht wurde.

Natürlich bleiben auch hier gravierende Unterschiede: Die schleichende Entwertung der zivilen und parlamentarisch kontrollierten Regierungsgewalt in Japan durch den wachsenden Einfluß des Militärs seit dem Beginn der 30er Jahre ist nicht zu vergleichen mit der Machtübernahme durch die NSDAP in Deutschland. Überhaupt sind Gleichsetzungen zwischen der genuin europäischen Ideologie des Faschismus (und auch seiner ebenso genuin deutschen Variante des Nationalsozialismus) und dem, was vor allem während der 40er Jahre in Japan unter dem Namen *shintaisei* (Neue Nationale Organisation) entstand, wenig hilfreich. Ein mindestens ebenso wichtiger Unterschied zwischen der Entwicklung in Japan und im Deutschland der Zwischenkriegszeit liegt in der Rolle des Militärs: Auch wenn sich die deutsche Reichswehr immer wieder als Sammelbecken antidemokratischer Kräfte darstellte, ihr politischer Einfluß blieb gerade in den Jahren der nationalsozialistischen Herrschaft eher gering. Das japanische Militär hingegen war schon vor 1931 zur bestimmenden politischen Gruppierung geworden, und alle strategischen Entscheidungen der folgenden Jahre – nicht nur diejenigen, die zur kriegerischen Entwicklung führten – wurden mehr oder weniger direkt durch das Militär getroffen. Interessant hinter all diesen Unterschieden bleibt jedoch, daß sich beide Regime besonders während der Kriegszeit auf die sozialen Traditionen der Gemeinschaft beriefen. Auch in Japan, ebenso wie in Deutschland, ging es darum, durch Gründung entsprechender Organisationen im Rahmen des *taisei yokunsankai* (des Bundes zur Förderung der Kaiserherrschaft) die Gesellschaft in Richtung auf eine maximale Ausnutzung ihrer Potentiale hin zu formieren; auch in Japan geschah dies unter Berufung auf nationale Werte und Traditionen, wobei in Japan der *shintô* und hier vor allem – wie schon im Namen angedeutet – die Kaiserverehrung eine wesentliche Rolle spielte.

Die eigene Identität bewahren

Die jeweiligen militärischen Niederlagen Japans und Deutschlands hätten schon zu Beginn des Krieges absehbar sein können, weil die ökonomischen Ressourcen von Anfang an unzureichend für einen Krieg mit den alliierten Großmächten waren. Eben diese Niederlagen jedoch und vor allem ihre politischen Folgen bedeuteten für beide Länder den eigentlichen Beginn der Moderne. Durch die Installierung westlicher – genauer: angelsächsischer – Institutionen wurden die traditionellen Gesellschaftsstrukturen tatsächlich aufgebrochen und eine kulturelle Öffnung ermöglicht. Nun hat sicherlich die Entwicklung der Massenkommunikation seit den 50er Jahren, vor allem durch

Film, Funk und Fernsehen, diesen Prozeß noch mehr beschleunigt als jede von den westlichen Alliierten genauestens geplante Veränderung in den hergebrachten administrativen oder politischen Systemen. Allerdings blieb Japan gegenüber einer derartigen Vermittlung von Werten und Verhaltensnormen weitaus resistenter als die deutsche Gesellschaft, vielleicht weil diese Werte und Normen – auch wenn sie überwiegend aus den USA stammten – eben doch dem Fundus der abendländischen Zivilisation entnommen waren, sich insoweit also dem deutschen Rezipienten als nicht allzu fremdartig darstellten. Selbst heute – im Zeitalter von Satellitenfernsehen und weltweiten Marketingkampagnen – ist der Anteil amerikanischer Produktionen am Film-, Fernseh- und Musikmarkt Japans deutlich geringer als in den europäischen Ländern. Gleichwohl sind soziale Tendenzen zur Übernahme westlicher Verhaltensweisen auch in Japan unverkennbar.

Die kulturelle Resistenz der japanischen Gesellschaft bleibt eines ihrer augenfälligsten Merkmale: Schon seit Jahrzehnten prognostiziert man die unausweichliche und schnelle Anpassung Japans an die Standards der westlichen Zivilisation und damit auch das baldige Ende der autonomen japanischen Variante des Kapitalismus, aber genau diese japanische Gesellschaft unterscheidet sich auch weiterhin in ihren zentralen Werten und Verhaltensnormen von denen in Westeuropa und Nordamerika. Der britische Autor Arthur Koestler hat im Jahre 1960 ein Buch unter dem Titel *The Lotus and the Robot* verfaßt, in welchem er sehr einfühlsam und feinsinnig die japanische Gesellschaft jener Jahre beschreibt. Am Schluß seines Buches kommt er dann allerdings zu der Vorhersage, daß auf Grund der sich verbessernden Kommunikationsmittel dieser Sonderweg sehr bald einmünden werde in den Hauptstrom der europäischen Kultur. Wer dieses Buch jedoch heute liest, wird erstaunt sein darüber, wie wenig sich in den mehr als 30 Jahren, die seit dem Erscheinen jenes Buches vergangen sind, tatsächlich verändert hat und wie sehr die Beschreibungen und Analysen Koestlers auch heute noch zutreffen. Wenn man diese angesprochene kulturelle Resistenz nicht auf biologische oder genetische Eigenschaften der Japaner zurückführen will, dann bleibt nur die Vermutung, daß Veränderungen in den Einstellungen und Verhaltensweisen sich nur über sehr lange Zeitabschnitte entwickeln, und daß es möglicherweise doch mehr als nur eine historische Option gibt, eine Gesellschaft sich so organisieren zu lassen, daß Wohlstand, Sicherheit und Freiheit für möglichst viele Individuen entstehen können.

Der handgreifliche Erfolg der spezifisch japanischen Gesellschafts- und Wirtschaftsordnung während der vergangenen Jahrzehnte jedenfalls läßt verständlich werden, weshalb sich diese Gesellschaft nicht rückhaltlos der westlichen Kultur geöffnet hat. Mit einem solchen Hinweis muß man sich nicht unbedingt auf die These eines japanischen, wenn nicht sogar asiatischen Vorsprunges im *clash of civilisations* einlassen. Von einem solchen Zusammenstoß der Zivilisationen spricht der amerikanische Autor Samuel Huntington, der die Weltpolitik der Zukunft nicht mehr geprägt sieht von wirtschaftlichen oder ideologischen Konflikten, sondern von solchen zwischen den Kulturen und Zivilisationen, die auch zunehmend den Nationalstaat als bislang wichtigsten Akteur der Weltpolitik ablösen.

Exkurs: Über den Weltgeist in Asien

An dieser Stelle erscheint ein kurzer Exkurs angebracht: Derartige Thesen von der Überlegenheit der asiatischen Gesellschaften sind seit einiger Zeit sowohl in Asien selbst als auch in den westlichen Industriestaaten sehr *en vogue*. Der wandernde Weltgeist sei – so wird behauptet – auf seiner Reise von Osten her einmal um den Globus herum nun wieder in Asien angelangt, das pazifische Zeitalter habe das atlantische endgültig abgelöst, das polit-ökonomische Gravitationszentrum der Welt habe sich nach Asien hin verlagert, irgendwo zwischen Singapur und Sapporo. Der Untergang des Abendlandes, schon oft vorhergesagt, vollziehe sich nun tatsächlich, und zwar nicht durch eine militärische, sondern durch eine ökonomische Invasion, weil die zur Entwicklung des Kapitalismus notwendigen Tugenden der Askese und der Disziplin, vor allem aber der Unterordnung unter politische Entwicklungsstrategien nunmehr eher in Asien anzutreffen seien als im inzwischen dekadenten Westen. Von einem wachsenden asiatischen Selbstbewußtsein ist die Rede, von einer Re-Asiatisierung, einer Rückbesinnung auf die ursprünglichen, eigentlichen Werte der asiatischen Traditionen.

Nun ist das Verhältnis zwischen Europa und Asien komplex und kompliziert, man kann auch sagen: ausgesprochen schwierig. Beide Kulturen haben erlebt, wie die jeweils andere auf massivste Art und Weise Macht und Gewalt ausgeübt hat. Für Europa hat der Mongoleneinfall im 14. Jahrhundert ebenso traumatische Wirkungen gehabt wie umgekehrt in Asien die Kolonialisierung durch die europäischen Mächte seit dem 17. Jahrhundert. Das erleichtert nicht gerade das gegenseitige Verständnis und die gegenseitige Akzeptanz. Angesichts des wachsenden ökonomischen Erfolges in einigen Ländern Asiens sind daher diese Versuche der kulturellen Selbstbehauptung ebenso gut zu verstehen wie die steten Warnungen in Europa vor den neuen, offenbar ernstzunehmenden Wettbewerbern, zumal sich die Realität ökonomischer und technologischer Dynamik in jenen Ländern offenkundig überhaupt nicht mit dem lange Zeit in Europa vorherrschenden Bild von angeblich typisch asiatischer Passivität, Entwicklungslosigkeit und Statik verträgt. Jedenfalls ist es für die abendländischen Gesellschaften eine neue Erfahrung, seit langer Zeit wieder einmal mit kompetenten und auch erfolgreichen Wettbewerbern konfrontiert zu sein, die ihre Systeme und Strategien zunächst einmal aus einem eigenständigen, nichteuropäischen Kanon beziehen.

Wie auch immer: Abgesehen davon, daß vielen asiatischen Protagonisten solcher Theorien vorgehalten wird, sie wollten vor allem mit den Hinweisen auf die Bedeutung der konfuzianischen Gehorsamsethik nur den Prozeß der Demokratisierung in ihren Ländern schwächen und verlangsamen, stellt sich die Frage, ob es überhaupt *ein Asien* in dem Sinne gibt, wie zu Recht von einer historischen und kulturellen Einheit *Europa* gesprochen werden kann. Auch wenn man diese Frage auf den ostasiatischen Raum verengen würde, müßte man dort eine Vielfalt von Religionen, Traditionen und Kulturen zwischen Islam, Buddhismus, Taoismus und Konfuzianismus konstatieren, welche sich nie in ihrer Geschichte als Teil eines gemeinsamen kulturellen Erbes verstanden haben, wie es in Europa mit der griechischen Philosophie, dem römischen Christentum und der Aufklärung der Fall ist. Nun kann man zwar mit einer gewissen Berechtigung die These vertreten, daß wenigstens der nordöstliche Teil Asiens – also Vietnam, Korea und eben auch Japan – unter langem und starkem Einfluß der chinesischen Kultur gestanden hat, ein Umstand, der in Japan mit dem Begriff des *dobun doshu* (die gleiche Kultur, das gleiche Alphabet) belegt wurde. Allerdings wurden die chinesischen Vorgaben für die Werte und Normen des gesellschaftlichen Lebens durch autochthone Traditionen gefiltert und verändert, am meisten wohl in Japan, das wegen seiner Insellage und seiner zeitweise dezidierten Politik der Abschottung das geringste Maß an Kontakten zu China hatte und also auch den geringsten Grad an Sinifizierung in Nordostasien aufweist. Im Zweifel hat sich die japanische Gesellschaft zumeist auf die eigenen, auch völkisch begründeten Traditionen bezogen und nicht auf ein Gefühl der Gemeinsamkeit mit der chinesischen oder gar einer vagen asiatischen Kultur.

Die Frage danach, ob und inwieweit sich Japan tatsächlich Asien zugehörig fühlt, muß also unbeantwortet bleiben. Die Antwort darauf wäre fast schon eine eigene Untersuchung wert. Man darf dabei die während des Zweiten Weltkrieges verbreiteten Losungen von einer großasiatischen Sphäre des Wohlstandes und der Einigung unter einem Dach (*hakkô ichiu*, eigentlich: alle acht Ecken der Welt unter einem Dach) nicht allzu ernst nehmen; eher sollte man angesichts des fast schon demonstrativen Schweigens der japanischen Medien und Politik während der Diskussionen über den »Wettbewerb der Zivilisationen« annehmen, daß sich die japanische Gesellschaft davon nicht betroffen fühlt, was ihr im übrigen massive Kritik mancher neo-asiatischer Nationalisten vor allem aus Singapur eintrug. Aber auch das faktische Verhalten der japanischen Öffentlichkeit macht mitunter sehr deutlich, daß man sich immer noch in einer kulturellen und völkischen Einzigartigkeit definiert, und sei es auch in der Kombination aus chinesischen und europäischen Einflüssen, die eine einfache und direkte Zuordnung zu einem dieser Kulturkreise verbietet.

Diese Eigensicht der Japaner läßt sich zumindest historisch aus einem sehr eigentümlichen wissenschaftlichen Diskurs ablesen, nämlich den sogenannten *nihonjinron* oder *nihonron* (Studien über die Japaner bzw. Abhandlungen über Japan), in denen es um eine Selbstdefinition der japanischen Kultur im bewußten Vergleich und einer bewußten Abgrenzung zunächst zu China und dann zur westlichen Zivilisation geht. In diesem Diskurs werden durchweg jene auch völkisch begründete Eigenständigkeit und vor allem diejenigen Eigenschaften betont, die Japan zu einer besonderen, überlegenen Kultur machen, deren Status man am ehesten durch eine kulturelle Abschottung gegenüber anderen, als minder erachteten Kulturen und Völkern konservieren kann. Was immer man auch von einem bevorstehenden (oder sich sogar bereits vollziehenden) Kampf der Kulturen halten mag, die japanische Kultur wird sich jedenfalls kaum so ohne weiteres in einen asiatischen oder gar chinesischen Kulturkreis eingruppieren lassen, sondern so lange wie möglich einen eigenen Weg in spezifischen Koalitionen und Allianzen zu gehen versuchen.

Der Zweite Weltkrieg und seine Folgen

Kehren wir nun aber wieder zurück zur sozio-politischen Situation in den 20er und 30er Jahren: Japan erlebte in dieser Zeit, was geschieht, wenn sich die soziale Kohärenz der Gesellschaft abschwächt. Die Definition nationaler Entwicklungsziele, bislang mehr oder minder gemeinschaftlich getragen und akzeptiert, reichte nicht mehr aus, um die vorhandenen inneren Konflikte bei einem sich abschwächenden äußeren Druck zu pazifizieren. Das parlamentarische System, ebenso wie in Deutschland gerade erst etabliert, unerfahren in der Bewältigung von Krisen und kaum in sich gefestigt, war außerstande, diese zum Teil äußerst gewalttätigen Konflikte zwischen den einzelnen sozialen und politischen Gruppen zu kontrollieren, in denen Massenstreiks und politisch motivierte Morde schon fast die Regel geworden waren. Und ebenso wie Deutschland hatte auch Japan erheblich unter den Folgen der Weltwirtschaftskrise von 1929 zu leiden.

Zwar waren – wie erwähnt – die Reaktionen auf diese Krisen und Konflikte im Detail unterschiedlich, in ihrer Zielrichtung und Wirkung jedoch durchaus vergleichbar: In beiden Ländern, in Japan durch das Militär, in Deutschland durch die Nationalsozialisten, wurde der Versuch unternommen, durch eine Steigerung des Nationalismus erneut die Kohärenz in der Gesellschaft wiederherzustellen. Die Therapie war also die gleiche wie zu Beginn der Industrialisierung, nur jetzt mit einer höheren Dosis in der Medikation. Politische Gruppierungen wie die 1919 gegründete *Nihon Kokusui Kai* (die Patriotische Gesellschaft Japans), die *Sekka Bôshidan* (die Antibolschewistische Liga) von 1922 oder die *Kokuhonsha* (die Gesellschaft für die Grundlagen des Staates) aus dem Jahre 1924 waren noch mit dem Ziel gegründet worden, den aufkommenden Radikalismus durch Kaiserverehrung und die Forderung nach einer Aussöhnung zwischen Kapital und Arbeit zu begrenzen. Neben jenem Versuch der inneren Formierung der Gesellschaft auf der Grundlage der traditionellen Werte traten bald auch explizit antikapitalistische und antiwestliche Ideen und schließlich die Forderung nach einer außenpolitischen Expansion, vor allem von seiten der unzähligen militärischen Geheimbünde.

Diese Wendung nach außen, die sicherlich in erster Linie der offenkundigen sozialen Dynamik ein Ventil verschaffen sollte, stellte aber auch in gewisser Weise die konsequente Weiterführung der immer noch ständischen Strukturierung der Gesellschaften in Deutschland und Japan dar: So wie es innerhalb der Gesellschaft für jedes Individuum einen zugewiesenen Platz in einer Gruppe mit bestimmten Funktionen und Verhaltensweisen gab, so wurde auch das Verhältnis zwischen den Nationen gesehen. Auch dort ging man von der Existenz einer hierarchischen Ordnung aus, in der Japan bzw. Deutschland eigentlich einen Platz an der Spitze einnehmen sollten. In der real existierenden Weltordnung jener Jahre sahen sich allerdings weder Deutschland noch Japan adäquat berücksichtigt, so daß eine jegliche Aktion gerechtfertigt schien, sich diesen vermeintlich angemessenen Platz an der Spitze der Hierarchie der Nationen zu verschaffen.

Wie man weiß, sind diese Versuche zu einer Neuordnung der Welt, vor allem aber zu einer militärischen Eroberung und Sicherung von Rohstoff- und Absatzmärkten, dramatisch gescheitert, was nicht zuletzt zur Folge hatte, daß sich beide Gesellschaften nun erst recht mit den Herausforderungen der Modernisierung konfrontiert sahen. Für Japan war diese militärische Niederlage – nicht allein wegen der Erfahrungen von Hiroshima und Nagasaki – sicherlich ein noch traumatischeres Erlebnis als für Deutschland: Zum ersten Male in seiner Geschichte wurde das Land durch Fremde erobert und besetzt, der Kaiser gezwungen, seinem göttlichen Status zu entsagen und sich auf die Rolle eines formellen Staatsoberhauptes zu beschränken. Der Adel wurde abgeschafft und die großen Unternehmensverbände (*zaibatsu*) entflochten. In gewisser Weise trat nun nach 1945 das ein, was die *Meiji*-Reformer einhundert Jahre zuvor erfolgreich hatten verhindern können, nämlich nach der wirtschaftlichen auch die politische und kulturelle Öffnung Japans nach Westen. Für viele Japaner, deren Weltanschauung durch Erziehung und Gesellschaft vor allem während der Kriegsjahre höchst nationalistisch geprägt worden war, bedeutete dies erhebliche emotionale und intellektuelle Probleme.

Anders als Deutschland, wo schon recht früh wieder eine weitgehende Form der politischen Selbstverwaltung eingeführt wurde, blieb Japan bis 1952 unter alliierter Besetzung und Verwaltung. Und auch anders als in Deutschland und Westeuropa, wo sich die Konfrontation des Kalten Krieges abzuzeichnen begann und ein besonderes Handeln der USA erforderlich zu machen schien, flossen keine Mittel des Marshall-Plans nach Japan. Im Gegenteil: Die amerikanisch gelenkte Wirtschaftspolitik für Japan bestand zunächst einmal in einem strikten Sparprogramm, das der Regierung nahezu jede Handlungsmöglichkeit nahm. Weder durften Anleihen aufgenommen noch Subventionen an die Industrie oder Kredite zum Wiederaufbau vergeben werden. Die Ziele der amerikanischen Strategie waren klar und einfach: Japan sollte der industriellen Grundlage seiner Militärmacht völlig entkleidet und auf den Stand der Industrialisierung in den späten 20er Jahren zurückgeführt werden.

Eine solche Wirtschaftspolitik blieb natürlich nicht ohne soziale Folgen, zumal in Folge schlechter Ernten während der ersten Nachkriegsjahre Hungersnöte ausbrachen und wegen der Industriedemontage und der Demobilisierung der Streitkräfte die Arbeitslosigkeit in Japan steil anstieg. Diese Konsequenzen ebenso wie die Streikwellen der Nachkriegszeit nahm die alliierte Verwaltung bewußt in Kauf – sogar auf die Gefahr einer kommunistischen Machtübernahme hin –, solange sie nur dazu beitrugen, das traditionelle Machtgefüge in der japanischen Gesellschaft entscheidend zu schwächen. Die erwähnten Streiks hatten weitreichende Auswirkungen: Für das in den japanischen Großunternehmen verbreitete System einer lebenslangen Beschäftigungsgarantie wurde damals die Grundlage gelegt.

Ökonomisch wurde Japan ebenso wie Deutschland erst vom Ausbruch des Korea-Krieges gerettet; die politische Aufmerksamkeit vor allem der USA wandte sich anderen Themen zu, die kommunistische Gefahr war realer als ein mögliches Wiedererstarken des Faschismus, und schließlich wurde sowohl die japanische als auch die deutsche Wirtschaftskraft dringend benötigt, um die Anstrengungen des Krieges zu bewältigen. Das Wachstum und der Aufstieg der japanischen Industrie in den folgenden Jahren sind noch beeindruckender als das, was in Deutschland stolz mit dem Begriff des *Wirtschaftswunders* bezeichnet wird. Im Jahre 1955 machte das Bruttosozialprodukt Japans knapp die Hälfte des westdeutschen aus, im Jahre 1968 – also nicht einmal anderthalb Jahrzehnte später – hatte Japan Deutschland, das ja in dieser Phase auch nicht gerade einen Stillstand der Entwicklung erlebte, wirtschaftlich überholt und sich zur zweitstärksten Ökonomie der Welt entwickelt, eine Position, auf der sich Japan bislang anscheinend ohne größere Probleme behauptet hat. Selbst die allfälligen Strukturbrüche in den Schwerindustrien, von denen auch Japan nicht verschont blieb, haben Wirtschaft und Gesellschaft offenbar ebenso wenig an weiterem Wachstum gehindert wie das Ende der sogenannten *bubble economy* oder die vielfachen Finanzskandale der letzten Jahre, in denen manchmal von einem Tag auf den anderen riesige Summen an Kapital entwertet wurden.

Eine Kultur ruht in sich selbst

Genau diese Fähigkeit, ökonomische Mißgeschicke – mögen sie nun einzelne Unternehmen oder die ganze Volkswirtschaft betreffen – schnell mit einem neuen Wachstumsschub zu überwinden (und dabei gleichzeitig ganz nonchalant die europäischen oder amerikanischen Wettbewerber aus den Märkten heraus zu konkurrieren), läßt westliche Unternehmer, Politiker und Wissenschaftler intensiv nach den letzten Geheimnissen der japanischen Kultur forschen. Nun hängt es sehr vom jeweiligen Standort des Beobachters und damit von seiner Wahrnehmung ab, wie sehr er dabei Unterschiede zwischen der japanischen und den westlichen Gesellschaften identifiziert und herausstellt. Die höhere Gewichtung des Kollektivs und seiner Bedürfnisse gegenüber dem Individuum im japanischen Sozialsystem beispielsweise wird einem amerikanischen Beobachter sicherlich fremdartiger erscheinen als einem europäischen, insbesondere einem deutschen.

Wir sprechen nicht ohne Grund von *den* westlichen Gesellschaften im Plural, weil sich eben auch diese Gesellschaften trotz aller gemeinsamen Ursprünge und aller kulturellen Konvergenz vor allem der letzten Jahre immer noch recht deutlich voneinander unterscheiden, was im übrigen einen erheblichen Teil der Schwierigkeiten bei der Schaffung eines einheitlichen europäischen Wirtschafts- und Politiksystems erklärt. Diese Unterschiede – genauer: der Umstand, daß solche Unterschiede existieren – sollten allerdings nicht sonderlich überraschen. Für den deutschen Soziologen Niklas Luhmann sind es gerade die Unterschiede und damit die Grenzen, aus denen heraus sich ein System bestimmt, denn kein System kann ohne Grenzen existieren. Und diese Grenzen werden im allgemeinen von innen her, aus dem jeweiligen Selbstverständnis des Systems heraus definiert – man könnte auch sagen: eher aus der Kohäsion im Sinne einer inneren Struktur und weniger aus der Adhäsion im Sinne einer zufälligen Gruppierung der einzelnen Elemente. Wie weit auch immer man physikalische Vergleiche bei der Betrachtung von Gesellschaften zulassen will: Eine jegliche gesellschaftliche Gruppe nimmt eine solche Bestimmung von Innen und Außen vor, legt also eine Grenze fest, an welcher wichtige soziale Beziehungen – Vertrauen, Bereitschaft zur Verantwortung, Solidarität – zunächst einmal enden.

Nun muß man wohl zugeben, daß die japanische Gesellschaft diese Grenze zwischen Innen und Außen traditionell in besonders rigider Weise definiert hat. Nicht nur durch die zweieinhalb Jahrhunderte dauernde Abschließung des Landes (*sakoku*) während des *Tokugawa*-Shôgunats, mehr noch durch ihr faktisches Verhalten hat die japanische Gesellschaft immer ihren Anspruch auf kulturelle und ethnische Eigenständigkeit deutlich gemacht. Tatsächlich ist Japan auch heute noch – im Zeitalter globaler Migrationen – eines der Länder mit der wohl höchsten ethnischen Homogenität, wozu die spezifische geographische (Insel-) Lage des Landes sicherlich einen erheblichen Teil beigetragen hat. Ob man nun eine solche Tendenz zur Abschottung generell der Sozialpsychologie von Inselbewohnern zuschreiben will oder nicht – die japanische Gesellschaft jedenfalls hat sich über lange Phasen ihrer Geschichte eher nach innen als nach außen gewendet und sich auch überwiegend auf Grund innerer Bedürfnisse und Notwendigkeiten organisiert. Anders ausgedrückt: Außenpolitische Erwägungen, seien sie nun subjektiver oder objektiver Natur, haben für die Bestimmung politischer Ziele und Strategien traditionell eine nur geringe Rolle gespielt. Selbst die Prozesse der Adaption von chinesischen oder westlichen Einflüssen, mit denen sehr weitgehende Veränderungen des sozialen und ökonomischen Gefüges induziert wurden, sind durch die Eliten der japanischen Gesellschaft genauestens dosiert und kontrolliert worden. Es verwundert angesichts dieser über lange Zeit erfolgreichen Selbstbestimmung auch nicht, daß die Vorstellung, von außen her kulturell, ökonomisch oder politisch beeinflußt oder gar dominiert zu werden (*gaiatsu*), auch heute noch in der japanischen Politik hektische Reaktionen auslöst, in denen sich zumeist Gefühle der Überraschung, Bedrohung und Verärgerung (inzwischen auch eines bis zur Arroganz gesteigerten Selbstbewußtseins) mischen. Den Motiven fremder Einmischung in die japanischen Verhältnisse wird generell und zutiefst mißtraut.

Diese Abgrenzung nach außen hatte aber auch zur Konsequenz, daß nicht nur der Zugang in die japanische Gesellschaft hinein erschwert oder sogar unterbunden wurde, sondern daß andererseits die japanische Kultur auch nie eine missionarische Attitüde aus Japan heraus entwickelte. Wenn Japan seine Gesellschaft und Kultur als eigenständig und spezifisch ansieht, wenn man sich also von äußeren Verunreinigungen freihalten und für sich bleiben will, dann folgt daraus auch, daß die japanische Gesellschaftsform und Kultur auf andere Bedingungen und Nationen überhaupt nicht übertragbar sind. Das mag auch etwas damit zu tun haben, daß der *shintô* keine Erlösungs- oder Verkündungsreligion ist, die universelle Geltung anstrebt, sondern sich in ihrem Ursprung lokal, nämlich in bezug auf bestimmte heilige Orte, definiert, an denen eine besondere Verbindung zu den überirdischen Kräften besteht. Eine solche Religion entwickelt keine Strategien der Aufklärung und Bekehrung. Vom Buddhismus würde man dieses Verhalten vielleicht eher erwarten, aber in der Bestimmung des japanischen Selbstbewußtseins hat der Buddhismus nun einmal nur eine geringere Rolle gespielt, zumal sich über die Zeit in Japan sehr spezifische Formen wie *Zen* oder *Nichiren* entwickelten, deren Übertragbarkeit auf andere Kulturen kaum möglich erschien. Es hat daher auch – von einer Ausnahme abgesehen, die wir in Kapitel 5 näher erläutern werden – keinen japanischen Kolonialismus im westlichen Sinne gegeben, d. h. mit dem Ziel einer weltweiten Ausdehnung der eigenen Kultur. Und dementsprechend hat Japan auch nie eine systematische Siedlungs- oder Auswanderungspolitik entwickelt, um Japan als soziales, kulturelles oder ethnisches System in die Außenwelt hinein zu diffundieren. Militärische Aktionen oder gar geplante Expansionen ins Ausland sind in der japanischen Geschichte äußerst selten, und wenn sie einmal erfolgten, ausnahmslos – und zwar sehr schnell – gescheitert: die Bemühungen zur Eroberung Koreas im 7. und 16. Jahrhundert ebenso wie diejenigen in der ersten Hälfte des 20. Jahrhunderts.

An dieser traditionell geringen Außenorientierung – und *vice versa*: hohen Innenorientierung – der japanischen Gesellschaft hat sich bis heute wenig geändert; darin unterscheidet sie sich deutlich von den westlichen und insbesondere europäischen Gesellschaften. Es ist für einen Ausländer auch jetzt noch fast unmöglich, die japanische Staatsbürgerschaft zu erlangen, weil die Zugehörigkeit zu Gesellschaft und Volk nahezu ausschließlich durch ethnische Kriterien definiert wird, man diese Zugehörigkeit also nicht unabhängig von Herkunft und Rasse allein durch die Adaption der japanischen Kultur gewinnen kann. In diesem Sinne liegt das japanische Verständnis von Staatsangehörigkeit im übrigen sehr viel näher am deutschen – das sich ebenfalls an den Vorstellungen von gemeinsamer ethnischer Herkunft ausrichtet – als beispielsweise am französischen oder amerikanischen.

Die Trennung von *uchi* (innen) und *soto* (außen) geht in Japan sogar noch weiter: So wie man der japanischen Tradition zufolge die Zugehörigkeit und damit auch die Bindungen zu seiner ursprünglichen Familie aufgibt, wenn man nach der Heirat in das Haus und in die Familie des neuen Partners zieht, so verlieren auch die japanischen Auswanderer und ihre Nachkommen den

Status der Zugehörigkeit zu dem, was man als Gemeinschaft der Japaner bezeichnen könnte. Anders nämlich als im deutschen Verständnis, wo aus der ethnischen Abstammung auch noch nach mehreren Jahrhunderten erhebliche Privilegien erwachsen, kommen den japanischen Aussiedlern keine besonderen Vorrechte bei der Wiedergewinnung der japanischen Staatsangehörigkeit zu. Man hat sogar den Eindruck, als erfordere die japanische Eigendefinition nicht nur diese Bindung an Blut und Boden, sondern auch noch den Verzicht auf jeglichen allzu engen Kontakt mit Ausländern: So mußten beispielsweise japanische Diplomaten bis vor ganz kurzer Zeit ihr Amt aufgeben, wenn sie mit Ausländern verheiratet waren und diese nicht innerhalb kurzer Frist die japanische Staatsbürgerschaft annahmen, was ihnen jedoch – wie oben geschildert – nicht gerade leicht gemacht wurde. Wie auch immer: Die japanische Gesellschaft ist bei aller internationalen Verflechtung ihrer Wirtschaft immer noch in hohem Maße innenorientiert – eine Haltung, die im übrigen durch die unbezweifelbaren ökonomischen Erfolge gerade der letzten Jahre noch weiter verstärkt wurde, indem man die Ursache für diese Erfolge nämlich überwiegend den eigenen Anstrengungen und Fähigkeiten und nicht besonders günstigen weltwirtschaftlichen Zufällen zuschrieb. Die japanische Gesellschaft, so schreibt der Autor Sakaiya Taichi in Anspielung auf die Insel Laputa in *Gullivers Reisen*, habe sich wie in einem Utopia gefühlt, das abseits der anderen Länder in einem Zustand der Glückseligkeit schwebe.

In Japan gibt es keine Städte

Nun würde es auch sicherlich nicht nur dem eingeweihten Beobachter schwerfallen, die deutsche Gesellschaft ohne weiteres als kosmopolitisch zu bezeichnen, dafür ist die deutsche Geschichte zu lange Zeit eher regional und provinziell ausgerichtet gewesen. Den – letztlich erfolglosen – Bemühungen der ersten deutschen Könige und römischen Kaiser, ihre territoriale Herrschaft nach innen zu festigen und nach außen auszudehnen, folgte seit dem Mittelalter eine sehr lange, bis ans Ende des 19. Jahrhunderts reichende Phase, in welcher Deutschland eher das Objekt als das Subjekt politischer und militärischer Aktivitäten war. Der Mangel an einer starken staatlichen Zentralgewalt, aber auch die Unfähigkeit zu übergreifenden konsensualen Verfahren innerhalb eines dafür durchaus geeigneten Systems, nämlich den politischen Gremien des Reiches, hatten zur Folge, daß eine eigenständige politische oder kulturelle Entwicklung allenfalls in den größeren Territorialstaaten zustande kam.

Von Deutschland konnte in dieser Zeit also nur in einem geographischen und nicht in einem kulturellen, geschweige denn nationalen oder ethnischen Sinne die Rede sein. Anders als Japan entstand der deutsche Nationalismus des 19. und 20. Jahrhunderts nicht aus einer in sich selbst ruhenden, sich selbst genügenden Innenorientierung, sondern aus der Auseinandersetzung mit vielfältigen kulturellen, ökonomischen und politischen Außeneinflüssen. Es würde hier zu weit führen, den Quellen dieses spezifischen deutschen Nationalismus nachzuspüren – der romantischen Suche nach dem edlen, noch nicht durch Kultur und Kapitalismus verfälschten Urzustand des Volkes und den Legitimationsbemühungen des militärischen Widerstandes gegen die napoleonische Besetzung –, er hat jedenfalls die deutsche Gesellschaft nie in dem Maße durchdrungen, wie es der Nationalismus auch heute noch in der japanischen Gesellschaft tut. Eher schon hat die traditionell regionale, manchmal sogar lokale Orientierung in Deutschland eine internationale Ausrichtung von Kultur und Wirtschaft erschwert.

Man kann diese Orientierung nicht zuletzt an der zwischen Deutschland und Japan sehr unterschiedlichen Entwicklung und Bedeutung der Städte verdeutlichen: Während in Deutschland die Städte schon früh versuchten, eine politisch, rechtlich und ökonomisch unabhängige Stellung gegenüber den jeweiligen Feudalherren einzunehmen, sich also zu eigenständigen politischen Einheiten entwickelten, blieben sie in Japan unter der direkten Herrschaft und Verwaltung der *daimyô* oder des *shôgun*, so daß sich keine städtische Kultur im eigentlichen Sinne herausbilden konnte. Die japanischen Städte erwecken auch heute noch den Eindruck einer eher zufälligen Konzentration von Bevölkerung und Bebauung, in der es auf die Ästhetik des einzelnen Gebäudes mehr ankommt als auf seine Einbindung in ein städtebauliches Ensemble. Das hat sicherlich auch etwas damit zu tun, daß die traditionelle japanische Gesellschaft unterhalb ihrer ethnischen Homogenität in sich sehr stark nach einzelnen sozialen Gruppen differenziert war, zwischen denen eher Konkurrenz als Kooperation und Solidarität herrschte, so daß ein Bewußtsein von einer gemeinsamen städtischen Kultur, der sich alle Gruppen unabhängig von ihrer sozialen und ursprünglichen regionalen Herkunft zugehörig fühlten, kaum entstehen konnte. Die vertikale Organisation jener Gruppen verhinderte also die Herausbildung eines horizontalen Netzwerkes – wovon noch ausführlicher zu sprechen sein wird.

Im übrigen muß betont werden, daß die Herausbildung politisch und auch kulturell autonomer Städte Teil der sehr spezifischen Entwicklung in Westeuropa gewesen zu sein scheint, denn weder in der byzantinischen noch in der islamischen, weder in der indischen noch in der chinesischen Kultur hat sich ein vergleichbarer Prozeß vollzogen. Und auch in Westeuropa war er nur dort möglich, wo es der königlichen Zentralgewalt oder dem Adel nicht gelang, ihre Machtansprüche flächendeckend durchzusetzen, also am ehesten in Flandern, Italien und Deutschland. Die Städte spielten aber eine wesentliche Rolle in der Entwicklung von Kultur und Wirtschaft während des Mittelalters, weil in ihnen einerseits eine – wenn man diesen Begriff verwenden will – liberalere Haltung in bezug auf Wissenschaft und Kunst vorherrschte als bei Hofe, vom Land ganz zu schweigen, und sich in ihnen andererseits die ökonomische Macht von Gewerbe, Handel und Finanzwirtschaft konzentrierte. Sie fungierten damit gleichermaßen als Gegenpol und Grundlage der sich neu herausbildenden staatlichen Strukturen.

Die staatlichen, d. h. die königlichen Einnahmen aus dem Kronbesitz und den Steuern reichten bei weitem nicht aus, um Hofhaltung, Heer und Verwaltung zu finanzieren. Die Notwendigkeit der Geldbeschaffung führte jedoch dazu, daß jede Bewegung in Richtung auf eine Zentralisierung von politischer Macht in den europäischen Ländern begleitet war von einer Entwicklung hin zur Dezentralisierung und Partizipation, denn zunächst der Adel und später auch das Bürgertum waren erst dann zu höheren Abgaben bereit, wenn ihnen gleichzeitig auch politische Mitspracherechte eingeräumt wurden. Hierin liegen zweifellos die historischen Wurzeln von Gewaltenteilung und parlamentarischer Demokratie, und hierbei handelt es sich ebenso zweifellos um eine spezifische, genuin europäische Entwicklung; eine *Magna Charta* wie in England oder eine *Wahlkapitulation* wie im Heiligen Römischen Reich, mit welcher der neugewählte Kaiser den Reichsständen Privilegien und Partizipation einräumen mußte, blieben in anderen Kulturen (und auch in Japan) unbekannt.

Wie auch immer: Die rechtliche und faktische Stellung der Städte hat sich auf Grund der unterschiedlichen Traditionen in Deutschland und Japan bis auf den heutigen Tag höchst unterschiedlich entwickelt, zumal sich die *Meiji*-Reformer bei der Neugestaltung der Kommunal- und Regionalverfassung trotz aller sonstigen Nähe zu deutschen und insbesondere preußischen Regelungen eher am französischen Modell einer stark zentralisierten Verwaltung orientierten. Erst nach dem Ende des Zweiten Weltkrieges wurden entsprechend dem angelsächsischen Vorbild gewisse Spielräume für autonomes kommunales Handeln geschaffen. Gleichwohl überwiegen weiterhin diejenigen Aufgabenbereiche, in denen Präfekturen und Kommunen weisungsgebunden im Auftrag der Zentralregierung tätig sind, was unter anderem durch die Abordnung von Regierungsbeamten in die regionalen Behörden hinein sichergestellt wird. Zwar haben die Regionalverwaltungen gerade während der letzten Jahre erfolgreich versucht, ihren Kompetenzrahmen auch über die geltenden gesetzlichen Bestimmungen hinaus immer weiter auszudehnen – nicht zuletzt, weil regional spezifische Problemlagen ein solches Handeln zu erfordern schienen –, von einer Entwicklung hin zum Föderalismus oder von einem Verständnis kommunaler Selbstverwaltung, wie es im Artikel 28 des deutschen Grundgesetzes festgeschrieben ist, bleibt Japan jedoch noch weit entfernt.

Angesichts des hohen Grades an Metropolisierung, also der Konzentration von Bevölkerung und Verwaltung in Tokyo, entbrennt die Diskussion über eine politische und regionale Entflechtung immer wieder aufs neue. Dabei werden die Stimmen zahlreicher, welche die Lösung der dramatisch anwachsenden Ballungsprobleme Tokyos nicht im Bau einer neuen Hauptstadt sehen, sondern im Rückzug staatlichen Handelns generell und einer Verlagerung der verbleibenden administrativen Kompetenzen auf Städte und Regionen im besonderen. Das Argument lautet nicht ganz zu unrecht, das Problem der Zentralisierung werde nicht durch die räumliche Verlagerung der Zentrale gelöst. Im übrigen zeigen sich in Japan inzwischen gewisse Tendenzen in Richtung auf das, was wir vorhin als die Herausbildung eines horizontalen Netzwerkes bezeichnet haben: Die lokalen und regionalen Außenstellen zentraler staatlicher Behörden verstehen sich zunehmend als Teil der örtlichen Systeme und handeln nicht mehr aus vertikaler Solidarität heraus, was natürlich die Stellung der Zentrale schwächt und die Optionen eines dezentralen, autonomen Handelns erweitert. Die Forderungen nach einer radikalen Umgestaltung des Systems der Verwaltung und dabei vor allem nach einer Straffung und Aufwertung der regionalen und lokalen Ebene, nicht zuletzt erhoben vom mächtigen Wirtschaftsverband *Keidanren*, war jedenfalls ein wichtiges Thema während des Wahlkampfes im Herbst 1996, dessen Umsetzung sich nun die neue Regierung annehmen muß, wenn sie nicht von vornherein jegliche Glaubwürdigkeit einbüßen will.

Was sich im Mittelalter noch als eine durchaus moderne Entwicklung dargestellt hatte, nämlich die Herausbildung von autonomen Städten, in denen sich Handel und Gewerbe recht unbeeinflußt von feudalen Regelungen entfalten konnten, wurde für Deutschland in dem Augenblick zu einem entscheidenden Hemmnis, als (spätestens im 17. Jahrhundert) die Entstehung von kontinentalen und schließlich auch globalen Märkten eine enge Verbindung von ökonomischer und politischer Macht erforderte. Versuche deutscher Handelshäuser und auch einzelner deutscher Staaten, sich an diesem Wettbewerb um internationale Rohstoff- und Absatzmärkte zu beteiligen, scheiterten schon in den Ansätzen. Die massiven Verluste an Bevölkerung und die Zerstörungen des wirtschaftlichen Potentials während des Dreißigjährigen Krieges taten ein Übriges, um die in Deutschland ohnehin virulente Innenorientierung auf längere Zeit zu verstärken. Weder politisch noch sozial oder ökonomisch entstand die kritische Masse, wie sie für einen technischen und wirtschaftlichen *take-off* erforderlich gewesen wäre. Die Territorialstaaten in Deutschland –

wovon es im Jahre 1789 immerhin fast 2.000 gab – waren in der Regel viel zu klein, um aktiv und eigenständig erfolgversprechende außenpolitische Strategien zu entwickeln, und zu sehr auf die Wahrung ihrer autonomen Rechte bedacht, als daß sie bereit gewesen wären, die Reichsorgane zu stärken oder sich wenigstens in handlungsfähigen Bündnissen und Binnenmärkten zusammenzuschließen. Wie schon erwähnt, führte erst der massive außenpolitische Druck in der Folge der napoleonischen Kriege zu einer tiefgreifenden Veränderung der territorialen Verhältnisse in Deutschland bis hin zur schließlichen Entstehung eines – allerdings föderal organisierten – Nationalstaates am Ende des 19. Jahrhunderts.

Eine spezifisch deutsche Tradition der Außenpolitik und Außenwirtschaft begründete sich jedoch trotz aller rhetorischen und faktischen Bemühungen dadurch nicht; ähnlich wie in Japan wurden allenfalls die Vorstellungen einer ständisch und hierarchisch geordneten Innenstruktur der Gesellschaft auf die außenpolitische Strategie übertragen, wobei man natürlich für die eigene Nation eine führende Rolle vorsah. Von der amerikanischen Vorstellung einer Völkergemeinschaft, in der einer jeden Nation gleiche Rechte, vor allem auf Selbstbestimmung, zustanden und in der sich Wettbewerb überwiegend auf dem ökonomischen Felde und nach marktwirtschaftlichen Regeln vollziehen sollte, einer Vorstellung, aus der heraus sich schließlich der Völkerbund und die Vereinten Nationen gründeten, war in jenen Jahren weder in Japan noch in Deutschland die Rede.

Evolution im Rückwärtsgang

Nun wird man im Falle Japans einwenden, daß die Fähigkeit zur Imitation und Adaption fremder Kulturen erwiesenermaßen besonders groß sei, sich gerade die Meiji-Restauration an ausländischen Vorbildern ausgerichtet habe und man daher der japanischen Gesellschaft auch ein hohes Maß an Internationalität zumessen könne. Als Antwort darauf sei an den bereits erwähnten Hinweis des britischen Autors Arnold Toynbee erinnert, der in jener Strategie der Adaption nichts anderes sah als den Versuch der Erhaltung genuin japanischer Kulturelemente durch eine letztlich nur oberflächliche Modernisierung von Wirtschaft, Technik und Militär. Der ebenfalls schon zitierte Arthur Koestler spricht in einem ähnlichen Zusammenhang davon, daß sich jenes Lernen durch Imitation weitgehend darauf beschränkte, die Endergebnisse der angewandten Wissenschaften, also die Produkte selbst, zu kopieren, ohne dabei auch gleichzeitig die theoretischen und philosophischen Grundlagen des westlichen Angangs zu Erkenntnis und Wissenschaft zu übernehmen. Japan müsse dorthin noch durch eine – wie Koestler es nennt – *Evolution im Rückwärtsgang* gelangen. Davon aber scheint Japan 30 Jahre nach dem Erscheinen von Koestlers Buch noch weit entfernt zu sein; die Übernahme von Elementen der westlichen Kulturen bleibt ornamental oder folgt den jeweiligen Modeerscheinungen. Eine Gesellschaft, in der die traditionellen Werte wie etwa die Einordnung des Individuums in die Gruppe immer noch an erster Stelle der Erziehungsziele stehen, ändert sich – wenn überhaupt – nur sehr langsam, auch wenn ein steigender Wohlstand durchaus die materiellen Voraussetzungen für Emanzipationsbemühungen schafft.

Auch der unbezweifelbare Erfolg japanischer Unternehmen auf den internationalen Märkten hat bei genauerer Betrachtung wenig mit einer wachsenden und tiefgreifenden Internationalisierung der japanischen Gesellschaft zu tun. Zwar haben alle großen japanischen Firmenverbände (*keiretsu*) Tochtergesellschaften und Niederlassungen in aller Welt eröffnet, zwar fördert ein Auslandseinsatz inzwischen die Karriere mehr, als daß er sie hemmt, aber von einer Globalisierung oder gar Lokalisierung der Aktivitäten sind die Unternehmen noch weit entfernt: Die Niederlassungen haben wenig Spielraum für eigenes Entscheiden und Handeln, werden auch nur in seltenen Ausnahmefällen von lokalen Managern geführt und sind in der Regel völlig vom unternehmensinternen Informations- und Technologietransfer abgeschnitten, ebenso wie Ausländer kaum auf den Führungsebenen japanischer Unternehmen anzutreffen sind.

Auch für die Auslandsaktivitäten japanischer Unternehmen gilt das strenge Prinzip von Zentralismus und Hierarchie, verbunden mit zeitaufwendigen, konsensbildenden Diskursverfahren, die weniger dazu dienen sollen, eine demokratische Willensbildung zu ermöglichen, sondern eher eine möglichst alle Mitarbeiter erfassende Akzeptanz für die Entscheidungen des Unternehmens zum Ziel haben. Man hat die Organisation der Auslandsaktivitäten japanischer Unternehmen mit derjenigen einer militärischen Expansion verglichen, nur daß es nicht um die Eroberung geographischen Terrains, sondern von Marktanteilen geht, die dann aber – einmal erobert und besetzt – verwaltet und gegen den lokalen Widerstand geschützt werden müssen. In diesem Sinne wären die Auslandsniederlassungen mit Besatzungsarmeen zu vergleichen, denen festumrissene und detailliert definierte Aufgaben zukommen, wobei die wesentlichen strategischen Entscheidungen jedoch weiterhin im Generalstab – oder hier: im Unternehmensvorstand – getroffen werden.

Eine wirkliche Einbettung in die jeweiligen örtlichen Kulturen und Gesellschaften ist in diesem Kodex nicht vorgesehen. Tatsächlich verhalten sich viele japanische Unternehmen und Manager im Ausland, als gebe es ein striktes

Verbot der Fraternisierung. Und es gilt weiterhin als ein Vorteil bei der Ansiedlung japanischer Unternehmen, wenn ein Standort eine besondere japanische Infrastruktur – etwa: Schulen, Einzelhandel oder Restaurants – anbieten kann, was in dem Maße bei amerikanischen oder europäischen Unternehmen kaum eine Rolle spielt. Zwar bilden sich keine regelrechten japanischen Ghettos, wohl aber recht schnell japanische Gemeinschaften, so als wolle man die Gruppenorientierung und Selbstreferenz, an die man in der Heimat gewohnt war, auch in der Fremde aufrecht erhalten. Allerdings verliert dabei die Zugehörigkeit zur ursprünglichen Gruppe – zumeist Unternehmen oder Universität – erheblich an Bedeutung; man bildet sozusagen in der Fremde eine neue Gruppe, die der Japaner als solcher. Diese Selbstbezogenheit und Abschließung verhindert aber auch nahezu jeglichen Kontakt mit der jeweils anderen Kultur, also das, was Arthur Koestler die *Evolution im Rückwärtsgang* genannt hatte, nämlich die Auseinandersetzung mit Theorie und Philosophie, nicht nur die Übernahme von Produkten und technischen Verfahren.

Diese Koestlersche These, daß man – um im Wettbewerb mit den westlichen Gesellschaften längerfristig erfolgreich sein zu können – nicht nur deren Produkte, sondern auch deren Weltanschauung übernehmen müsse, basiert nun allerdings auf der Annahme, daß es nur einen einzigen Weg zu Wohlstand, Sicherheit und Fortschritt gebe, nämlich denjenigen, den die westlichen Gesellschaften in den vergangenen zwei bis drei Jahrhunderten gegangen sind. Die Stationen auf diesem Weg seien eindeutig durch Begriffe wie Individualisierung, Liberalisierung, Demokratisierung, Rationalisierung und Industrialisierung, also kurz gesagt: Modernisierung, beschrieben; man könne auch keine dieser Stationen auslassen, weil eine jede die andere bedinge, sich die Modernisierung nur als Textur, also im Zusammenhang aller einzelnen Faktoren, herausbilden könne. Über die Richtigkeit jener These ist eine der interessantesten Debatten der letzten Jahre entbrannt. Der Zusammenbruch der kommunistischen Systeme schien zunächst die historische Überlegenheit der kapitalistischen Strategien und Strukturen so gründlich zu beweisen, daß man schon das Ende der Geschichte als eines Prozesses stetiger Veränderung kommen sah, weil sich der westliche Kapitalismus (und Liberalismus) als ein vielleicht nicht unbedingt vollkommenes, aber hochattraktives, überlegenes und damit scheinbar endgültiges Gesellschaftssystem erwiesen hatte: Der Champion war ohne Herausforderer.

Doch die Gegenbewegung in Gestalt des asiatischen Kapitalismus war schnell zur Stelle – wir haben davon schon gesprochen. Ein kapitalistisches System ohne Liberalisierung, Individualisierung und Demokratisierung hat eindrucksvoll seine Leistungsfähigkeit bewiesen und dabei vor allem gezeigt, daß wenigstens über eine gewisse Zeit eine sozial ausgewogene und gleichgewichtige Entwicklung durchaus möglich ist. Für Japan als das technisch und ökonomisch am weitesten fortgeschrittene Land in Asien ergaben sich aber gerade wegen dieser unbezweifelbaren Erfolge neue Probleme: Bislang hat die japanische Gesellschaft aus den Erfolgen und Fehlern der westlichen Gesellschaften lernen können, befindet sich also in der relativ günstigen Position, Ziele und Richtung der Entwicklung nicht selbst vorgeben zu müssen, sondern den Pionieren folgen zu können. Nun aber, da die westlichen Nationen erreicht und – zumindest, was die wirtschaftlichen Quantitäten angeht – überholt sind, also die Vorgabe der *Meiji*-Reformer des *ô-bei ni oikose* erfüllt sind, sieht sich Japan vor ein ganzes Bündel von Problemen gestellt, deren Bewältigung die eigentliche Herausforderung für die Validität des spezifisch japanischen Gesellschaftssystems in den nächsten Jahren sein wird:

1 Mit den südostasiatischen Ländern haben sich neue Konkurrenten für die japanische Wirtschaft entwickelt, die ihre Erfolge aus der Anwendung der gleichen Strategien beziehen, wie sie Japan im Wettbewerb mit den westlichen Nationen benutzt hat.

2 Die Reaktionen der westlichen Länder auf die wirtschaftlichen Erfolge Japans sind in den letzten Jahren zunehmend feindlicher geworden, mit dem Ergebnis, daß die Gefahr von Handelskriegen gegen Japan wächst.

3 Mit dem Erreichen der nationalen Entwicklungsziele wird es zunehmend schwieriger, die Bevölkerung und insbesondere die Arbeitnehmer auf die bisherige Wachstumsstrategie hin zu motivieren und zu verpflichten.

4 Japan sieht sich daher vor die Notwendigkeit gestellt, selbst Ziele zu definieren und umzusetzen, die nun nicht allein für die eigene Gesellschaft, sondern möglichst im globalen Maßstab gelten sollen.

In der kulturellen Tradition der japanischen Gesellschaft stellt die Beziehung von Lehrer (*oyabun*, eigentlich: Eltern) und Schüler (*kobun*, eigentlich: Kind) einen wichtigen sozialen Faktor dar, der sich nicht allein auf den Transfer von Wissen beschränkt, sondern darüber hinaus auch, entsprechend eben dem Verhältnis von Eltern und Kindern, Komponenten wie Förderung, Motivation oder Vorbild enthält. Japan hat sich – vor allem nach der Niederlage im Zweiten Weltkrieg – in die Rolle des *kobun* zurückgezogen und sich wenigstens nach außen hin damit zufrieden gegeben, Entwicklungen, Trends oder Moden aus dem Westen erst zu übernehmen und dann so weit zu perfektionieren, daß man die Überlegenheit im globalen Wettbewerb erringen konnte.

Auch sicherheits- und außenpolitisch blieb Japan nach dem Ende des Zweiten Weltkrieges – zunächst sicherlich eher gezwungenermaßen, dann aber auch mit wachsendem Einverständnis – selbst in den Situationen weitgehend abstinent, als – wie während des Golfkrieges – eigentlich massive eigene Interessen der Rohstoffversorgung berührt waren. Die enge militärische Allianz mit den USA und der Verzicht auf eine eigenständige außenpolitische Strategie machen jenes Verharren in der Rolle des *kobun* besonders deutlich. Die bis heute zudem strikt durchgehaltene Fiktion von den kulturellen (und sogar biologischen) Eigenarten der japanischen Gesellschaft, welche sich in nahezu jeder Hinsicht anders als die anderen darstelle, so daß man sich gegenüber den Problemen postmoderner sozialer Systeme (Kriminalität, Terrorismus, Drogen, Sekten) lange Zeit als resistent empfand, verstärkte darüber hinaus die Neigung, Aufgaben und Funktionen, die sich aus der Übernahme einer *oyabun*-Rolle ergeben würden, striktweg abzulehnen.

Zwar stellt die japanische Regierung im internationalen Vergleich recht große Summen für die Entwicklungshilfe zur Verfügung, verbindet damit aber in der Regel keine Maßnahmen der Beratung oder konzeptuellen Aufbauhilfe – ein japanisches *Peace Corps* hat es nicht gegeben und japanische Entwicklungshelfer sind eher rar. Eher schon werden zu unterstützende Projekte danach ausgesucht, ob sie die Investitionsvorhaben japanischer Unternehmen am jeweiligen Standort infrastrukturell vorbereiten und ergänzen können. Ein kultureller Transfer findet – wenn überhaupt – nur dadurch statt, daß in den Produktionsstätten oder Verwaltungen japanischer Unternehmen im Ausland die gleichen Organisations- und Führungsmuster Anwendung finden wie in Japan selbst; dies aber als ein gezieltes Verhalten im Sinne einer *oyabun*-Strategie bezeichnen zu wollen, wie es manche Japaner tun, würde bedeuten, Sekundärtugenden wie Fleiß, Disziplin und Pünktlichkeit, kurz gesagt: Verfahren der wirtschaftlichen Optimierung mit der Essenz japanischer Kultur gleichzusetzen.

Exkurs: Religion und Gesellschaft

An dieser Stelle nun muß zur Erläuterung der Selbstreferenz der japanischen Gesellschaft ein kurzer Exkurs in die Bereiche der Religion hinein erlaubt sein, auch wenn – wieder einmal – die Befassung mit kulturellen Faktoren zunächst von der wirtschaftlichen und politischen Entwicklung abzulenken scheint. Aber Religion als wesentlicher Faktor einer Kultur spiegelt nun einmal in besonderem Maße die ersten und letzten Gründe für das Verhalten und die Strukturen einer Gesellschaft wider, ihre Axiome, die zwar weder den Individuen noch den Institutionen immer bewußt sind, gleichwohl ihre Werte und Entscheidungskriterien bis in die letzte Verästelung hinein prägen. Auch wenn sich die westlichen Gesellschaften nur noch selten und zumeist auch nur noch im

Rahmen innerer Auseinandersetzungen als Teil des christlichen Abendlandes definieren, so spielen doch christliche Vorstellungen – und sei es in der säkularisierten Variante der Aufklärung – bei Auswahl und Begründung von politischen Strategien eine wesentliche Rolle. Man kann diesen Umstand vielleicht am ehesten erkennen, wenn man das Verhalten westlicher (christlich geprägter) Gesellschaften etwa mit dem der japanischen vergleicht.

Nun bezeichnen sich Japaner gerne als areligiös in dem Sinne, daß natürlich auch sie bestimmte Vorstellungen vom Anfang und Ende dieser Welt und der sie transzendierenden Kräfte haben, sich aber ansonsten eklektisch bei familiären oder sozialen Anlässen je nach Bedarf der Rituale ganz unterschiedlicher Religionen wie Buddhismus, Christentum oder *shintô* bedienen. In der Tat war die traditionelle japanische Gesellschaft nie eindeutig dominiert von einer einzigen Religion, sondern spätestens seit dem 7. Jahrhundert – dem Zeitpunkt, zu dem man den Beginn chinesischer Einflüsse ansetzen kann – haben in Japan verschiedene Weltanschauungen miteinander konkurriert, sich vor allem aber gegenseitig beeinflußt und durchdrungen, mit dem Ergebnis, daß vor allem der Buddhismus eine spezifisch japanische, dem Volksglauben des *shintô* sehr nahe Form entwickelte. Jedenfalls gab es in Japan bei aller politischen Nutzung von Religion zur Sicherung der feudalen Gesellschaftsstruktur zu keinem Zeitpunkt der Geschichte religiös motivierte oder legitimierte Kriege und keine militanten Missionsbemühungen, wenn man einmal vom Verbot des Christentums während des *Tokugawa*-Shôgunats absieht. Aber auch diese, manchmal sehr gewalttätige, Verfolgung der Christen hatte keine religiösen, sondern politische Gründe, ging es doch um die Sicherung des neuformierten Shôgunats gegen die innere Opposition, wozu auch einige *daimyô* gehörten, die sich mit spanischen und portugiesischen Missionaren verbündet hatten.

Aber keine der in Japan vorherrschenden Religionen hat jemals eine Dominanz über Staat oder Politik ausüben können. Das mag in bezug auf den *shintô* – nicht nur in der Form einer expliziten Staatsreligion, wie in der Folge der *Meiji*-Restauration bis zum Ende des Zweiten Weltkrieges – zunächst seltsam klingen, war doch die Funktion des Kaisers als Staatsoberhaupt immer sehr eng gebunden an bestimmte, konstituierende Aufgaben innerhalb der *shintô*-Riten. Aber weder kann man daraus theokratische Züge für den traditionellen japanischen Staat ableiten, noch hat der *shintô* eine transzendentale Legitimation für das Staatswesen als solches entwickelt, geschweige denn versucht, eine solche Haltung durchzusetzen. Wenn überhaupt die Frage nach dem gesellschaftlichen Primat gestellt wurde, dann wurde sie immer in Richtung auf Staat und Politik hin beantwortet; ein Konflikt zwischen Kirche und König um die Macht im Staate und die engere Nähe zur göttlichen Gnade, wie er kennzeichnend war für das europäische Mittelalter (und einen seiner Kulminationspunkte im Investiturstreit zwischen Kaiser und Papst fand), wäre in der japanischen Tradition undenkbar gewesen.

Gegenüber diesem Primat der Politik hatten Religion und Priestertum eine dienende Funktion, indem sie die Unterstützung, wenigstens aber das Wohlwollen der überirdischen Kräfte (*kami*) sicherstellen und die durch den Schöpfungsakt einmal erzeugte und immer noch anhaltende Ordnung der Welt gegen die stets wirksamen Kräfte des Chaos schützen sollten – so wie Adel und Krieger das Land gegen militärische Angriffe von außen zu verteidigen hatten. Auch der Buddhismus definierte sich von wenigen Ausnahmen abgesehen als staats- und politikfern, jedenfalls wurden staatlicherseits alle Anstrengungen unternommen, um buddhistische Sekten daran zu hindern, eine eigenständige Machtbasis außer- und oberhalb der staatlichen Strukturen aufzubauen; immer wenn diese Gefahr drohte, wurde sie zumeist schon im Keim – wie unter den *Tokugawa*-Shôgunen – blutig unterdrückt. Insgesamt ist die japanische Staatsform nach europäischem Verständnis als laizistisch zu bezeichnen, und zwar in dem Sinne, daß der Staat keine bestimmte Religion präferiert oder gar versucht, die Bürger auf die Ausübung einer bestimmten Religion zu verpflichten – dies geschah noch nicht einmal zu den Zeiten, als der *shintô* zur Staatsreligion erklärt wurde.

Was aber die drei in Japan besonders erfolgreichen Weltanschauungen, nämlich den *shintô*, den Buddhismus und den vor allem während des *Tokugawa*-Shôgunats bedeutsamen Konfuzianismus, miteinander verbindet, ist der Umstand, daß sie keinen Totalitätsanspruch stellen, sondern sehr pragmatisch Einzellösungen ermöglichen. So hat beispielsweise der japanische Buddhismus in gewisser Weise die *kami* des *shintô,* also die überirdischen und übernatürlichen Wesen, übernommen, indem sie nun als Inkorporationen von Heiligen oder gar Buddhas selbst gelten. Die frühen christlichen Missionare vor allem in Nordwesteuropa gingen zwar nach einer ähnlichen Strategie vor, indem sie die Verehrung von Heiligen als eine Art von Ersatz der alten heidnischen Götter zuließen, aber das Christentum hat recht früh in seiner Geschichte (beginnend mit dem Konzil von Nicäa im Jahre 325) eine dogmatische Glaubensstruktur mit Absolutheitsanspruch entwickelt, die es in den ostasiatischen Weltanschauungen nie gegeben hat.

Von besonderer Bedeutung ist in unserem Zusammenhang das Fehlen einer Vorstellung vom absolut Guten und absolut Bösen, so daß vor allem die Kategorien von Sünde und Schuld keine Rolle spielen. Damit ist nun etwa nicht gemeint, daß es in den ostasiatischen Gesellschaften im allgemeinen und der japanischen im besonderen keinerlei Unterscheidung zwischen angemessenem und unangemessenem Verhalten von Individuen oder Gruppen gäbe (ganz im Gegenteil, wovon noch zu sprechen sein wird), aber die Angemessenheit wird nicht mit einem ewig wahren, einer göttlichen Offenbarung entstammenden Kodex von Ethik und Moral begründet. Das hat wiederum zur Folge, daß eine Missionstätigkeit mit dem Ziel, diese göttliche Offenbarung in alle Welt zu verbreiten, dadurch möglichst viele Menschen aus der Gewalt des Bösen zu erretten und sich selbst eine bessere Lebensbilanz zu verschaffen, zumindest in der japanischen Gesellschaft nicht entstehen konnte. Damit entfällt ein wichtiger, nämlich der transzendentale Grund, sich mit der Außenwelt einzulassen; übrig bleiben allenfalls ökonomische Erwägungen, diese aber in ihrer reinen Form, unbehindert von ideologischen oder religiösen Vorstellungen, was ein wenig den Erfolg japanischer Unternehmen bei der Erschließung fremder Märkte erklären hilft. Ihnen ging es nie darum, die potentiellen Kunden oder Lieferanten zunächst einmal von der Gültigkeit der japanischen Weltanschauung zu überzeugen, bevor sie mit ihnen Geschäfte machten.

Wie auch immer: Selbst in den religiösen Vorstellungen zeigt sich die Selbstreferenz der japanischen Kultur. Der Buddhismus, besonders in seiner japanischen Variante, beruht ja geradezu auf der Annahme, daß eine Erlösung aus den Leiden und Unvollkommenheiten der diesseitigen Welt allein durch individuelles Verhalten möglich ist, ohne daß Fürbitten anderer, selbst der Heiligen darauf irgendeine Wirkung hätten; auch Buddha ist ja nicht der Weltenschöpfer oder dessen Prophet, sondern ein Mensch, der den Weg zur Erlösung trotz aller anfänglichen Irrungen und Wirrungen in hohem Maße perfektioniert hat, so daß es sich allein deshalb lohnt, seinem Beispiel zu folgen. Das Individuum allein trägt also die Verantwortung für sein Seelenheil, was in letzter Konsequenz eine höchst liberalistische, ja sogar anarchistische Haltung zur Folge hätte, denn außer denen, die selbst auf der Suche nach jenem Seelenheil weiter vorangeschritten sind, kann niemand dem Individuum Ratschläge geben, geschweige denn Vorschriften machen. Damit aber läßt sich eine Gesellschaft schwerlich organisieren, vor allem keine mit feudaler und hierarchischer Struktur, so daß zumindest während des *Tokugawa*-Shôgunats der Buddhismus folgerichtig gegenüber dem *shintô* – als der Volksreligion – und dem Konfuzianismus – als der ideologischen Legitimation staatlichen Handelns – erheblich an Bedeutung verlor.

Erst in der Folge der *Meiji*-Restauration, und dann auch nur in einer spezifisch japanischen Ausprägung mit deutlichen nationalistischen Tendenzen, wurde der Buddhismus in Japan wieder politisch relevant; einzelne buddhistische Parteien halten sich bis heute im japanischen Parteienspektrum, ohne jemals größeres politisches Gewicht erlangt zu haben. Wie man es auch wenden will, die in Ostasien virulenten Weltanschauungen, besonders in ihren japanischen Varianten, fördern den Innen- und Selbstbezug von Individuen und Gruppen; die westlichen Weltanschauungen – religiöser oder säkularisierter

Art wie Aufklärung, Liberalismus oder Marxismus – hingegen haben mit ihrem Anspruch auf umfassende Geltung und Überlegenheit eine hohe Außenorientierung, die sich nicht zuletzt in ideologisch begründetem Expansionsdrang und militanter Missionierungstätigkeit äußert.

Deutschland – um wieder auf die Frage nach den Gemeinsamkeiten zurückzukommen – ist sicherlich in jeder Hinsicht Teil jener westlich-christlichen Kultur und damit auch jener Außenorientierung und jenes Expansionsdranges. Aber gerade in Deutschland hatten auch diejenigen Varianten des Christentums immer eine besondere Bedeutung, die die individuelle Gotteserfahrung in den Vordergrund stellten, wie etwa der Mystizismus sowohl katholischer als auch protestantischer Prägung. Es wäre wiederum eine eigene Untersuchung wert, die Entstehungsgeschichte jenes christlichen und insbesondere des deutschen Mystizismus über die jüdische Kabbalistik des frühen Mittelalters bis hin zu buddhistischen Meditationstechniken zurückzuverfolgen. Jedenfalls waren in Deutschland die ideologischen, religiösen und philosophischen Widerstände gegen Aufklärung, Rationalismus und Industrialisierung von Anfang an besonders stark ausgeprägt; Deutschland schien sich an der Wende vom 18. zum 19. Jahrhundert auch geistig mit den ständischen und provinziellen Strukturen abzufinden. Die genuin deutsche Variante der Romantik und ihre sich im Biedermeier popularisierende Version stellten den aufklärerischen Strategien der rationalen Welterkenntnis und ökonomischen Welteroberung die Maxime einer emotionalen Welterfahrung entgegen, die sich allein auf individueller Ebene, nämlich im sensiblen Kontakt mit der Natur, verwirklichen ließ. So sehr die romantische Philosophie auch in ihrer Akzeptanz auf gewisse intellektuelle Minderheiten beschränkt blieb, so sehr hinterließ sie – vermittelt durch Literatur und Kunst – insgesamt deutliche Spuren im Denken und Handeln des deutschen Bürgertums bis weit hinein in das 20. Jahrhundert.

Fassen wir zum Ende dieses Kapitels noch einmal die wesentlichen Überlegungen zusammen, bevor wir uns der Frage widmen, auf welche Weise die schon angesprochene Gruppenorientierung der japanischen Gesellschaft zustande gekommen sein mag:

1 Die japanische Gesellschaft räumt der Innenorientierung einen höheren Stellenwert als der Außenorientierung ein; sie ist in dem Sinne eine selbstreferentielle Kultur, daß sich ihre Werte und Normen von innen her, also allein aus den spezifischen Bedingungen und Erfordernissen der eigenen Gesellschaft heraus definieren.

2 Diese Innenorientierung und Selbstreferenz ist dadurch gestützt worden, daß keine der für die Herausbildung der japanischen Kultur wichtigen Religionen oder Glaubensgemeinschaften eine missionarische Attitüde im Sin-

ne eines universellen Geltungsanspruches entwickelt hat; es fehlte also an einem sich transzendent begründenden Antrieb zur Außenorientierung.

3 Religiöse Überzeugungen, Glaubensangelegenheiten im allgemeinen haben in der japanischen Geschichte nur selten einen politischen Charakter angenommen, sondern waren fast immer Politik und Staat untergeordnet. Aufgabe der Religion war es, die jeweilige Machtstruktur im Nachhinein metaphysisch zu legitimieren und abzusichern, und nicht, sie von vorneherein ideologisch zu bestimmen.

4 In diesem Sinne war es der japanischen Gesellschaft – jedenfalls ihren Eliten – möglich, auf pragmatische Art und Weise fremde kulturelle Einflüsse in bezug auf ihre Verwendbarkeit innerhalb der eigenen Kultur und Tradition zu selektieren und damit den genuin japanischen Charakter des eigenen Systems weitgehend zu erhalten. Ideologische oder religiöse Aspekte haben dabei nur selten eine entscheidende Rolle gespielt.

Kapitel 3

Die Tradition von Konsens und Harmonie

Der berühmt gewordene Satz der britischen Premierministerin Margaret Thatcher, sie kenne keine Gesellschaft, sondern nur Individuen, wäre in Japan sicherlich von den meisten Menschen zunächst ohne weiteres akzeptiert worden, jedenfalls was den ersten Halbsatz angeht. Der zweite jedoch wäre auf weitgehendes Unverständnis und Ablehnung gestoßen. Japan – wenn man es höchst pointiert ausdrücken wollte – kennt weder eine Gesellschaft noch kennt es Individuen; was in Japan – wenigstens traditionell – allein soziale Realität hat, ist die Gruppe – oder das, was in der einschlägigen soziologischen Literatur auch in Japan zumeist mit dem deutschen Begriff *Gemeinschaft* bezeichnet wird. Dabei handelt es sich um Gruppen ganz unterschiedlicher Größe und Zusammensetzung, aber durchaus sehr ähnlich in ihren Netzwerken von Regeln, Verantwortungen und Loyalitäten. Wenn wir trotzdem bisher von *der* japanischen *Gesellschaft* gesprochen haben und dies auch weiterhin tun werden, dann nicht zuletzt deshalb, weil es eben dieses den einzelnen Gruppen übergeordnete allgemeingültige Regelwerk gibt. Darüber hinaus standen die Gruppen natürlich untereinander in Beziehung, sei es in Form von Hierarchie, Tausch oder Wettbewerb, spätestens zu dem Augenblick, da Japan durch die Etablierung des *Yamato*-Hofes Mitte des 5. Jahrhunderts erstmals politisch und wirtschaftlich geeint wurde.

Wäre dies ein für eine japanische Leserschaft verfaßtes Buch, würde diese starke Gruppenorientierung sicherlich zunächst einmal aus den spezifischen Gegebenheiten von Klima und Geographie erklärt werden, denn so, wie im Westen gerne der Gang der Geschichte im Kleinen wie im Großen allein aus ökonomischen Faktoren abgeleitet wird, empfinden es japanische Leser als höchst einleuchtend, wenn Klima und Geographie zur Erklärung der historischen Entwicklung oder des Charakters von Einzelpersonen herangezogen werden. So sehr uns vielleicht diese japanische Fixierung auf die natürlichen Bedingungen verwundern mag – auch von einem westlichen Standpunkt aus ist klar, daß sich gesellschaftliche Entwicklungen zwar häufig auf ökonomische

Faktoren zurückführen lassen, aber nur selten monokausal, sondern immer beeinflußt und verändert durch die Komplexität sozialer Systeme. Der physikalische Begriff des *Kraftfeldes* verdeutlicht diesen Zusammenhang recht gut, denn die Wirkungszusammenhänge zwischen den einzelnen Teilen des Gesamtsystems sind nicht immer eindeutig, vor allem aber nicht simpler oder deterministischer Natur. Manchmal fällt es sogar schwer, von kausalen Beziehungen zu sprechen. In diesem Zusammenhang spielen die natürlichen Gegebenheiten einer Volkswirtschaft, ihre Ausstattung mit Rohstoffen, die klimatischen oder topographischen Bedingungen, eine wesentliche Rolle, denn sie bestimmen die objektiven Potentiale einer Gesellschaft ebenso wie ihre Kultur und Weltanschauung. Es ist also kein Zufall, daß die Industrielle Revolution nicht bei den Eskimos oder auf Tahiti begonnen hat, weil sie dort entweder nicht möglich oder nicht nötig war.

Das Erbe der Reisbauernkultur

Tatsächlich hat die weitgehende Konzentration der japanischen Landwirtschaft auf den Reisanbau die Gruppenorientierung gefördert, wenn nicht sogar begründet. Der Reisanbau nämlich ist eine hochkomplexe Angelegenheit und erfordert die Kooperation von Menschengruppen, deren Größe zumeist über die einer durchschnittlichen Familien hinausgeht; er erfordert zudem ein hohes Maß an systematischem Vorgehen in der Bewässerung, der zeitlichen Nutzungsfolge und in der Terrassierung der Felder, was ebenfalls eine bestimmte Größe und innere Struktur der Gruppen voraussetzt. Ein Reisbauer reitet nun einmal nicht – wie ein Autor gesagt hat – alleine in den Sonnenuntergang, sondern er ist in höchstem Maße gruppenbezogen und an seinem Standort verwurzelt. Und selbst wenn der Reisbauer es unbedingt gewollt hätte, es wäre ihm über längere Perioden der Geschichte schwergefallen, dafür in Japan überhaupt ein Pferd zu finden; die Topographie der japanischen Inseln eignet sich weder für den Transport noch für die Kriegsführung vermittels Pferden, so daß die Pferdehaltung – wie übrigens die Tierhaltung insgesamt – in Japan keinerlei besondere Bedeutung gewann.

Nomadische Gesellschaftsformen hat es seit der Besiedlung Japans praktisch überhaupt nicht gegeben. Der japanische Autor Sakaiya Taichi leitet daraus, ganz in der Tradition einer umweltbezogenen Geschichtsschreibung, weitergehende Konsequenzen für die Struktur der japanischen Gesellschaft ab: Ein Sozialsystem, das seine Lebensgrundlage nicht aus der Tierhaltung bezieht, habe – so Sakaiya – deshalb auch keine Erfahrung damit gewinnen können, auf welche Weise man eine Beziehung von Dominanz und Unterwerfung etabliere und moralisch legitimiere, so daß in Japan ein System von Sklaverei nie entwickelt worden sei. Hinzu komme, daß der Reisanbau ein relativ hohes technisches Wissen und Erfahrung, vor allem aber Kontinuität in der Landnutzung erfordere, weshalb eine freiwillige Kooperation weitaus höhere Erträge bringe als die Arbeit von Sklaven. Da nun aber die Feudalherrschaft allein darauf basiere, daß langfristig ein genügend großer Überfluß an Nahrungsmitteln erwirtschaftet wird, der dann vom Adel für seine eigenen Zwecke abgeschöpft werden kann, seien jene Feudalherren von vornherein nur wenig an Zerstörung, Plünderung und Versklavung interessiert gewesen.

Die besondere geographische Lage Japans, aber auch die innere topographische Situation ließen über lange Zeiten keine systematischen militärischen Invasionen oder Eroberungskriege zu: Der Stand der Seefahrttechnik ermöglichte zwar regelmäßigen Handel, vor allem mit China, aber nicht den Aufbau und Betrieb größerer und schlagkräftiger Kriegsflotten, was die Mongolen im 14. Jahrhundert schmerzhaft erfahren mußten. Der letzte große Strom von Einwanderern hat die japanischen Inseln im 3. Jahrhundert v. Chr. erreicht, als mit den *Yayoi* eine kulturell und technisch hoch entwickelte Volksgruppe – wahrscheinlich durch die chinesische Expansion aus Korea verdrängt – nach Japan kam. Die Topographie der japanischen Inseln mit vielen engen Tälern und nur kleinen Ebenen ließ – wie gesagt – das Entstehen nomadischer Gesellschaften nicht zu, die an vielen anderen Orten der Erde in einem ständigen, auch militärischen Konflikt mit den agrarischen oder städtischen Gesellschaften standen. Japan ist daher bis in den Zweiten Weltkrieg hinein die Erfahrung langandauernder, zerstörerischer Kriege erspart geblieben; selbst Bürgerkriege blieben die Ausnahme und waren zumeist auf Auseinandersetzungen innerhalb des Adels beschränkt, betrafen also überwiegend die Frage nach der Herrschaft über Land und Ernte und hatten wenig Auswirkungen auf die Mehrheit der Bevölkerung. Von Massakern an der Zivilbevölkerung jedenfalls ist in der japanischen Geschichte abgesehen von wenigen Ausnahmen nicht die Rede.

Nach allgemeiner westlicher Vorstellung ist der Staat aber das Resultat äußerer Bedrohungen, zu deren Abwehr man Befestigungswerke und Armeen organisieren muß. Dies erfordert zu seiner Finanzierung ein Steuersystem, und dieses wiederum ein hohes Maß an innerer Sicherheit zur Sicherung der Quellen der Wertschöpfung. In der japanischen Gesellschaft kann man mit einer solchen Ableitung von Staat und staatlicher Gewalt eben mangels einer historisch erfahrenen Bedrohung von außen wenig anfangen. Auch philosophische Erörterungen, welche – wie bei Hobbes und Bodin – die Existenz und die Notwendigkeit des Staates damit legitimieren, daß nur eine solche neutrale und über allen stehende absolute Gewalt in der Lage sei, den religiös bzw. ideologisch bedingten Krieg zwischen den Bürgern zu beenden oder gar zu verhindern, können aus den Erfahrungen der japanischen Geschichte kaum nachvollzogen werden. Nur ein einziges Mal, nämlich im 7. Jahrhundert, hat es überhaupt in Japan eine innere Auseinandersetzung vor einem religiösen Hintergrund, nämlich zwischen *shintô* und Buddhismus, gegeben, und auch dahinter verbarg sich eher ein Konflikt innerhalb des Adels um die Macht im Staate als tief empfundene religiöse Überzeugung – ähnlich wie die germanischen Stämme des 4. Jahrhunderts an den theologischen Streitigkeiten um den Arianismus wohl wenig Interesse gehabt haben, sondern sie als Vorwand für die Erhaltung und Erweiterung ihrer Macht benutzten.

Trotzdem existierte in Japan spätestens seit der Einigung des Landes im 5. Jahrhundert, wahrscheinlich jedoch schon einige Zeit vorher eine staatliche Organisation, nur war sie eben nicht aus der Notwendigkeit der Abwehr innerer und äußerer Bedrohungen entstanden, sondern – wie Sakaiya bemerkt – aus den spezifischen Erfordernissen des Reisanbaus: Wie schon angedeutet wurde, bedarf der Reisanbau erheblicher technischer und organisatorischer Voraussetzungen, vor allem bei der Bewirtschaftung von Saatgut und Wasser, was innerhalb eines Familienverbandes kaum geleistet werden kann, so daß sich recht schnell im Aufbau sozialer Gefüge die familienübergreifende Gruppe als Organisationsmuster durchgesetzt hat. Aber aus diesen Notwendigkeiten, vor allem der strikten, systematischen Organisation der Bewässerung, haben sich wohl auch schon früh staatliche Strukturen entwickelt; der *Yamato*-Hof hat im 5. Jahrhundert Japan nicht allein durch militärische Macht geeinigt, sondern auch durch das – gerne akzeptierte – Angebot zum Transfer von neuen Techniken des Reisanbaus. Auch in Hinsicht auf die Struktur und die Funktionen staatlicher Herrschaft haben die Umweltbedingungen in Japan also eine erhebliche Rolle gespielt.

Die wichtigste Voraussetzung für den Reisanbau – und damit für die Ernährung der japanischen Gesellschaft – ist die Verfügbarkeit einer erheblichen Menge an Wasser. Im Gegensatz zu Indien und China, aber auch Teilen Südostasiens gibt es in Japan keine großen Flüsse, deren regelmäßige Überschwemmungen sozusagen von selbst die notwendige Bewässerung der Reisfelder sicherstellen; zwar ist Wasser in Japan auch nicht unbedingt ein knappes Gut, muß aber durch besondere organisatorische und technische Vorkehrungen systematisch bewirtschaftet werden. Wem also der Zugang zu Wasser verweigert wird, der ist damit von der Erwirtschaftung seines Lebensunterhaltes völlig abgeschnitten – angesichts der Topographie sind andere Formen der Grundernährung kaum möglich. Anders gewendet: Wer im klassischen Japan die Herrschaft über das Wasser hatte, besaß die absolute Herrschaft über Leben und Tod. Das waren zum einen die Feudalherren (was die Herausbildung einer strikt hierarchischen Gesellschaft förderte) und zum anderen die soziale Gruppe als solche, der von den Feudalherren Wasser und natürlich auch Land und Saatgut zur Bewirtschaftung zugeteilt waren.

Sich System und Struktur der Gruppe nicht zu fügen, bedeutete unter diesen Umständen den sicheren Verderb; man kann nun einmal nicht als einzelner oder kleiner Familienverband Reisanbau betreiben, und schon gar nicht ohne genügend Wasser. Nun soll hier die spezifische Struktur der japanischen Gesellschaft nicht monokausal erklärt werden mit klimatischen und geographischen Bedingungen und der daraus resultierenden Bevorzugung einer bestimmten agrarischen Technik, aber jene Entscheidung für den Reisanbau setzte sich selbst verstärkende soziale Prozesse in Gang, welche die spezifische Gruppenstruktur der japanischen Gesellschaft immer weiter festigten.

Jene über Jahrhunderte andauernde Prägung auf den Reisanbau hat bis auf den heutigen Tag weitreichende soziale und politische Konsequenzen. Die Ablehnung von Reisimporten ist einerseits das Ergebnis einer erfolgreich durchgesetzten Interessenpolitik der betroffenen Reisbauern: Angesichts hoher Preise und hoher Subventionen profitieren sie in besonderer Weise von der Abschließung der Märkte, und der spezifische Zuschnitt der Wahlkreise, der die ländlichen gegenüber den städtischen Regionen bevorzugt, ermöglicht ihnen die Durchsetzung ihrer Interessen auch im Parlament. Zum zweiten hat dieses Thema für die japanische Öffentlichkeit insgesamt eine hohe emotionale Qualität, handelt es sich doch beim Reis selbst heute, da auch in Japan die Ära von Fertiggerichten und *fast food* angebrochen ist, noch immer um *das* nationale Grundnahrungsmittel. Dabei mischen sich in den Diskussionen rationale und eher absurde Elemente: Die potentielle Abhängigkeit bei Importen eines dermaßen zentralen Produktes wird dabei ebenso thematisiert wie angeblich deutlich zu vermerkende Geschmacksunterschiede zwischen japanischem und ausländischem Reis; auch der sonst kaum zu vernehmende Verweis auf die unakzeptablen Arbeitsbedingungen etwa in der südostasiatischen oder indischen Landwirtschaft wird herangezogen, um die Beschränkungen für die Reisimporte zu begründen, so als ob dieses Argument nicht auch für die Einfuhr von anderen Nahrungsmitteln oder sonstigen Produkten eine Rolle spielen könnte.

Wer nach Gründen für dieses Verhalten sucht, wird bei einer Eisenbahnfahrt selbst durch die dichtbesiedeltsten Regionen Japans schnell fündig: Was dem aufmerksamen Beobachter bald auffällt, ist die Vielzahl von kleinen und kleinsten Reisfeldern überall dort, wo die Bebauung noch ein wenig Platz gelassen hat, Felder, die natürlich viel zu klein sind, als daß sie einen wirtschaftlich tragfähigen Anbau ermöglichen würden. Der Eindruck verfestigt sich schnell, daß auch in den urbanen Regionen wie Kanto oder Kansai die Zahl der Nebenerwerbslandwirte größer sein muß als in jeder anderen Industrienation, was – wenn man so will – die agrarische Interessenslage auch in die Städte hineinträgt. Überhaupt ist die emotionale Bindung an das Land in Japan noch stark verbreitet, nicht zuletzt, weil viele Bewohner erst in der ersten Generation in den Städten ansässig sind – ein großer Teil der Migration innerhalb Japans hat erst nach dem Zweiten Weltkrieg stattgefunden. Und damit ist auch klar, daß eine Lockerung der Importrestriktionen beim Reis einen erheblichen sozialen Wandel, nicht nur auf dem Land, zur Folge haben würde, was in Zeiten zunehmender Probleme in Wirtschaft und Arbeitsmarkt verständlicherweise auf wenig Akzeptanz in der betroffenen Öffentlichkeit stößt.

Aber kehren wir zurück zur Geschichte: Eine solche agrarische Gesellschaft, in der es auf die enge und freiwillige Kooperation größerer, nicht nur familiengebundener Gruppen ankommt, entwickelt innerhalb dieser Gruppen höchst egalitäre Vorstellungen in bezug auf die Verteilung von Reichtum und Macht. Die Gruppe insgesamt mag einen festen Platz innerhalb einer sozialen Hierarchie haben – und die Bauern genossen in der klassischen japanischen Gesellschaft ein recht hohes Ansehen, nicht zuletzt, weil sie nun einmal objektiv die Grundlage der Feudalordnung bildeten –, innerhalb der Gruppe kann dann aber keine Differenzierung mehr erfolgen, weil gleichartige Arbeit auch die Vorstellung von einer gleichwertigen sozialen Stellung (*dôzoku*) fördert. Schließlich ist nur die Gruppe als ganze in der Lage, die gestellten Aufgaben durch Kooperation zu erfüllen.

Eine Ausnahme allerdings gibt es in dieser Struktur: Natürlich benötigt auch eine sich nach innen als egalitär verstehende Gruppe einen Repräsentanten, der für die Außenbeziehungen innerhalb einer hierarchisch strukturierten Gesellschaft zuständig ist (und sicherlich auch für die Regelung innerer Konflikte). Einen solchen Repräsentanten kann man nun nach vielen Kriterien auswählen. Das objektivste von ihnen im Sinne einer Minimierung von Meinungsunterschieden innerhalb der Gruppe ist sicherlich das Lebensalter, weil es von potentiellen Opponenten eben weniger in Zweifel gezogen werden kann als etwa die intellektuellen Qualitäten. Was zudem für das Lebensalter als Auswahlprinzip für Führungspositionen vor allem in agrarischen Gesellschaften spricht, ist der Umstand, daß damit im allgemeinen auch ein hohes Maß an Erfahrung verbunden ist, was sich immer dann als besonders vorteilhaft erweist, wenn die allgemeinen Lebensumstände über lange Zeit konstant bleiben und damit auch die einmal gewonnenen und tradierten Erfahrungen ihren Wert behalten. Der Reisanbau jedenfalls ist in diesem Sinne eine recht langweilige Angelegenheit, von hoher Kontinuität und Gleichartigkeit der Abläufe über Jahre und Jahrzehnte hinweg geprägt; wenn einmal ein gewisses Optimum in der Produktion gefunden ist, bedarf es keiner größeren

Veränderungen mehr, vor allem dann nicht, wenn – wie in Japan – äußere Einflüsse wie militärische Eroberung oder kulturelle Kontakte eher die Ausnahme bilden.

Es bildet sich auf diese Weise ein recht stabiles soziales und ökonomisches Gleichgewicht mit hoher Vorhersagbarkeit und Sicherheit der Lebensverhältnisse und daher auch einem hohen gegenseitigen Vertrauen innerhalb der Gesellschaft im allgemeinen und der jeweiligen Gruppen im besonderen. Wenn es dann auch noch gelingt, die Bevölkerungszahl konstant zu halten – wie es in Japan über weite Phasen der Geschichte durch die freizügige Handhabung der Abtreibung der Fall war –, dann entsteht kaum ein Veränderungsdruck aus ökonomischen und sozialen Gründen. Damit aber – und so schließt sich die Argumentation – wird auch die Legitimität der sozialen Ordnung nicht in Frage gestellt, weil sie sich eben in bezug auf die allgemeinen gesellschaftlichen Grundziele von Sicherheit und angemessenem Wohlstand bewährt hat.

Die Gruppe ist das Zentrum der Gesellschaft

Ob man nun einer solchen Herleitung sozialer und politischer Strukturen aus den natürlichen Gegebenheiten eines Landes in dem Maße folgt, wie sie besonders von japanischen Autoren angeboten wird – die japanische Gesellschaft hat mindestens bis zur *Meiji*-Restauration, also über eine erstaunlich lange Zeit, ihre einmal gefundene innere Struktur von Hierarchie und Gruppenorientierung aufrechterhalten können. Und es ist noch bemerkenswerter, daß es ihr offenbar fast bruchlos gelungen ist, diese innere Struktur auf neue soziale und ökonomische Gegebenheiten zu übertragen. Diese Leistung hält der amerikanische Autor Francis Fukuyama im übrigen für den eigentlichen Grund ihres schnellen wirtschaftlichen Erfolges bis zum heutigen Tage. Kurz gesagt wurde die Gruppenbindung des reisanbauenden Dorfes ebenso auf die innere soziale Struktur von Unternehmen übertragen wie das System der gegenseitigen Loyalität im feudalen System. Auch das Senioritätsprinzip bei der Besetzung von höheren hierarchischen Ebenen ist aus der agrarischen in die industrielle Ordnung transferiert worden; hier liegt, wie man noch sehen wird, ein nicht unerheblicher Teil der Anpassungsprobleme der heutigen japanischen Gesellschaft, denn im Gegensatz zur reisanbauenden, agrarischen Ordnung ist die moderne Industriegesellschaft eben nicht durch hohe Kontinuität und Vorhersagbarkeit geprägt, sondern im Gegenteil durch schnelle, unvorhersehbare Veränderungen und das Auftreten völlig neuartiger Situationen, die sich mit Erfahrung und Lebensalter allein nicht bewältigen lassen.

Wie aber sieht nun die Gruppenorientierung der japanischen Gesellschaft im einzelnen aus? Im allgemeinen werden zu ihrer Beschreibung auch in westlichen Publikationen japanische Wörter benutzt, was sicherlich die wissenschaftliche Klarheit unter Experten erhöht, allerdings für den nicht eingeweihten Leser eher die Fremdartigkeit und damit auch die Distanz zur japanischen Gesellschaft vergrößert. Man wird sich diesen Begriffen nicht völlig entziehen können, denn die besonderen Strukturen der japanischen Gesellschaft zeichnen sich gerade dadurch aus, daß sie in den westlichen Gesellschaften selten oder gar nicht auftreten, so daß es dafür in den westlichen Sprachen auch keine entsprechenden Wörter geben kann. In der Tat lassen sich jene zentralen Wörter wie etwa *amae* nur schwerlich in die Kategorien westlicher Gesellschaften übertragen: Mit einem Begriff wie der »Geborgenheit« des Einzelnen in der Gruppe, die von ihm als angenehm empfunden und unter fast allen Umständen gesucht wird, können die individualistisch geprägten und sozialisierten Gesellschaften des Westens kaum etwas anfangen.

Es gibt im Deutschen die – ebenfalls nur schwer in andere Sprachen übertragbare – Vorstellung von *Heimat*, womit man über alle regionalen Bezüge hinaus auch jenes Gefühl von Geborgenheit und Sicherheit in einer vertrauten sozialen Umgebung meint. Allerdings bildet sich *Heimat* zunächst einmal in der Gefühlswelt des Einzelnen und ist nicht das Ergebnis eines bestimmten Verhaltens der umgebenden sozialen Gruppe, das seinerseits wiederum eine besondere Verpflichtung beim Individuum entstehen läßt, wie es bei *amae* der Fall ist. Man könnte an dieser Stelle zwar weitgehende Überlegungen dazu anstellen, was diesen Begriff von *Heimat* in der deutschen Kultur tatsächlich ausmacht und ob sein Entstehen in den Gefühlen eines Menschen nicht vielleicht doch davon abhängt, ob und inwieweit er in der Heimat auch wirklich akzeptiert wird; man könnte auch über die etymologische Nähe zum Begriff des *Heimwehs* spekulieren, also dem Gefühl (und sogar – wie man im 17. Jahrhundert meinte – der Krankheit), das aus dem Verlust von Heimat entstehen kann, und darüber, ob man damit nicht doch ein wenig näher an die Bedeutung von *amae* und die pathologischen Folgen eines Verlustes von *amae* für den Einzelnen herankommt. Man wird sich auf diese Weise der japanischen Kultur – um es mit einem mathematischen Ausdruck zu belegen – nur mit einem asymptotischen Verfahren nähern, sie aber nicht ganz erreichen können. Uns wird also kaum etwas anderes übrigbleiben, als uns auf jene fremdartigen Begriffe und Wörter zu stützen, wenn wir die japanische Gesellschaft beschreiben wollen.

Aber nun zurück zu eben denjenigen Faktoren und Begriffen, die in der Gruppenorientierung der japanischen Gesellschaft eine besondere Rolle spielen. Da ist zunächst einmal der Hinweis wichtig, daß sich diese Gruppen – wie in einer agrarischen Gesellschaft kaum anders zu erwarten – historisch auf der Basis lokaler und regionaler Kohärenz gebildet haben. Die japanische Soziologin Chie Nakane unterscheidet in diesem Zusammenhang zwischen einer Gruppenbildung auf der Grundlage von Qualifikation, Berechtigung, Befähigung, Beruf oder Kaste einerseits (*shikaku*) und einer solchen durch räumliche Nähe (*ba*). Sie kommt dabei zu der Feststellung, daß das Gruppenbewußtsein in der japanischen Gesellschaft überwiegend auf dem *ba* beruht, wohingegen die westlichen Gesellschaften sich eher nach dem Prinzip des *shikaku* organisiert hätten.

Diese Orientierung am Ort des Zusammenlebens und -arbeitens bei der Herausbildung von Gruppen – d. h. bei der Entstehung und Legitimation von Loyalität und Solidarität, von Verpflichtung und Vertrauen – wird besonders deutlich im japanischen Verständnis von der Familie. *Ie* bezeichnet zunächst einmal nicht nur den sozialen Familienverband, sondern den Ort, an dem sich eine familiäre Gruppe aufhält, nämlich das Haus. Es ist interessant, daß der europäische Begriff der Ökonomie sich etymologisch vom griechischen Wort *oikos*, also Haus, ableitet; die Ökonomie war ursprünglich die Lehre von der Art und Weise, wie man einen Haushalt führt und verwaltet, wobei die wirtschaftlichen Beziehungen dabei nur eine von vielen Facetten des Zusammenlebens in einem Hause darstellten. In der politischen Philosophie des Aristoteles nimmt das Haus als Ausgangspunkt menschlicher Existenz und Sozialisation eine zentrale Stellung ein. Dieser gemeinsame Wohnort jedenfalls bestimmt – völlig anders übrigens als in der chinesischen Tradition – das soziale Gefüge der japanischen Gruppe sehr viel stärker als der Umstand der Blutsverwandtschaft.

Überörtliche Bindungen auf der Grundlage eben jener gemeinsamen verwandtschaftlichen Herkunft, die das Verhalten der chinesischen Gesellschaft selbst bis ins ferne Ausland hinein prägen, kennt die japanische Tradition überhaupt nicht. Wer – etwa durch Heirat – das Haus, *ie*, verläßt, scheidet damit auch aus dem Familienverband aus, genauso wie derjenige, der in die Wohngemeinschaft eintritt, damit gleichzeitig auch zum Familienmitglied mit allen Rechten und Pflichten wird; Adoptionen und Heiraten sind daher ein gebräuchliches Instrument zur Stabilisierung oder gar zur Aufwertung der Familientradition, was in gewisser Weise in der späten *Tokugawa*-Ära zur Auflösung der strikten Trennung zwischen Adel und Bürgertum geführt hat. In dieser Zeit anhaltender Inflation und Wirtschaftskrise sahen sich nämlich verarmte Angehörige der *Samurai*-Schicht aus Gründen des blanken Überlebens gezwungen, in die Obhut reicher Handelsfamilien einzuheiraten und auf diese Weise jenen Familien einen gesellschaftlichen Aufstieg zu ermöglichen.

Wie sehr auch immer der Adel und vor allem das *Tokugawa*-Shôgunat jene Auflösung der traditionellen Strukturen mißbilligen mochten, jedenfalls entstand in diesen Jahren die bis zum Beginn des 20. Jahrhunderts anhaltende Allianz zwischen den bürgerlichen und den unteren *Samurai*-Schichten. Sie sollte letztendlich in der *Meiji*-Restauration die überkommene Ordnung ablösen, indem die Handelshäuser Finanzen und wirtschaftspolitischen Sachverstand, die *Samurais* hingegen, deren soziale Funktion sich während der langen Friedenszeit des *sakoku* längst von der der Krieger hin zur Administration entwickelt hatte, verwaltungstechnische Kenntnisse und Erfahrungen beisteuern konnten. Diese Allianz hat es dann letztlich auch verhindern können, daß es in Japan während dieser tiefgreifenden Umwälzungen zu revolutionären oder klassenkämpferischen Auseinandersetzungen kam. Eine solche Allianz ist in Europa allein in Deutschland zustande gekommen, als sich das deutsche Bürgertum nach den gescheiterten Revolutionsversuchen von 1830 und vor allem 1848 nahezu jeglicher Versuche der politischen Emanzipation und Partizipation enthielt und sich statt dessen – wie Friedrich Engels es mit einem gewissen Zynismus ausdrückte – mit Feuereifer auf die Großindustrie warf. Dabei konnte es sich der Unterstützung des Adels, besonders der ostelbischen Junker, sicher sein, zumindest solange die Machtverhältnisse nicht grundlegend in Frage gestellt wurden.

Die Schnittmenge zwischen den jeweiligen politischen Interessen war lange Zeit groß genug: politische Stabilität, militärische Aufrüstung zur Sicherung von Rohstoff- und Absatzmärkten, Schutzzölle und Abwehr der Ansprüche der neu entstehenden Arbeiterschicht. In Deutschland und in Japan standen vor allem Beamte im Mittelpunkt dieser Allianz von Adel und Bürgertum. Ihnen ging es weniger um ideologische Fragen als um eine genau definierbare politische und administrative Aufgabe, nämlich die technische und ökonomische Modernisierung ihrer Länder so schnell und so effektiv wie möglich durchzusetzen. In Japan zumindest legten die *Samurai*-Beamten dabei ein gehöriges Maß an Pragmatismus an den Tag: Obwohl oft genug selbst Angehörige des Adels und erzogen zu strikter Loyalität in einer aristokratischen Gesellschaft, gelang es ihnen sehr schnell, die politischen und wirtschaftlichen Privilegien des alten Adels fast spurlos zu beseitigen, indem sie Abfindungen anboten, die hoch genug waren, um die Unterstützung (oder zumindest die Neutralität) jener Schichten für das neue Regime zu sichern. Das Feudalsystem der *daimyô*, das immerhin das zentralistische *Tokugawa*-Shôgunat relativ schadlos überstanden hatte, wurde auf diese Weise innerhalb kürzester Zeit und nahezu ohne Widerstand aufgelöst, ein Prozeß, der in Deutschland auch in den wahrhaft revolutionären Zeiten nach dem Ersten Weltkrieg erheblich mehr Mühe bereitete.

Zu erwähnen bleibt noch, daß zur *ie* als Wohngemeinschaft mit ausgedehnten inneren sozialen Verpflichtungen selbstverständlich auch das Dienstpersonal gehörte, das sich bei Akzeptanz der Regeln auch der gruppeninternen Solidarität und *amae* sicher sein konnte. Der Soziologe Georg Simmel weist darauf hin, daß auch im deutschen Verständnis die im Haushalt wohnenden Dienstboten als Bestandteil des häuslichen Sozialverbandes begriffen wurden, also – wenn auch in geringerem Maße als die blutsverwandte Familie – an Stimmung und Schicksal des Hauses partizipierten. Diese traditionelle Organisation der japanischen Gesellschaft auf der Grundlage der Wohngemeinschaft hat Auswirkungen bis auf den heutigen Tag, wobei nun der gemeinsame Arbeits- oder Lernort in den Vordergrund der Gruppenbildung getreten ist. Das Unternehmen – wie schon erwähnt – hat die Rolle des bäuerlichen Haushaltes bis in die letzten und intimsten Details übernommen, wie sich überhaupt innerhalb des klassischen *ie* privates und öffentliches Leben in einer Art miteinander vermischt haben, die eine Unterscheidung zwischen ihnen kaum mehr möglich macht.

Wer auf engstem Raum miteinander leben muß, kann seine individuellen Stimmungen, Neigungen und Gefühle nicht über lange Zeit vor der Gruppe verbergen, und ebenso wird die Gruppe im Interesse der inneren Konfliktminimierung dafür Sorge tragen, daß diese individuellen Stimmungen nicht zu einer Belastung für die Gruppe werden. Auf der einen Seite gibt es eine bestimmte Toleranz der Gruppe im Sinne der berühmten drei Affen, die ja in ihrer eigentlichen Bedeutung darauf verweisen, daß man nichts *Unangenehmes* hören, sehen und sagen soll; auf der anderen Seite erwartet die Gruppe eine entsprechende Selbstkonditionierung ihrer Mitglieder, nämlich die strikte Regulierung von Gefühlsäußerungen und Bedürfnissen. Arthur Koestler vergleicht in diesem Zusammenhang die Art der japanischen Erziehung mit der in Japan entwickelten besonderen Gartentechnik: In beiden Fällen gehe es darum, die unvorhersehbaren Ausbrüche der Natur zu zähmen und in eine ästhetische Form zu bringen – ein Verfahren, das Koestler in bezug auf die Erziehung mit dem Begriff des *Charakterlandschaftsbaus* belegt.

Man kann in diesem Zusammenhang übrigens auch einen interessanten Beleg für die im vorangegangenen Kapitel angeführte These finden, derzufolge Japan zwar die Ergebnisse und Produkte der westlichen Zivilisation übernommen hat, nicht aber deren zugrundeliegenden Theorien und Philosophien. Die westliche Musik, vor allem die romantischen Komponisten, erfreuen sich in Japan zweifellos einer großen Beliebtheit; was man in Japan jedoch dabei kaum zur Kenntnis nimmt, ist der Umstand, daß die romantische Musik wie die romantische Bewegung insgesamt eine völlig andere Vorstellung von Natur und Humanität hatten als die japanische Gesellschaft. Bei der in jenen Jahren des 19. Jahrhunderts recht heftig geführten Diskussion über *Kultur* und *Zivilisation* hätte sich die japanische Gesellschaft ohne weiteres bei der Zivilisation, also der Vorstellung von einer strikten Ordnung der Dinge, eingeordnet, die romantische Bewegung hingegen eher bei der Kultur, also dem naturwüchsigen, eher wilden Miteinander der Dinge. Diese Verankerung der Romantik in einem Naturbegriff der ungezügelten und unbändigen Kraft als Auslöser von Emotion und damit Erkenntnis spielt in ihrer japanischen Rezeption überhaupt keine Rolle, und es wäre eine interessante Frage, wie groß die Begeisterung für die romantische Musik in Japan noch wäre, hätte man sich zu ihrem Verständnis von vornherein auch um eine entsprechende ideologische Fundierung bemüht.

Nun klingt das, was wir eben über die Selbstkontrolle und Selbstkonditionierung in der japanischen Gesellschaft gesagt haben, in den an die Freiheit des Individuums gewöhnten Ohren des Westens exotischer, als es tatsächlich ist. Schließlich hat auch die westliche Kultur allen romantischen Bemühungen zum Trotz einen langen Prozeß der individuellen Selbstkonditionierung hinter sich, der so erfolgreich war, daß wir ihn kaum mehr an uns selbst bemerken. Der Philosoph und Historiker Norbert Elias hat darauf aufmerksam gemacht, daß der Prozeß der Modernisierung der europäischen Gesellschaften seit dem Ende des Mittelalters auch begleitet war von einer zunehmenden Unterdrückung der individuellen Triebäußerungen, von dem, was vor allem im französischen Sprachgebrauch mit dem Begriff der *Zivilisation* bezeichnet wird, nämlich dem Entstehen eines detaillierten Kodex des menschlichen Verhaltens. Elias beschreibt diesen Prozeß nicht zuletzt am Beispiel der veränderten Tisch- und Eßgewohnheiten, macht aber auch deutlich, daß mit dem Begriff der *Höflichkeit* das individuelle Verhalten in Gesellschaft und Gruppe insgesamt angesprochen wird, also die soziale Verantwortung und Rücksichtnahme. Diese schließt für ein sich emanzipierendes Bürgertum auch ein dezidiertes politisches Handeln ein.

Eine jede Gesellschaft (oder Zivilisation) ist darauf angewiesen, daß sich im individuellen Verhalten der Umstand widerspiegelt, daß ein Überleben in Sicherheit und Wohlstand nur in der Gruppe und nur durch eine Akzeptanz der Gruppenregeln möglich ist, oder – wie Elias es nennt – durch den gesellschaftlichen Zwang zum Selbstzwang. Nun ist dieser Zwang zu Selbstzwang und Selbstdisziplinierung in der japanischen Gesellschaft sicherlich größer als in den europäischen, was wohl dadurch befördert wurde, daß die Topographie der japanischen Inseln die Migration von Sozialrebellen und Renegaten erschwerte. Reisanbau und Topographie formten eben nicht nur den sozialen Rahmen, sondern bildeten auch eine rein physische Grenze für abweichendes Verhalten. Die – im Westen häufig positiv gewertete – Figur des Banditen als

Sozialrebellen etwa in der Figur des Robin Hood, der chinesischen Räuber vom *Liang Schan Po* oder des italienischen Brigantentums des 18. und 19. Jahrhunderts, wie der britische Autor Eric Hobsbawm sie beschreibt, ist in der japanischen Geschichte weithin unbekannt.

Die historische Erfahrung der Grenze hat die japanische Gesellschaft bis heute in ihrer Gruppenorientierung auf der Basis des *ba* tief geprägt, so daß fast natürlicherweise die Unternehmen – wie gesagt – die Rolle und Funktion des *ie* übernahmen, als sich mit der Industrialisierung die traditionellen agrarischen Strukturen auflösten. Auch die berühmt gewordene lebenslange Garantie eines Arbeitsplatzes – wenigstens in den japanischen Großunternehmen – wird vor diesem Hintergrund verständlicher, auch wenn sie in der Wirtschaftsgeschichte Japans eine relativ neue Entwicklung darstellt, war sie doch erst die Reaktion auf massive und militante Streiks zu Beginn der 50er Jahre dieses Jahrhunderts. Solche Maßnahmen oder das ausgedehnte System sozialer Leistungen innerhalb japanischer (Groß-)Unternehmen nur als Instrumente der Pazifizierung und Korrumpierung einer an sich klassenbewußten Arbeiterschaft verstehen zu wollen, würde jedoch weit an den spezifischen Bedingungen der japanischen Gesellschaft vorbeigehen.

Es ist keineswegs eine Attitüde, wenn man sich in Japan mit dem Hinweis auf das Unternehmen vorstellt, in welchem man beschäftigt ist (und nicht auf den Beruf oder die Ausbildung), sondern ein solches Verhalten zeigt symbolhaft die starke innere Bindung des Einzelnen an das *ie*, dem man sich unter nahezu allen Umständen zugehörig und verpflichtet fühlt. Ein solches Verhalten ist übrigens auch in manchen deutschen Großunternehmen nicht fremd: Auch hier hat sich über die Zeit bei vielen Arbeitnehmern ein Gefühl der Zugehörigkeit zum Unternehmen entwickelt, das weit über die üblichen Formen von Motivation und Engagement hinausgeht. Dieses Empfinden hat seine historischen Wurzeln nicht zuletzt in der Tradition des sich durchaus als *ie* verstehenden zünftischen Handwerksbetriebes, der ja nicht allein eine Arbeits-, sondern auch eine Wohngemeinschaft bildete. Der Historiker Werner Sombart spricht davon, daß die Familiengemeinschaft der älteste Träger des handwerklichen Betriebes gewesen und auch dann noch geblieben sei, als fremde Personen zur Mitwirkung herangezogen wurden. Man sei mit der ganzen Persönlichkeit in den Familienverband eingetreten und in der gesamten Betätigung des Daseins von ihm umschlossen gewesen. In Deutschland wie in Japan blieb diese Bindung auch in der industriellen Gesellschaft kein einsitiges Gefühl, sondern die Unternehmen sahen sich selbst in der Verpflichtung, Betriebsstätten und Arbeitsplätze auch in Krisenzeiten zu erhalten (oder doch wenigstens für sogenannte sozialverträgliche Lösungen im Rahmen von Frühverrentungen und Sozialplänen zu sorgen). Der Umstand, daß eine solche

Strategie angesichts wachsender weltwirtschaftlicher Konkurrenz weder in Deutschland noch in Japan weiterhin durchgehalten werden kann, führt zu einer weiteren Gemeinsamkeit der gesellschaftlichen Entwicklung, deren soziale und politische Implikationen noch genauer zu diskutieren sein werden.

Autorität ohne Gewalt?

Aber kehren wir zunächst noch einmal zur inneren Funktionsweise japanischer Gruppen zurück: Sie sind, wie wir gesehen haben, durch den Raum des Zusammenlebens und -arbeitens (*ba*) definiert und fordern dem Einzelnen eine strikte Selbstkontrolle ab, wofür die Gruppe Schutz und Geborgenheit auch in Fragen des privaten Lebens gewährt (*amae*). Dies führt uns zu einem weiteren wichtigen Begriff, nämlich dem Streben nach höchster Harmonie und der Vermeidung offener Konflikte innerhalb der Gruppe; dieses Harmonieprinzip – *wa* – hat übrigens nicht zuletzt zur Konsequenz, daß sich Autorität und Führungsverhalten innerhalb der japanischen Gruppen nur sehr selten in der Kombination von Befehl und Gehorsam manifestieren. Interessanterweise nimmt der Vater in der japanischen Familie, obwohl sie paternalistisch strukturiert ist, nur eine schwache Stellung ein, was sich auch auf die Art der Führung selbst in modernen Unternehmen überträgt. Den drei Weberschen Kategorien von Autorität, nämlich Hierarchie, Funktion und Charisma, hat die japanische Tradition eine weitere hinzugefügt: Autorität und Führung über Motivation, persönliche Beziehung und Lob. Der Vorgesetzte oder Meister (*oyabun* oder *sempai*) wird selbst keine Entscheidungen für die Gruppe treffen, sondern seine Meinung als Vorschlag in die Gruppendiskussionen einbringen, wird Anregungen geben und aufgreifen und letztlich erst dann handeln, wenn die Entscheidung von der Gruppe insgesamt im Konsens gebilligt wurde.

Ein solches Verfahren dauert zwar in der Regel recht lange, hat aber den Vorteil, daß sich alle Beteiligten mit der Entscheidung identifizieren und mit Engagement an ihrer Umsetzung mitarbeiten. Hinzu kommt, daß im Verlaufe der Gruppendiskussion nahezu alle Aspekte und Varianten der Entscheidung ausgiebig besprochen wurden, so daß auch für fast jedes auftretende Ereignis von vornherein eine passende Reaktion bereitsteht. Entscheidend ist dabei allerdings das Wort *fast*, denn natürlich kann in einer komplexen und komplizierten Welt nicht jedes mögliche Ereignis vorab erkannt und berechnet werden, vor allem dann nicht, wenn man in einer globalisierten Wirtschaft mit Verhaltensweisen anderer Kulturen konfrontiert wird, deren Struktur und Logik der eigenen völlig fremd sind. Japanische Gruppen (und Individuen) geraten also immer dann in wirkliche Schwierigkeiten, wenn ein Ereignis oder Verhalten eintritt, das man in den langen Gruppendiskussionen nicht vorhergesehen hatte; Improvisieren oder die Übernahme von persönlicher Verantwortung in einer unerwarteten Situation gehören nicht unbedingt zu den Stärken der japanischen Gesellschaft, weil man in diesem Fall ohne Legitimation und zunächst auch ohne Schutz der Gruppe agieren müßte, und darauf wurde das durchschnittliche japanische Individuum weder in Kultur, Familie noch in der Schule vorbereitet.

Auch darauf wollen wir später noch zurückkommen, bleiben aber noch für einen Moment bei den inneren Strukturen der japanischen Gruppen. Die starke Innenorientierung und das Harmonieprinzip haben zur Konsequenz die deutliche Unterscheidung zwischen dem Innen und dem Außen. Daß sich die Loyalität und Solidarität nur nach innen (*uchi*) richten und die Außenwelt (*soto*) demgegenüber eine geringe Bedeutung hat, haben wir schon angesprochen. Es gibt aber einen weiteren Aspekt dieser deutlichen Trennung zwischen Innen und Außen, der die gesamte japanische Kultur durchzieht, nämlich die Unterscheidung zwischen der äußeren, eher formellen Struktur des Handelns (*tatemae*) und der inneren Haltung, dem Geist, aus dem heraus gehandelt wird (*honne*). Natürlich sind im Idealfall Form und Geist des Handelns, *tatemae* und *honne*, identisch, weil die einmal gefundene formelle Struktur des sozialen Handelns auch das (moralisch und ethisch) richtige Handeln repräsentiert, sonst wäre es ja gar nicht erst durch gesellschaftlichen Konsens formalisiert und in den Verhaltenskanon aufgenommen worden. Tatsächlich wird sich ein Individuum in der japanischen Gesellschaft im Zweifel zunächst einmal entsprechend dem *tatemae*, also den formellen Regeln, verhalten, und nur in wirklichen Extremsituationen sich für das entscheiden, was er für *honne* hält, also für seine eigene Interpretation von Moral und Ethik, denn auch wenn *honne* als das höhere Gut gelten mag, verspricht doch die Orientierung an *tatemae* zunächst Sicherheit des Verhaltens und Akzeptanz durch die Gruppe. In einer gruppenorientierten Gesellschaft erscheint dies eben als angemessener und wichtiger.

Ein drittes Begriffspaar weist in eine ähnliche Richtung, nämlich die Unterscheidung zwischen *omote* und *ura*, wobei man mit *omote* das Erfassen der äußeren, sinnlich wahrnehmbaren Eigenschaften eines Gegenstandes meint, mit *ura* hingegen den Versuch, sich in den Gegenstand zu vertiefen, sich die Welt aus der Perspektive des Objekts vorzustellen. Auch hier spielt die Differenz zwischen Innen und Außen eine wichtige Rolle, gleichzeitig aber auch das Bestreben, diese Differenz zu überwinden. Dies ist insbesondere in der direkten, persönlichen Kommunikation sinnvoll, wo es darum geht, verbale und non-verbale Signale möglichst richtig und der Situation angemessen zu deuten, um nicht durch Mißverständnisse die Harmonie zu stören. Angesichts der Vagheit der Sprache und des hohen Grades an individueller Selbstkontrolle ist diese ausbalancierte Herangehensweise von besonderer Bedeutung.

Damit haben wir eine weitere Konsequenz von Gruppenorientierung und Harmonieprinzip angedeutet, nämlich die spezifische Form der japanischen Sprache, die einerseits ein filigranes System von sozial abgestuften Kommunikationsformen entwickelt hat, andererseits aber auch eine Vagheit im Ausdruck, die sich sogar bei der Übertragung in andere Sprachen erhält. Die Sprache spiegelt also – beispielsweise – die hierarchische Struktur der Gesellschaft deutlich wider, indem es für fast alle zu treffenden Aussagen unterschiedliche Sprachwendungen – je nach dem Grad der erforderlichen Höflichkeit oder aber abhängig vom Geschlecht des Sprechenden – gibt. Allein für das Wort *ich* existieren wenigstens sechs verschiedene Varianten, unterschieden nach Geschlecht und relativer sozialer Stellung, in der sich die Gesprächspartner befinden, was die jeweilige Positionierung in einer vertikal strukturierten Gesellschaft natürlich erheblich erleichtert. Sprache folgt nun einmal den sozialen Gegebenheiten und geht ihnen nicht voraus, so daß es durchaus als ein Zeichen für aktuelle Veränderungen in der japanischen Gesellschaft gewertet werden kann, wenn – wie man hört – Mädchen inzwischen nicht nur in der Kommunikation untereinander Begriffe aus der männlichen Sprachform benutzen.

Das andere Charakteristikum der japanischen Sprache, ihre Vagheit und Vieldeutigkeit, hat ebenfalls etwas mit jenem Harmonieprinzip zu tun, geht es doch darum, Hinweise oder Kritik, wenn überhaupt, möglichst nicht direkt, sondern versteckt unter Andeutungen und Gesten vorzubringen. Im Falle des Widerstandes kann man sich dann sofort ohne Gesichtsverlust – oder ohne Verlust des *amae* – zurückziehen. Arthur Koestler hat dafür die Formulierung gefunden, daß derjenige, der sich sein Leben lang auf dünnem Eis bewegen muß, dazu gezwungen ist, ein guter Schlittschuhläufer zu werden. Entsprechend bezeichnet der japanische Begriff der Ehrlichkeit – *magokoro* – auch weniger das direkte An- und Aussprechen von Umständen und Gefühlen, sondern das Einhalten der vorgegebenen Form (*tatemae*), selbst wenn der Inhalt der Worte unzutreffend sein mag; es geht also eher um das situativ richtige als um das inhaltlich richtige Verhalten.

Die Begriffe *magokoro* oder *makoto no kokoro* (reines Herz) spielen im *shintô* überhaupt eine wesentliche Rolle. Sie beschreiben eines der zentralen Handlungsgebote für den Menschen, nämlich mit einer ehrenhaften Haltung sein Bestes in der Arbeit und für die Gesellschaft zu geben und demgegenüber andere Gebote, im Zweifel sogar Liebe oder Ehrlichkeit, wenigstens zeitweise zurückzustellen. In diesem Sinne ist auch der Erhalt der Atmosphäre in einer

Gruppe (*kimochi*) von großer Wichtigkeit; sie darf nicht durch lautes oder rüdes und ungezogenes Verhalten gestört werden. Man könnte an dieser Stelle nun viel darüber spekulieren, ob und inwieweit die Übernahme der chinesischen Schrift (*kanji*) mit ihren mehreren zehntausend Schriftzeichen zu dieser Ambiguität der Sprache beigetragen hat. Die japanische Zeichensprache verfügt über viel weniger Wörter als Schriftzeichen. Fast jedes phonetische Wort kann mehreren Schriftzeichen entsprechen und damit auch mehrere Bedeutungen haben, die sich erst aus dem jeweiligen Kontext erschließen (und manchmal auch dann nicht) und auf diese Weise ein erhebliches Maß an Interpretation auf der Basis des *ura* erfordern.

Eine Religion, die nicht missionieren will

Wir haben schon darauf verwiesen, daß sich die Einhaltung sozialer Regeln einfacher legitimieren und einfordern läßt, wenn man sie nicht allein mit Rationalität und Zweckmäßigkeit begründen muß, sondern sie einbetten kann in einen metaphysischen Rahmen. Auch die japanische Gruppengesellschaft macht hier keine Ausnahme, denn Loyalität und Solidarität zur Gruppe werden weniger aus den objektiven Erfordernissen eines reisanbauenden Kollektivs abgeleitet als aus einem filigranen Geflecht gegenseitiger sozialer Verpflichtungen, deren Einhaltung allein den rechten, den richtigen Weg beschreibt. Hierbei spielt die Religion wieder eine wichtige Rolle, aber interessanterweise nicht, indem sie dieses Geflecht mittels göttlicher Gebote und ihrer Offenbarung durch die Priesterschaft legitimiert. Anders als die westlichen Religionen (einschließlich des Islam und des Judentums) kennen weder *shintô* noch der volkstümliche Buddhismus in Japan heilige Schriften, die mehr oder minder direkt auf den Weltenschöpfer zurückgehen und die Ordnung der Welt ein für allemal vorgeben.

Im *shintô* – als der am engsten mit der japanischen Gesellschaft verwobenen Religion – kommt den Demiurgen (*Izanagi* und *Izanami*) überhaupt keine besondere Bedeutung zu; sie fischen zwar die acht japanischen Inseln aus dem Urmeer und zeugen vor allem die Sonnengöttin *Amaterasu* als Begründerin der kaiserlichen Dynastie, hinterlassen dabei jedoch keine ethischen Gesetze von ewiger Gültigkeit oder universal gültige ethische Prinzipien – wie etwa in der jüdischen und christlichen Tradition die direkt aus göttlicher Hand stammenden Zehn Gebote. *Izanami*, *Izanagi* und *Amaterasu* mischen sich überhaupt in den Gang der irdischen und kosmischen Geschichte nicht weiter ein, sie sind weder allmächtig noch allwissend oder allgegenwärtig, man kann sich an sie auch nicht mit der Bitte um Unterstützung wenden. Die Macht der *kami* (Geister) ist nicht wie die der Engel oder Heiligen vom Weltenschöpfer nur verliehen (und damit auch weiterhin unter seiner Kontrolle), sondern entstammt der eigenen Kraft, die sie auf unberechenbare Art und Weise nutzen, so daß man gut daran tut, die *kami* schon im Vorhinein durch Opfer und Verehrung zu versöhnen und bei guter Laune zu halten.

Der *shintô* kennt auch nicht den vielen, vor allem den mediterranen Religionen eigenen Dualismus von guten und bösen Prinzipien, deren Kampf letztlich die gesamte Entwicklung der Menschheit durchwirkt und der erst am Ende aller Tage mit dem Sieg des guten Prinzips aufgelöst wird; wenn die *kami* Unheil bringen, dann eher, weil man ihnen nicht genügend Beachtung in Form von Opfern und Verehrung entgegengebracht hat. Für den *shintô* ist die Welt in ihrer realen Gestalt also nicht das Ergebnis eines Eingreifens des bösen Prinzips in die an und für sich perfekte Schöpfung des guten Prinzips und somit auch keine möglichst rasch zu überwindende Zwischenphase in der ewigen kosmischen Entwicklung; es gibt nichts, was mit der christlichen Vorstellung von einer Apokalypse zu vergleichen wäre, kein Jüngstes Gericht, weder Erlösung noch ewige Verdammnis, kein Paradies und keine Hölle. Zwar gibt es gewisse Vorstellungen von einem subterranen Reich der Finsternis und der Toten (*yomotsukuni*) und einem Land der Wurzeln (*ne no kuni*), das von eher bösen Gottheiten bewohnt wird, aber transzendente Konzepte von Sünde und Schuld, einem ewigen Kampf zwischen Gut und Böse oder von einer göttlichen Gerechtigkeit, wie wir sie aus christlicher Tradition verstehen, sind in der japanischen Kultur nicht existent.

In diesem Sinne kennt die japanische Tradition nicht die Idee eines (gesellschaftlichen, geschichtlichen) Fortschritts, die ja im übrigen in ihrer heutigen, säkularisierten Form auch für die westlichen Kulturen eher neu ist. Die Fortschrittsidee kann eigentlich nur dann entstehen, wenn man annimmt, daß die Schöpfung nicht vollkommen oder wenigstens durch das böse Prinzip gestört ist, sich also die eigentlichen Intentionen des Schöpfers erst über den Ablauf der Zeit hinweg erfüllen oder – wie im zoroastrischen und manichäischen Glauben – sogar nur durch das Handeln der Menschen zur Erfüllung gebracht werden können. Der Fortschritt, den die christliche Philosophie des Mittelalters kannte, war noch unabhängig vom Menschen, vollzog sich als unabänderlicher Prozeß nach dem Willen Gottes und beließ für den Menschen nur die Herausforderung, sich durch angemessenes und rechtschaffenes Verhalten des göttlichen Planes würdig zu erweisen.

Erst die Philosophie der Aufklärung gab dem Menschen die Aufgabe, durch eigenes gezieltes und planvolles Handeln selbst an der Verwirklichung jenes Planes oder doch wenigstens an der Realisierung der ewigen Ideale der Humanität teilzuhaben. Dazu aber mußte die vorgefundene Welt radikal verändert und revolutioniert, das Alte überwunden werden – eine philosophische Vorstellung, die durch tatsächliche Veränderungen in Wirtschaft und Gesellschaft schon lange Zeit vorbereitet war. Eine Gesellschaft aber wie die japanische, in deren Geschichte (jedenfalls bis zur *Meiji*-Restauration) Veränderungen allenfalls sehr langsam stattgefunden haben, die nur selten störenden Außeneinflüssen ausgesetzt war, sich ihnen sogar durch das *sakoku* bewußt entzogen hat, die andererseits aber auch gar nicht die Frage nach der Qualität der Schöpfung stellt, entwickelt demgegenüber keine Vorstellung von Fortschritt, sondern eher eine von Stabilität. Veränderungen können in diesem Kontext nichts anderes bedeuten als ein unerwünschtes Abweichen von der Tradition, als Aufgeben der althergebrachten Werte, kurz gesagt: als Verfall. Eine ideologische Rechtfertigung von Veränderung und Revolution ist daher auch gar nicht erforderlich.

Trotzdem kennt natürlich auch die japanische Kultur ethische und moralische Normen, nur werden sie nicht sanktioniert von einer überirdischen Instanz, sondern durch die Gesellschaft selbst, und das heißt hier vor allem: durch die Gruppe. Man kann sich in Japan in seinem Verhalten eben nicht auf ein durch göttliche Gnade offenbartes Regelwerk berufen, das sich einer jeglichen Bewertung der Menschen entzieht; die moralische Beurteilung jedes Verhaltens erfolgt allein aus der Akzeptanz (oder Ablehnung) durch die Gruppe. Eine Legitimation des Handelns auf der Grundlage der inneren Haltung, *honne*, also der individuellen Vorstellung von Moral und Sitte, ist zwar möglich, aber kaum mit dem zu vergleichen, was in den westlichen Gesellschaften unter Glaube oder Überzeugung verstanden wird. Die Luthersche Haltung des *Hier stehe ich und kann nicht anders*, die allein in einem auf Glaubensfestigkeit beruhenden Selbstbewußtsein gründet, der Gewißheit, daß das Individuum durch Gottes Gnade oder durch Wissen die Wahrheit erkennen kann, wäre in der traditionellen japanischen Gesellschaft ebenso unvorstellbar wie ein aus Überzeugung und Glauben resultierendes Märtyrertum. Nicht zuletzt wegen dieses Fehlens eines metaphysisch begründeten Verhaltenskanons hat man der japanischen Gesellschaft häufig einen moralischen Relativismus unterstellt – vielleicht nicht ganz zu Unrecht, wenn man aus der westlichen Tradition heraus urteilt. Aber das, was sich nach unserem Verständnis als relativ darstellt, hat im Regelwerk der japanischen Gesellschaft einen hohen absoluten Wert, nämlich die Akzeptanz und Zustimmung der Gruppe für das individuelle Handeln, weil eben eine individuelle Existenz außerhalb der Gruppe, ohne das von ihr gewährte *amae*, schlechterdings unvorstellbar und letztlich auch unmöglich ist.

Die moralischen Pflichten beziehen sich also nicht auf ein göttliches Gesetz, sondern auf das Überleben, die Sicherheit und den Wohlstand der Gruppe; sie mögen relativ erscheinen, weil sie tatsächlich von der jeweiligen Situation abhängen, sind aber auch konkret und in ihrer Wirkung direkt zu erfahren und zu kontrollieren. Man kann diesen Zusammenhang vielleicht noch auf eine andere Weise verdeutlichen, nämlich mit den Begriffen *Stimmen* und *Passen*: In den westlichen Kulturen gibt es seit dem Ende des Mittelalters eine ausgiebige philosophische Diskussion darüber, ob und auf welche Weise der Mensch in den Besitz von Wahrheit kommen kann, und zwar in dem Sinne, daß das menschliche Wissen mit der realen Welt identisch oder – wie man es auch nennt – homomorph wird. Gesucht wird also ein Wissen, das mit der Welt überein*stimmt*. Dies aber ist ein hoher Anspruch, zumal die Geschichte auch der westlichen Wissenschaften von Veränderungen und Paradigmenwechseln geprägt ist. Dann aber macht ein Ansatz Sinn, der nicht unbedingt nach einer absoluten, sondern nach einer relativen Wahrheit sucht, also nach dem, was in ein spezifisches historisches Umfeld *paßt*. Schon für den englischen Philosophen Francis Bacon galt ein solcher Zusammenhang zwischen dem *Wahren* und dem *Nützlichen*, daß sich Wahrheit nämlich daran zu messen habe, ob sie für das Leben von Menschen und Gesellschaften einen nutzbringenden Beitrag leisten kann. Diesem Ansatz – wie er sich in der utilitaristischen Philosophie eines Jeremy Bentham oder im 20. Jahrhundert bei Charles Sanders Peirce und den amerikanischen Pragmatikern wiederfindet – würde die japanische Kultur mit ihrer situationsbedingten Vorstellung von Handeln und Moral eher zustimmen können als dem christlichen Paradigma einer unveränderlichen Gültigkeit.

Allein die Ehre zählt

Natürlich hat sich auch die japanische Gruppengesellschaft nicht mit der Definition von moralischen Pflichten aus der jeweiligen, konkreten Umweltsituation heraus begnügt; sie hat ein umfassendes System für das Entstehen und Einlösen von Pflichten entwickelt, das nach Ansicht vieler Autoren zu einem konstitutiven Element dieser Gesellschaft geworden ist. Die amerikanische Autorin Ruth Benedict, die im Jahre 1946 die erste moderne soziologische Untersuchung über die japanische Gesellschaft veröffentlichte (*The Chrysanthemum and the Sword*) und damit das westliche Verständnis von Japan erheblich beeinflußte, widmet diesem Netz gegenseitiger individueller Verpflichtungen einen wesentlichen Teil ihrer Untersuchung. Die wichtigsten japanischen Begriffe, die diese sozialen Zusammenhänge beschreiben, sind *on*, *giri* und *gimu*; sie alle können in die deutsche Sprache mit Schuld oder Verpflichtung übersetzt werden, unterscheiden sich aber deutlich in Richtung und Umfang.

Unter *on* versteht man zunächst einmal jene Verpflichtungen, die sich für ein Individuum als Mitglied eines sozialen Verbandes oder Teil einer sozialen Beziehung ergeben, ohne daß dem ein aktives Handeln des Individuums vorausgeht; man erhält ein *on* von seinen Eltern und Vorfahren, von seinem Lehrer, vom Kaiser, also letztlich aus allen sozialen Kontakten im Verlaufe des Lebens. Das *on* entsteht dadurch, daß alle diese Gruppen, Personen oder sozialen Kontakte das Leben des Individuums überhaupt erst ermöglichen. Dafür hat man dementsprechend eine Dankesschuld zu empfinden und natürlich auch Gegenleistungen (*gimu*) zu erbringen, welche jedoch, wie sehr und wie lange man sich auch immer anstrengen mag, niemals ausreichen, um das *on* abzutragen. Eine *giri* genannte Verpflichtung ist hingegen durch den jeweiligen Anlaß und die Größe bestimmt, entsteht beispielsweise durch einen besonderen Gefallen im weiteren sozialen Umfeld und muß daher in einem proportionalen Verhältnis entgolten werden. Diese soziale Bindung im Sinne eines *giri* ist für eine westliche und insbesondere die deutsche Gesellschaft sicherlich einfacher nachzuvollziehen als das eher unbestimmte, gleichwohl stetig wirksame Verhältnis von *on* und *gimu*; Ruth Benedict benutzt auch im amerikanischen Original das deutsche Wort *Ehre*, um einen bestimmten Aspekt des *giri* – nämlich den Bezug zur Reputation von Namen, Familie oder Nation – zu beschreiben.

Was hinter dem Verhältnis von *on* und *gimu*, aber auch hinter dem Begriff des *giri*, steckt, ist bei aller von uns empfundenen Exotik zunächst einmal nichts anderes als die Vorstellung, daß alle Elemente oder Individuen nur Teil eines umfassenden und übergreifenden Wirkungszusammenhanges sind. Wir haben es hier also mit einer Sicht der Welt zu tun, die sich in ihrem holistischen Ansatz deutlich von der individualistischen Weltanschauung der westlichen Aufklärung unterscheidet. Weil der Mensch untrennbar eingebunden ist in ein solches wenn schon nicht kosmisches, so doch wenigstens soziales Gefüge, und weil er nur im Kollektiv physisch und moralisch überleben kann, begründen sich auch Verantwortung und Verpflichtung gegenüber diesem Gefüge, und zwar auf eine ebenso umfassende und übergreifende Art. Diese Verpflichtung ist dabei übrigens nicht allein regional oder sozial zu begreifen, sondern auch temporal, was die Entstehung eines extensiven Ahnenkultes verständlich macht. Die Harmonie (*wa*) stellt ein wesentliches ästhetisches Kriterium dieses Gefüges dar, weshalb eine jegliche Störung dieser Harmonie, etwa durch abweichendes individuelles Verhalten, als besonders verwerflich und strafwürdig angesehen werden muß.

Auch hier mag ein Verweis auf die japanische (und ursprünglich chinesische) Schrift (*kanji*) erlaubt sein: Die Zeichen lassen sich zwar auf relativ wenige Radikale zurückführen, bilden aber durch ihre Kombination neue Zeichen, die manchmal eindeutig für einen Begriff stehen, zumeist aber für eine ganze Reihe von Begriffen, die allerdings inhaltlich oder assoziativ miteinander verknüpft sind. Im Gegensatz dazu ist die lateinische Schrift keine holistische, sondern eine kompositorische Schrift, in der einzelne, wenige Zeichen ohne tieferen Bedeutungsinhalt zwar nach gewissen Regeln, aber doch in großer Freiheit zueinander gefügt werden können. Ohne die Analogie zu weit zu führen, erleichtert eine solche Schrift sicherlich das Entstehen der modernen westlichen Weltanschauung, in der man den einzelnen Dingen, den Individuen zunächst eine höhere Realität zumißt als den Universalien oder den kosmischen Zusammenhängen.

Was im Westen also als die Interaktion selbständiger und autonomer Elemente gilt, ist in der japanischen Auffassung das Ergebnis eines übergeordneten Gefüges, in dem der oder das Einzelne zwar unterscheidbar bleibt, aber integraler Bestandteil des Gesamtsystems, das sich in ihm und durch ihn manifestiert; im modernen europäischen Denken macht die Summe der Individuen das System aus, in Japan definiert das System seine Elemente. Der Erkenntnisprozeß vollzieht sich daher auch nicht durch die Reduktion eines Gegenstandes oder Systems auf die letzten, unteilbaren Elemente, ihre Struktur und Interaktion (der Begriff der *Analyse* beschreibt schon etymologisch diesen Zusammenhang, denn er bedeutet *Auflösung* oder *Zersetzung*, ist also gegen synthetische Gebilde gerichtet, denen man zunächst einmal nichts Ursprüngliches zumißt), sondern durch das, was wir als *ura* beschrieben haben, nämlich durch die Identifikation des Betrachters wenigstens mit dem zu betrachtenden Objekt, wenn nicht sogar mit dem kosmischen Gesamtgefüge, um auf diese Weise die Trennung zwischen Subjekt und Objekt zu überwinden.

Das hört sich für westliche Ohren zugegebenermaßen höchst seltsam und mystisch an und scheint weit entfernt von den Denkkategorien der Wissenschaftlichkeit, wie sie die westliche Kultur der vergangenen dreihundert Jahre herausgebildet hat. Wenn man diese westlichen Denkkategorien als *modern* bezeichnen will, dann ist die japanische Gesellschaft in der Tat *vor*modern in dem Sinne, daß sie den Paradigmen des (christlichen) Mittelalters näher steht als denjenigen der Aufklärung. Auch die Philosophie des Mittelalters verstand die vorgefundene Welt als Teil eines übergeordneten Gefüges, dessen Elemente nicht aus sich selbst heraus verständlich waren, sondern eben aus ihrer Position in jenem Gefüge, das im übrigen als für den Menschen rational nicht völlig erfaßbar galt. Nicht umsonst spielt das Denken in symbolischen Kategorien eine wesentliche Rolle in der mittelalterlichen Philosophie, wenn die Dinge nur in ihrer Relation, ja sogar ihrer Identität mit anderen Dingen und vor allem mit dem System insgesamt zu erkennen sind; die rote Rose ist nicht nur ein *Zeichen* des Martyriums, sie *ist* auf wundersame Weise nach dem Willen Gottes identisch mit dem Martyrium, nur in einer anderen Manifestation, weshalb die reale Welt für den Gläubigen auch nur insoweit von Bedeutung ist, als sie Hinweise auf die transzendente, wahre Welt geben kann.

Sicherlich geht das traditionelle japanische Denken letztlich nicht in diese Richtung, kann es auch gar nicht, denn es gibt in der Welt ja keinen geheimen Schöpfungs- oder gar Erlösungsplan zu entdecken, weder für den *shintô* noch für den Buddhismus. Gleichwohl hat sich in Japan ein am systemischen Denken orientiertes Paradigma entwickelt, das in gewisser Hinsicht sogar an *post-moderne* Kategorien in der westlichen Philosophie erinnert. In der Postmoderne rückt ja auch wieder die Synthese in den Vordergrund des Erkenntnisprozesses, indem sie die Bedeutung des individuellen Elementes im Verhältnis zur Bedeutung von Strukturen und Prozessen innerhalb von Systemen deutlich reduziert. Gerade im Bereich der Naturwissenschaften sind während der vergangenen Jahre neue Paradigmen wie die Synergetik oder die System- und Chaostheorie entstanden. Sie beruhen auf einem holistischen Ansatz, demzufolge die Elemente eines Systems sehr viel stärker miteinander in einem komplexen und komplizierten Wirkungsgeflecht verwoben sind, als bislang gemeinhin angenommen wurde. Das bringt im übrigen auch erhebliche Konsequenzen für die Abhängigkeit und die Verantwortung individuellen Handelns innerhalb solcher Systeme mit sich, auf deren Grundlage eine neue Debatte über die Bedeutung von Individuum und Gruppe geradezu herausgefordert wird.

Eine Kultur, die nicht an Fortschritt glaubt

Nun gibt es allerdings ein Element im traditionellen japanischen Denken, das einen wesentlichen Unterschied zu den (post-)modernen westlichen Ansätzen ausmacht und manche Überlegenheitsträume asiatischer Politiker wieder deutlich relativiert, nämlich das Fehlen einer jeden Vorstellung von Dynamik. Wir haben schon auf die große Bedeutung von Tradition in der japanischen Gesellschaft hingewiesen, ebenso auf das Fehlen einer jeglichen Fortschrittsidee, und sei es nur im Sinne einer ziellosen, gleichwohl wirksamen natürlichen oder sozialen Evolution. Das gute Prinzip hat sich in den Traditionen einer harmonisch zusammenlebenden und -arbeitenden und hierarchisch geordneten Gruppengesellschaft verwirklicht (hat nicht auch der Urkonflikt innerhalb der Götterwelt damit geendet, daß selbst die bösen Götter in das göttliche *ie* aufgenommen und darin gezähmt wurden?), die Geschichte hat gezeigt, daß so lange Sicherheit und Wohlstand möglich sind, wie man sich an die Werte und Regeln der Tradition hält. Aus dem Unterschied zwischen dem, was sein sollte, und dem, was ist, aus dem also, was man als *Defizienz* bezeichnen kann, zieht die japanische Kultur die Konsequenz, man müsse zu den wahren Traditionen zurückkehren, während die westliche Kultur der Moderne daraus folgert, daß man sich in individuellem und kollektivem Handeln anstrengen muß, um diese Defizienz in der Zukunft zu überwinden.

Möglicherweise liegt genau in dieser unterschiedlichen Haltung auch die Differenz zwischen der japanischen und der westlichen Kultur begründet, selbst zu der des Mittelalters, die ja – wie wir angedeutet haben – in vielen Aspekten Ähnlichkeiten mit der japanischen aufzuweisen hat: Auch die mittelalterliche Weltanschauung sah bei aller Wertschätzung von Tradition und Ordnung erhebliche Dynamik und Bewegung in der gesellschaftlichen Entwicklung, nämlich in Richtung auf Apokalypse und Erlösung. Nach japanischer Vorstellung muß eine jegliche Dynamik in der gesellschaftlichen Ordnung immer weiter weg führen von Tradition und Harmonie, so daß die einzig zulässige Bewegung diejenige ist, die wieder zurück zum ursprünglichen Zustand führt. Deshalb konnte sich jene historische Epochenschwelle, welche die Industrialisierung Japans in der Mitte des 19. Jahrhunderts einleitete, gar nicht anders als im Sinne einer *Restauration* verstehen; eine *Revolution* nach westlichem Verständnis, die eine Modernisierung und die Überwindung von Traditionen zum Ziel hat, wäre auf dieser Grundlage kaum möglich gewesen.

Fassen wir zum Abschluß dieses Kapitels noch einmal die wesentlichen Faktoren der traditionellen japanischen Gruppengesellschaft zusammen, bevor wir uns im weiteren denjenigen Entwicklungen widmen, welche die japanische Gesellschaft in Gegenwart und Zukunft beeinflussen werden. Die traditionelle japanische Gesellschaft ist also durch folgende Kriterien gekennzeichnet:

1 In der japanischen Gesellschaft spielt die Mesoebene der Gruppe gegenüber der Mikroebene (Individuum) und der Makroebene (Gesamtgesellschaft) eine wesentliche Rolle; sie bestimmt die sozialen Interaktionen ebenso wie die gesellschaftliche Struktur.

2 Diese Gruppenstruktur ist in bezug auf die Kooperation wahrscheinlich entstanden und stabilisiert worden durch die objektiven technischen und organisatorischen Bedingungen des Reisanbaus, in bezug auf die Abschließung nach außen durch die geographische Lage und die topographische Struktur des Landes.

3 Die Gruppenstruktur ist also ihrem Ursprung nach raumbezogen auf eine Wohn- und Arbeitsgemeinschaft des häuslichen Verbandes. Demgegenüber

haben verwandtschaftliche Beziehungen außerhalb dieses Verbandes eine deutlich geringere Bedeutung.

4 Die Gewährung von Privilegien innerhalb einer solchen Gruppe (Sicherheit, Geborgenheit) wird abhängig gemacht von der Einhaltung eines strikten Regel- und Wertesystems, dem sich das Individuum eher durch Selbstkonditionierung als durch Druck und Zwang unterwirft.

5 Im Rahmen der spezifischen Interaktionen innerhalb einer solchen Gruppe sind die moralischen und ethischen Kategorien nicht transzendental oder metaphysisch bestimmt, sondern durch ein gruppenbezogenes System von gegenseitigen und allgemeinen Verpflichtungen.

6 Vorstellungen von sozialer Dynamik, Veränderung und Fortschritt spielen in diesem Gruppensystem gegenüber der Tradition nur eine geringe Rolle.

Es bleibt nun zu fragen, ob und inwieweit die japanische Gruppengesellschaft in der Lage ist, die anstehenden sozialen, ökonomischen und politischen Herausforderungen der nächsten Jahrzehnte zu bewältigen. Wie sehr ist die heutige japanische Gesellschaft überhaupt noch von jenen bisher geschilderten Kategorien beeinflußt – anders ausgedrückt: Ist die japanische Gesellschaft noch japanisch? Und wenn dies der Fall sein sollte: Reicht die mehrfach in der Geschichte bewiesene Adaptionsfähigkeit aus, auch diese Herausforderungen innerhalb der traditionellen Strukturen zu beantworten?

Kapitel 4

Eine Gruppengesellschaft im Wandel

Unzweifelhaft ist es der japanischen Gesellschaft in den vergangenen Jahrzehnten gelungen, sich im Wettbewerb mit den europäischen und seit einiger Zeit auch mit den heranwachsenden Industrienationen in Südostasien erfolgreich zu behaupten und dabei weiterhin ein hohes Maß an kultureller Eigenständigkeit zu bewahren. Tatsächlich kann diese Leistung nicht hoch genug eingeschätzt werden; immerhin hat Japan in den nur acht Jahrzehnten zwischen 1870 und 1950 eine Serie von Entwicklungsphasen mitgemacht, für welche die europäischen Nationen mehrere Jahrhunderte gebraucht haben: Feudalismus, Absolutismus, konstitutionelle Monarchie, Liberalismus, Imperialismus, Militärdiktatur, Faschismus, fremde Besetzung (zum ersten Male in der japanischen Geschichte) und schließlich den Beginn der Demokratisierung des Landes. In der gleichen Zeit wurde der Buddhismus vom *shintô* als wichtigste und offiziell geförderte Religion abgelöst, um am Ende jener Phase selbst einer eher laizistischen Ordnung Platz zu machen. Und – worauf Arthur Koestler aufmerksam macht – während dieser Zeit nahm die Durchschnittsgröße der Japaner um fast acht Zentimeter zu, was deutlich zeigt, daß sich auch die unmittelbaren Lebensbedingungen der Bevölkerung deutlich verbessert haben.

Die Atombombenabwürfe auf Hiroshima und Nagasaki, aber auch die zwei großen und verlustreichen Erdbeben von 1923 in Tokyo und 1995 in Kobe sollten jedoch daran erinnern, daß der japanischen Gesellschaft in den vergangenen anderthalb Jahrhunderten wenig an Katastrophen und Unglück erspart blieb, von den ökonomischen und sozialen Verwüstungen in der Folge des Zweiten Weltkrieges hier ganz zu schweigen. Wieviel davon auch immer durch eigenes schuldhaftes Handeln ausgelöst worden sein mag, auch diese Rückschläge hat die japanische Gesellschaft in einer Art und Weise, vor allem aber mit einer Geschwindigkeit überwunden, die für die meisten Beobachter im Westen überraschend und beeindruckend war. Es hat in den 50er Jahren sicherlich wenige Experten gegeben, die einen so raschen wirtschaftlichen Wiederaufbau, geschweige denn derartige Erfolge im globalen Wettbewerb wie die in den vergangenen Jahrzehnten vorhergesagt hätten, ja überhaupt hätten vorhersagen *können*, denn mit den allgemein verbreiteten Theorien von wirtschaftlicher Entwicklung und Wachstum sind die Vorgänge in Japan weder zu erklären noch zu prognostizieren. Da noch abzuwarten bleibt, ob sich die ähnlichen Prozesse in Südostasien und China in der Zukunft stabilisieren, bleibt Japan bislang die einzige nicht-westliche und nicht-christliche Nation, die den ökonomischen und sozialen Anschluß an die entwickelten Industrienationen in Europa und Nordamerika geschafft, gehalten und sich in manchen Bereichen sogar einen Vorsprung herausgearbeitet hat.

Die Entwicklung Japans seit der Mitte des 19. Jahrhunderts, wie wir sie soeben geschildert haben, erscheint um so erstaunlicher in der historischen Analyse, als es sich dabei um ein singuläres Ereignis in der Geschichte dieses Landes handelt, das im Gegensatz zu Europa langanhaltende Phasen von Krieg, Seuchen oder gar von Kulturverfall nie kennengelernt hatte. Man kann nämlich in der Retrospektive die spezifische Kultur Europas, so wie sie sich in der Melange aus Aufklärung und Industrialisierung darstellt, durchaus als das Ergebnis von Chaos und Bedrohung ableiten – im Sinne Toynbees des Zusammenwirkens von Herausforderung (*challenge*) und Antwort (*response*), das in Europa auf große Herausforderungen auch immer wieder innovative Antworten entstehen ließ. Tatsächlich ist die Geschichte der europäischen Kultur durchzogen von stetig auftretenden Herausforderungen kultureller, politischer, militärischer oder ökonomischer Art: dem Verfall und schließlichen Zusammenbruch der römischen Kultur, der Abwehr der zentralasiatischen und islamischen Expansion, dem Aufbau neuer staatlicher und wirtschaftlicher Strukturen, religiösen Schismen mit nachfolgenden politischen Konflikten, den Seuchen und Naturkatastrophen vor allem des 14. Jahrhunderts, die die sich gerade entwickelnde Infrastruktur fast völlig zerstörten, permanenten inneren Kriegen, dem anhaltenden militärischen Druck des osmanischen Reiches.

Über lange Zeiten gelang es Europa angesichts dieser Herausforderungen allenfalls, ein äußerst labiles Gleichgewicht herzustellen, das durch neue äußere Einflüsse immer wieder gefährdet war; erst im 18. Jahrhundert verbanden sich die einzelnen Entwicklungsstränge (politische Stabilisierung, ökonomische Dynamik, Rationalisierung und Säkularisierung), die für sich genommen schon seit langer Zeit einzeln angelegt waren, zu einem sich selbst tragenden Prozeß mit einem bis heute wirksamen Bewegungsimpuls. Die japanische Gesellschaft kannte demgegenüber bis zur *Meiji*-Restauration kaum eine dieser Herausforderungen, war also auch nicht gezwungen, irgendwelche kreativen und innovativen Antworten zu entwickeln. Als sie aber mit der Herausforderung der europäischen Kultur konfrontiert wurde, blieb ihr nicht die Zeit, nacheinander nach einzelnen Reaktionen zu suchen und sie auszutesten, wie es in Europa über einen Zeitraum von mehr als tausend Jahren möglich gewesen war. In diesem Sinne kann die Leistung der japanischen Kultur, eine säkulare Entwicklung nicht allein im Zeitraffer nachzuholen, sondern sich auch noch im Wettbewerb mit den bereits entwickelten Nationen zu behaupten, kaum überschätzt werden.

Steht das Ende der japanischen Kultur bevor?

Die Erfolge der Vergangenheit und Gegenwart sind jedoch keine Garantie dafür, daß eine Nation auch für die Herausforderungen der Zukunft gerüstet ist, wie das historische Beispiel Großbritanniens deutlich zeigt. Dort hat man zwar die Industrialisierung geradezu erfunden und sich über lange Zeit auch eine führende Position im weltwirtschaftlichen Wettbewerb sichern können, war dadurch aber keineswegs vor langanhaltender Rezession und wirtschaftlichem Abstieg geschützt. In der Tat gibt es manche Propheten im Westen, die auch Japan einen raschen Verfall der Wettbewerbsfähigkeit vorhersagen, spätestens dann, wenn es seine Sonderrolle aufgibt und in den allgemeinen Entwicklungspfad der westlichen Industrienationen einschwenkt – einschwenken *muß*, so hofft man, weil es letztendlich gar keinen anderen Entwicklungspfad gibt. Dafür werde schon die Ausbreitung der westlich geprägten Weltkultur auf dem Wege von Telekommunikation und medialer Globalisierung sorgen, sind doch die Angebote jener Kultur so attraktiv, daß sich ihnen niemand entziehen kann. Wenn aber erst einmal die japanische Gesellschaft davon erreicht und erobert werde, sei es recht schnell vorbei mit den bisherigen Wettbewerbsvorteilen der japanischen Industrie, sie werde vom nun auch in Japan spürbaren Kostendruck und von den wachsenden Ansprüchen der Bevölkerung auf Konsum und Freizeit in die normalen Grenzen verwiesen.

Eine solche Argumentation – so sehr sie auch manchen Unternehmen und Regierungen im Westen Hoffnung geben mag – weist allerdings so viele Lücken auf, daß die Grenze ihrer Belastbarkeit schon beim ersten Kontakt mit der Realität schnell erreicht ist. Sie übersieht zunächst einmal die gerade am Beispiel Japans (aber auch Deutschlands) nachweisbare historische Evidenz, daß es durchaus mehrere erfolgreiche Entwicklungspfade in Richtung Kapitalismus im allgemeinen und Industrialisierung im besonderen gibt, die alles andere als nur eine zeitweilige und geringfügige Variation des angelsächsischen Modells darstellen. Zum zweiten sind die Erfolge der japanischen Unternehmen nicht nur darauf zurückzuführen, daß sie die erfolgreichen Vorbilder im Westen kopierten und dank niedrigster Kosten in Massenproduktion nachbauen konnten. Wem es gelingt, angesichts der horrenden Bodenpreise in Japan selbst in einer Betriebsstätte mitten in Tokyo rentabel zu produzieren, der muß noch andere ökonomische Qualitäten haben, denn auch das Lohnniveau liegt in der japanischen Industrie inzwischen nicht mehr so niedrig, daß solche enormen Kostennachteile dadurch allein ausgeglichen werden könnten.

Und schließlich muß man noch einmal darauf verweisen, daß trotz ungehinderten Informationsflusses und einer steigenden Zahl von Auslandsreisen und Kontakten der Japaner jene Sonderrolle, jener spezifische Charakter der japanischen Kultur, den wir in den vergangenen Kapiteln angedeutet haben, weiterhin nahezu unangetastet erscheint, es also mit der Annahme einer natürlichen Ausbreitung der kulturellen Werte des Westens über Medien und direkte Kontakte wohl doch nicht so weit her sein kann. Die Neuauflage der Konvergenzstrategie, die sich in bezug auf die kommunistischen Länder als so erfolgreich erwiesen hat, nämlich durch die gezielte Diffundierung westlicher Wertvorstellungen den gesellschaftlichen Wandel eines Konkurrenten einzuleiten, um auf diese Weise seine ökonomische und politische Wettbewerbsfähigkeit zu schwächen, scheint im Falle Japans zu versagen.

Nun wird man in diesem Zusammenhang einwenden können, daß die japanische Gesellschaft gerade im Bereich von Kultur und Medien alles andere als offen und die Handelsbarrieren für Güter und Dienstleistungen aus dem Bereich, den man inzwischen als Kulturwirtschaft bezeichnet, besonders hoch seien, wodurch die japanische Gesellschaft sich ganz bewußt und gezielt vor den als schädlich erachteten Einflüssen aus dem Westen abschotten wolle. Dieser Hinweis erscheint nicht ganz unzutreffend, denn in der Tat sind die rechtlichen Regeln etwa in den Bereichen von Rundfunk und Fernsehen so beschaffen, daß es ausländischen Unternehmen schwerfällt, sich allein schon den Marktzugang zu verschaffen, von Markterfolgen ganz zu schweigen. Erst im Jahre 1996 war es dank der Entwicklung digital sendender Satelliten überhaupt möglich, daß ein in ausländischem Besitz befindlicher TV-Kanal in japanischer Sprache auf Sendung gehen konnte, mit im übrigen bislang eher mäßigem Erfolg, wozu aber auch die geringe technische Reichweite erheblich beiträgt.

Wie auch immer: Die These, derzufolge die besonderen Fähigkeiten der japanischen Gesellschaft zur Adaption fremder kultureller Einflüsse sich zunächst einmal auf die Elite beschränken, welche jene Einflüsse filtert und so umgestaltet, daß ihre Herrschaft dadurch nicht beeinträchtigt wird, würde im Medienbereich sicherlich weitere Evidenz finden können. Die Frage danach, wie sich die japanische Gesellschaft entwickeln würde, gewährte man ihr ungehinderten Zugang zu den Produkten der westlichen Medienindustrie, läßt sich bislang nur im Konjunktiv beantworten, weil der Versuch noch nie wirklich gemacht wurde. Andererseits aber – und das haben wir schon angedeutet – hat die japanische Gesellschaft immer dann, wenn es ihr in den vergangenen zwei Jahrhunderten möglich war, Produkte der westlichen Kunst und Kultur von Mode bis Musik aufgenommen, ohne dabei ihren spezifischen Charakter zu verlieren. Die japanische Entwicklung zeigt also, daß es durchaus möglich ist, sich einzelner Elemente einer fremden Kultur – man könnte sagen: ornamental – zu bedienen, ohne damit gleichzeitig auch ihr Wesen, ihre ideologischen Grundlagen übernehmen zu müssen; man kann die Musik von Beethoven genießen, ohne dadurch zum Anhänger der romantischen Philosophie zu werden. In diesem Sinne spricht einiges dafür, daß auch die neue Woge kultureller Angebote aus dem Westen – sei es über Satellitenfernsehen oder das Internet – von der japanischen Gesellschaft auf die traditionelle Weise gebrochen und kanalisiert wird, ohne daß man dafür unbedingt das Wirken geheimnisvoller Kräfte in Unternehmen und Politik verantwortlich machen muß.

Gerade dieser Umstand, daß sich die japanische Gesellschaft offenbar nicht auf einem »natürlichen« Wege dem Entwicklungspfad der europäischen Moderne annähert und sich damit auch ihre wirtschaftliche Wettbewerbsfähigkeit nicht vermindert, hat sicherlich dazu beigetragen, daß vor allem seitens der USA in den letzten Jahren erhebliche politische Anstrengungen unternommen wurden, um Japan zwangsweise auf diesen Kurs zu bringen. Wenn man nämlich – wie weite Kreise der Politik in den USA – die eigene Gesellschaftsform nicht nur für die beste, sondern sogar für die einzig mögliche hält, dann stellen alle anderen Formen allenfalls kurzfristige Durchgangsstadien, wenn nicht sogar »unnatürliche« Abweichungen dar. Daß sich die japanische Gesellschaft nicht durch Wandel den westlichen Vorbildern angenähert hat, kann daher nur darauf zurückgeführt werden, daß in Japan offenbar doch geheimnisvolle politische Kräfte wirksam sind, die jene künstlichen und unnatürlichen Strukturen erhalten wollen, indem sie Gesellschaft und Wirtschaft weiterhin gegen die Einflüsse des Westen – vor allem durch tarifäre und sonstige Handelshemmnisse – abschirmen.

In diesem Sinne werden die diversen und mit großer politischer Geste vorgetragenen Versuche der US-Administration, wenigstens den japanischen Markt, besser noch die japanische Gesellschaft insgesamt für Produkte aus den USA zu öffnen, auch in ihrer ideologischen Basis verständlich, und man beginnt die Auseinandersetzungen in der japanischen Öffentlichkeit auch nicht als einen Handelskrieg *zwischen* den USA und Japan zu begreifen, sondern eher als einen politischen und ökonomischen Krieg der USA *gegen* Japan, seine Kultur und Traditionen. Darauf aber, wie immer in der Geschichte, wenn Japan sich äußerem Druck (*gaiatsu*) ausgesetzt sah, reagieren Öffentlichkeit und Politik höchst sensibel, in Zeiten evidenter ökonomischer Erfolge aber auch mit wachsender Härte und Arroganz, zumal man den USA zu Recht vorhalten kann, daß sie zwar von Japan erhebliche strukturelle Veränderungen fordern, selbst aber zu keinerlei Anpassungen ihres eigenen ökonomischen Systems bereit sind.

Tatsächlich erscheinen dem neutralen Beobachter manche der Forderungen der US-Regierung gegenüber Japan als sehr weitgehend, überschreiten sie doch häufig genug die Grenze dessen, was man noch bereit wäre, in einem demokratischen System als staatliche Aufgabe zu akzeptieren. Was soll man schließlich davon halten, wenn man – wie die USA 1989 im Rahmen der *Structural Impediments Initiative* (SII) – von der demokratisch gewählten Regierung eines Landes die drastische Erhöhung der staatlichen Ausgaben einfordert oder grundlegende Eingriffe in die Marktmechanismen wie Garantien für bestimmte Absatzmengen US-amerikanischer Produkte? Wie sehr auch immer man einige der im Rahmen der SII vorgelegten Vorschläge aus der Sicht einer entwickelten Industrienation als sinnvoll einschätzen mag (wenn es etwa um die Verbesserung und Verbilligung des Wohnungsbaus oder der infrastrukturellen Leistungen geht), die entscheidende Frage bleibt ganz klar diejenige nach der Legitimation einer fremden Regierung, in solche inneren Angelegenheiten eines anderen Landes mit erheblichem politischem und wirtschaftlichem Druck einzugreifen. Es verwundert daher nicht, daß in Japan erstmals nach dem Ende des Zweiten Weltkrieges wieder eine Haltung breitere öffentliche Unterstützung findet, die in der Tradition des *sonnô-joi* der frühen *Meiji*-Zeit einen härteren und entschiedeneren Widerstand gegenüber diesem äußeren Druck fordert.

Japan sagt »Nein«

Nicht nur in Japan, sondern vor allem in den USA hat Anfang der 90er Jahre ein Buch für Aufmerksamkeit gesorgt, in dem ein namhafter japanischer Politiker und ehemaliger Minister – Ishihara Shintaro – für einen deutlichen Wandel besonders in der japanischen Außenpolitik plädiert. Sein Vorschlag für ein *Japan, das »Nein« sagen kann* (*Nô to ieru Nihon*) basiert insbesondere auf der Überlegung, den technologischen Vorsprung der japanischen Wirtschaft auch politisch umzusetzen: Wer wie Japan über die Fähigkeit zur Massenproduktion fortgeschrittener elektronischer Komponenten verfüge, der habe damit heutzutage auch erhebliche militärische und politische Macht, die man im Interesse der eigenen Nation einsetzen solle – in diesem Fall, um den von Ishihara als ungerechtfertigt empfundenen Forderungen der USA nach besonderen Präferenzen auf den japanischen Märkten widerstehen zu können.

Ishihara sieht den Verantwortlichen für die Handelsprobleme zunächst einmal in den USA selbst, nämlich in der mangelnden Wettbewerbsfähigkeit der amerikanischen Unternehmen einerseits und – interessanterweise – in einem tiefverwurzelten Rassismus der US-Amerikaner andererseits. Jener Rassismus – so Ishihara – sei ein Resultat der europäischen Kulturgeschichte: Die christliche Suche nach Spiritualität und die Ablehnung der Körperlichkeit habe ein Selbstverständnis der herrschenden (adeligen) Schichten fern von körperlicher Arbeit entstehen lassen, das wiederum in ein Bewußtsein von einem Klassenantagonismus und schließlich auch in rassistische Denkweisen hinein transferiert worden sei. Dies verhindere nicht nur den angemessenen, respektvollen Umgang mit anderen Kulturen, darunter der japanischen, sondern führe auch zu einer unzureichenden Kooperationsfähigkeit innerhalb der amerikanischen Wirtschaft und insbesondere innerhalb der Unternehmen selbst.

Wie weit auch immer man der Analyse Ishiharas folgen kann (offenbart sie doch ein gewisses Unverständnis für die historische Verschiedenheit der westlichen Kulturen, denn was er beschreibt, müßte zumindest für Europa erheblich modifiziert werden), als politische Kampfschrift und als Beleg für eine sich verändernde Wahrnehmung innerhalb der japanischen Öffentlichkeit ist sie durchaus ernst zu nehmen, zeigt sie doch, welches politische (und militärische) Potential von Wirtschaft und Regierung in Japan bislang noch nicht aktiv genutzt wurde. Wenn die These des britischen Autors Paul Kennedy zutrifft, daß politische und militärische Macht immer in einer direkten Relation zur ökonomischen Leistungsfähigkeit einer Nation stehen, dann macht Ishiharas Buch die zukünftigen Optionen Japans deutlich.

Die Gründe für den ökonomischen und sozialen Erfolg Japans spätestens seit dem Ende des Zweiten Weltkrieges müssen jedoch woanders als in niedrigen Löhnen und in einer Abschottung der Märkte gesucht werden, und bei dieser Suche bieten sich manche derjenigen Faktoren an, die wir in den vorherigen Kapiteln zur Beschreibung der Spezifika der japanischen Gesellschaft verwendet haben. Dabei spielt die Orientierung des japanischen Denkens am Kollektiv bzw. am System im allgemeinen eine wichtige Rolle, denn wenn die These stimmt, daß das soziale und ökonomische Wirkungsgeflecht stetig komplexer und komplizierter wird, jeder Entscheider und jede Entscheidung von einer wachsenden Zahl anderer abhängig wird, dann sind diejenigen Organisationen im Vorteil, die in sich selbst von vornherein Instrumente der Abstimmung und Kooperation inkorporiert haben – und das gilt sicherlich in hohem Maße für die japanische Gesellschaft mit ihrer Gruppenstruktur.

Bevor wir uns allerdings dieser Frage näher widmen, wollen wir einen kurzen Umweg über die neueren Diskussionen der politischen Theorie (und Praxis) in den westlichen Gesellschaften machen. Dort geht es nämlich insbesondere um die Frage, wie innerhalb einer Gesellschaft das Zusammenwirken von heterarchischen, polyzentrischen, dezentralen und autonomen Teilsystemen so organisiert und optimiert werden kann, daß zwar die Autonomie jener Teilsysteme erhalten bleibt, sie aber doch so weit strukturell gekoppelt werden, daß die im Interesse der Gesamtgesellschaft erforderliche Kooperation möglich ist. Der deutsche Politologe Helmut Willke hat jüngst (1992) diese Zusammenhänge und die daraus zu ziehenden Konsequenzen für die Organisation von Gesellschaft und Staat beschrieben: Aus der wachsenden Komplexität und Kompliziertheit gesellschaftlicher Vorgänge leitet er zunächst einmal ab, daß hierarchisch und zentralistisch strukturierte Systeme dieser Entwicklung nicht gewachsen sind und die Steuerungsfähigkeit solcher Systeme nach innen und nach außen abnimmt. Dafür mag es viele Gründe geben, der wichtigste ist aber wohl, daß angesichts der erforderlichen Sammlung und Bewertung, aber auch des Transports von Informationen die Entscheidungsfindung in einem hierarchischen System mehr Zeit in Anspruch nimmt, als die objektive Situation in einer sich schnell wandelnden Umwelt zur Verfügung stellt.

Das aus Theorie und Politik lange bekannte Problem der *time-lags*, also der Zeitspanne zwischen dem Auftreten einer bestimmten Situation, ihrem Erkennen durch das System, der Entscheidungsfindung, dem Einsatz von entsprechenden Maßnahmen und schließlich der Wirkung, wird nun – in einer vernetzten und sich rapide verändernden Welt – höchst kritisch, und zwar um so kritischer, je länger das System zur Entscheidungsfindung – einer der wenigen strategischen Stellgrößen innerhalb dieses Ablaufes – benötigt. Der Einsatz moderner Techniken zur Datenlogistik, insbesondere computergestützter Datenbanken und neuer Formen der Telekommunikation, trägt sicherlich dazu bei, daß jene Phasen des Erkennens und Entscheidens innerhalb einer Problemsituation verkürzt werden können. Gleichwohl haben hierarchisch strukturierte Systeme den grundsätzlichen Nachteil, daß der Informations- und Entscheidungsprozeß eine Vielzahl von Stufen durchlaufen muß, bevor ein Handeln beginnen kann. Hinzu kommt, daß sich immer mehr Problemlagen sehr spezifisch darstellen, also die besondere Situation eines Teilsystems widerspiegeln und daher aus der Sicht des Gesamtsystems nur schwer in Kenntnis aller Umstände entschieden werden können. Dies verstärkt seinerseits die Autonomie der Teilsysteme gegenüber dem Gesamtsystem.

Willke zieht daraus die Konsequenz, daß die Führungsaufgabe innerhalb solcher dezentraler, heterarchischer Systeme nun nicht mehr in der direkten

Entscheidung und Steuerung bestehen kann, sondern darin, Kommunikationsbeziehungen innerhalb des Systems zu organisieren mit dem Ziel, die notwendige Verknüpfung und Vernetzung zu optimieren. Es geht für die Führungsebene großer Systeme also darum, einen Prozeß der Mobilisierung von Konsens zu initiieren, weil die eigendynamischen und innengeleiteten Teilsysteme ansonsten auf direkte Interventionen allergisch und zurückhaltend reagieren. Anders ausgedrückt: Das Organisationsziel besteht für Willke heutzutage darin, mehrere autonome (Teil-)Systeme in einen nicht-zufälligen, produktiven und selbstbindenden Zusammenhang zu bringen, weil nur auf diese, die Interessen der Teilsysteme berücksichtigende Art und Weise und eben nicht mehr durch Befehl und Kontrolle das Verhalten des Gesamtsystems zu optimieren ist. Nur so kann das Dilemma zwischen wachsender *Interdependenz* der Teilsysteme und ebenso ihrer steigenden *Independenz* gegenüber den Interventionsversuchen des Gesamtsystems wenn schon nicht aufgelöst, so doch wenigstens gemildert werden.

Was Willke damit beschreibt, ist der Umstand, daß zum einen angesichts zunehmender funktionaler Differenzierung und Spezialisierung eines Teilsystems seine Abhängigkeit von anderen Teilsystemen immer größer wird, zum anderen aber auch seine operative Geschlossenheit wenigstens in dem von ihm unmittelbar verantworteten Bereich wächst, was wiederum zu jener Immunisierung des Teilsystems gegenüber allen Versuchen der direkten und bewußten Steuerung von außen führt. In einer solchen Situation fällt es der Spitze hierarchischer Systeme ausgesprochen schwer, für ihre Befehle Gehorsam zu finden, also Herrschaft entsprechend der klassischen Definition Max Webers auszuüben – und selbst wenn sie Gehorsam fände, damit tatsächlich auch das Ergebnis zu erreichen, das sie mit ihrem Befehl angestrebt hat.

Die japanische Gesellschaft auf dem Prüfstand

Um nun wieder zur japanischen Gesellschaft zurückzukehren und die Frage danach zu stellen, wie *sie* mit der Herausforderung solcher Entwicklungen fertig werden kann, sollte man in der oben vorgestellten Argumentation ihre einzelnen Elemente zunächst einmal analytisch voneinander unterscheiden, nämlich

1 die wachsende Bedeutung von Informationen und ihrer strategischen Bewertung und die erhöhte Geschwindigkeit ihrer Verarbeitung zur Vorbereitung und Findung von Entscheidungen,
2 die zunehmende Differenzierung innerhalb der Gesellschaft und sogar innerhalb ihrer einzelnen Teilsysteme,

3 der Bedeutungsverlust zentralhierarchischer Systeme und die damit einher-
gehende steigende Notwendigkeit konsensbildender, kommunikativer
Steuerungsverfahren.

Versucht man nun eine Bewertung der traditionellen Gesellschaftsstruktur Japans mit Blick darauf, wie sie auf diese einzelnen Elemente – und schließlich
auf den Systemwandel insgesamt – vorbereitet ist, genauer gesagt: wie hoch
der Veränderungsbedarf für jene traditionellen Strukturen wäre, dann fallen
die Antworten durchaus unterschiedlich aus, je nachdem, welches dieser Elemente man im einzelnen betrachtet.

Bevor wir uns jedoch dieser Frage näher widmen, sei eine eher generelle
Vorbemerkung erlaubt: Wenn es denn – wie bereits erwähnt – stimmt, daß die
modernen Industriegesellschaften immer komplexer und komplizierter werden (oder wir sie wenigstens als immer komplexer und komplizierter *wahrneh-
men*), dann sind in der Tat diejenigen Kulturen im Vorteil, für die traditionell
das System wichtiger ist als das Element oder das Individuum, denn für sie ist
es selbstverständlich, in den Kategorien von Synthese, Kooperation und Vernetzung zu denken. Japan gehört auch heute noch sicherlich eher zu dieser Art
von Kulturen als jene in Europa und Nordamerika, obwohl an dieser Stelle
betont werden muß, daß auch innerhalb der westlichen Kulturen erhebliche
Unterschiede in bezug auf die Bewertung von System und Individuum bestehen. Die hohe Wertschätzung des Individuums, seiner Fähigkeiten und Rechte
hat ihre geistigen Wurzeln sicherlich zunächst einmal im angelsächsischen
Kulturkreis gehabt, während im philosophischen und politischen Denken Kon-
tinentaleuropas die Bedeutung von Gesellschaft, Gemeinschaft oder System –
ganz, wie man will – weit stärker betont wird. Insoweit ist es zumindest eine
kleine begriffliche Ungenauigkeit, wenn von *den* europäischen oder westlichen
Kulturen gesprochen wird, als handele es sich dabei um eine in sich konsistente
Einheit; eine solche Aussage stimmt weder regional noch historisch. Trotz dieser Ungenauigkeit im Ausdruck haben (und werden) wird diesen Begriff der
europäischen oder westlichen Kultur weiter verwenden, vor allem dann, wenn
es darum geht, ihre Denkkategorien an der japanischen Kultur zu spiegeln.

Dieser Umstand der inneren Differenzierung der westlichen Kulturen wird
aber gerade für die aktuellen politischen Debatten immer bedeutsamer, wenn
es darum geht, nach dem Zusammenbruch des Kommunismus die unterschiedlichen Voraussetzungen und Erfolge der einzelnen kapitalistischen Systeme zu evaluieren und ihre weiteren Entwicklungschancen zu prognostizieren. Die Analyse des amerikanischen Autors Francis Fukuyama, derzufolge
der internationale Wettbewerb, sei es auf politischer oder wirtschaftlicher Ebene, in Zukunft zunehmend von kulturellen Faktoren bestimmt werden wird,

macht deutlich, daß die Unterschiede in der ökonomischen Entwicklung zwischen den USA einerseits und Japan und Deutschland andererseits durchaus auf kulturelle Divergenzen, und zwar insbesondere in der Art der Gruppenbildung in den jeweiligen Gesellschaften, zurückgeführt werden können.

Als einen der wichtigsten Faktoren jener in Japan und Deutschland effektiveren Gruppenbildung nennt Fukuyama den Begriff des *Vertrauens*, der übrigens auch in der Argumentation Willkes eine wesentliche Rolle spielt, wenn er von den selbstbindenden Formen der Kooperation zwischen den autonomen Teilsystemen spricht. Diese Selbstbindung kann gar nicht anders als über gegenseitiges Vertrauen zustandekommen und sich stabilisieren. Vertrauen – so Fukuyama – ist ein wichtiger Bestandteil dessen, was man als das *soziale Kapital* einer Volkswirtschaft bezeichnen kann, nämlich die Bereitschaft der Individuen, zur Erlangung allgemeiner Güter in Gruppen und Organisationen zusammenzuarbeiten, welche die Zivilgesellschaft konstituieren. Und Vertrauen wird spätestens dann zu einem eminent wichtigen ökonomischen Faktor, wenn sich Existenz oder Mangel an Vertrauen auf die Transaktionskosten innerhalb einer Wirtschaft auswirken: In der Umwandlung des berühmten Satzes von Lenin könnte man sagen, daß Vertrauen Kontrolle erspart, indem nämlich ein kosten- und zeitaufwendiges *trial-and-error*-Verfahren ebenso unnötig wird wie die detaillierte rechtliche und vertragliche Absicherung der einzelnen Transaktionen. Am ehesten – so Fukuyama – entsteht Vertrauen innerhalb einer Gruppe, die sich selbst als Gemeinschaft versteht, weil man sich dort zumindest einer gemeinsam akzeptierten Basis für die Zusammenarbeit, wenn nicht sogar gleichartiger ethisch-moralischer Kategorien und des Wissens um die gegenseitige Abhängigkeit sicher sein kann.

Der britische Soziologe Anthony Giddens argumentiert auf eine ähnliche Weise; auch für ihn ist Vertrauen eine wesentliche Voraussetzung für das Überleben in komplexen Systemen, wenn nämlich die sozialen Beziehungen von Individuen und Gruppen immer mehr aus den ortsgebundenen Zusammenhängen herausgehoben und in unbegrenzte Raum-Zeit-Spannen eingebunden werden – ein Vorgang, den Giddens als *Entbettung* bezeichnet. Moderne Techniken von Transport und Kommunikation sorgen für eine engere – globale – Vernetzung und damit auch für eine größere gegenseitige Abhängigkeit nicht allein in Politik und Wirtschaft, sondern bis in den individuellen Lebensalltag hinein. Gleichzeitig haben sich die Teilsysteme so weit ausdifferenziert, daß ein Individuum nicht mehr im entferntesten in der Lage ist, selbst die zentralen Voraussetzungen des sozialen Lebens zu kontrollieren. Jürgen Habermas hat dafür den Begriff der *Neuen Unübersichtlichkeit* geprägt.

In einer solchen Situation bleibt dem Individuum gar nichts anderes übrig, als den jeweiligen Experten Vertrauen entgegenzubringen, weil ihm weder vollständige Informationen zur Verfügung stehen noch die Kenntnisse und Fähigkeiten, den Informationen entsprechend innerhalb einer angemessenen Zeitspanne zu handeln. Das Individuum muß sich also in den meisten Bereichen selbst des alltäglichen Lebens darauf verlassen können, daß die zuständigen Experten vernünftig und auf der Basis von Prinzipien agieren, deren Richtigkeit es nicht im Detail überprüfen kann. Dieses Vertrauen setzt jedoch voraus, daß nicht nur der Laie an den Experten glaubt, sondern daß sich der Experte der gleichen ethisch-moralischen Basis verpflichtet fühlt und bestrebt ist, ihr in seinem Handeln gerecht zu werden, wofür der deutsche Philosoph Hans Jonas wiederum den Begriff vom *Prinzip Verantwortung* geprägt hat. Wir haben vorhin (im dritten Kapitel) vom engmaschigen System gegenseitiger Verpflichtungen innerhalb der japanischen Gruppengesellschaft gesprochen, der Bedeutung von *on, gimu* und *giri* für das individuelle Verhalten. Es liegt nahe, daraus nun die Folgerung zu ziehen, daß angesichts der von Giddens geschilderten Zusammenhänge die japanische Gesellschaft einen strukturellen Vorteil gegenüber solchen Kulturen besitzt, die derartige Verpflichtungen eher über rechtliche als über soziale Kategorien definieren. Vertrauen und Verpflichtung können nicht allein über Rationalität entstehen, sondern in einem unübersichtlich gewordenen System, in dem man die Wirkungskette des Handelns gar nicht bis ins letzte Detail verfolgen kann, nur in Emotionalität und Glauben wurzeln, wie Georg Simmel es ausgedrückt hat.

Um nun aber wieder zur Ökonomie zurückzukehren: Fukuyama hält wegen dieser Bedeutung von Vertrauen für soziale und ökonomische Interaktionen wirtschaftliche Großorganisationen wie nationale oder internationale Konzerne noch längst nicht für obsolet, weil sie auf der Basis von Vertrauen die einzelnen Teile von Produkten und Dienstleistungen innerhalb ihres Systems besser integrieren können, als es bei einzelnen und zufälligen Kooperationen zwischen kleinen Unternehmen im Rahmen eines virtuellen Konzerns der Fall wäre. Die wirtschaftliche Realität scheint zur Zeit die Argumentation Fukuyamas zu bestätigen: Wenn Produkte und Projekte immer komplexer werden, die Nachfrage sich nicht mehr auf einzelne Komponenten, sondern auf Systemlösungen richtet, wenn erwartet wird, daß in solche Systemlösungen auch Dienstleistungen wie Finanzierung und Service inkorporiert werden, wenn Begriffe wie *Build, Operate, Transfer* (BOT) oder *Turn-Key-Projects* immer mehr an Bedeutung für die internationale Geschäftspraxis gewinnen, dann sind integrierte Großunternehmen dem spezialisierten, im Zweifel eher kleinen Einzelunternehmen weitaus überlegen, schon wenn es um die Mobilisierung von Finanzen und Fähigkeiten im Projektmanagement geht. Sicherlich ist – um in der bereits zitierten Diktion Schumpeters zu bleiben – die Chance zur Invention und wahrscheinlich sogar zur Innovation größer, je kleiner das jeweilige Unternehmen ist, aber diese Chance schrumpft, je mehr wissenschaftlicher und technischer Fortschritt davon abhängig wird, daß – wie in den meisten Bereichen der Hochtechnologie – erhebliche Finanzmittel für Forschung, Entwicklung und Markteinführung bereitgestellt werden.

Aber auch im Falle des Auftretens wirtschaftlicher Probleme scheinen bislang Unternehmen innerhalb von wirtschaftlichen Großorganisationen im Vorteil zu sein. Wenn ihnen nicht schon auf Grund der vielfältigen politischen Implikationen sofort staatliche Unterstützung angeboten wird, gelingt es ihnen im Zweifelsfall durch die Integration und Kooperation mit Lieferanten, Abnehmern und Kapitalgebern leichter, die Probleme kostengünstig innerhalb des Systems selbst zu lösen. In Japan und Deutschland wären viele Referenzfälle für ein solches Verhalten zu nennen, wenn etwa konzerneigene oder mit dem Konzern eng verflochtene Banken, aber auch verbundene Zulieferer und Abnehmer dafür gesorgt haben, daß in Probleme geratene Unternehmen saniert und gerettet werden konnten. Es gibt also eine offenkundige Bereitschaft von Unternehmen, ganz im Gegensatz zum ehernen Paradigma des ewigen Wettbewerbes, eine auf wechselseitigem Vertrauen basierende Gemeinschaft zu bilden, die sich für alle Beteiligten zumindest auf lange Sicht ökonomisch positiver auswirkt als ein strikt kompetetives Verhalten. Und in diesem Sinne ist die unterschiedliche Verteilung von sozialem Kapital, also von gesellschaftlichen und kulturellen Normen, die ein solches kooperatives Handeln befördern und belohnen, entscheidend für die langfristige Wettbewerbsfähigkeit einer Ökonomie in einer komplexer und komplizierter werdenden Weltwirtschaft.

Japan handelt komplex und kompliziert

Für diesen Umstand der notwendigen und sich immer weiter ausdehnenden Vernetzung der einzelnen Bestandteile eines Produktes oder einer Dienstleistung ist der Begriff des industriellen *Cluster* geprägt worden; es hat sich nämlich herausgestellt, daß der ökonomische Erfolg eines Unternehmens nicht unbedingt von den eigenen Entscheidungen und Handlungen abhängt, sondern eher davon, wie gut es in den gesamten Produktionsfluß von Forschung über Vermarktung und Distribution bis hin zum Recycling eingebunden ist. Das bedeutet nun nicht, daß jedes Unternehmen auch diese Teile des Produktionsflusses in die eigene Organisation inkorporieren muß – eher im Gegenteil, wie die Strategien von Großunternehmen zur Organisation in *Profit Center* (die wenigstens wirtschaftliche Verselbständigung von einzelnen Unternehmensteilen) oder sogar zum *Outsourcing* (die rechtliche Ausgliederung jener Betriebsteile oder die Vergabe von Aufträgen an Fremdfirmen) zeigen. Was aber bei aller Autonomisierung und Dezentralisierung bleibt, ist die enge, langfristig angelegte und nicht-zufällige Vernetzung der einzelnen Teile in einem übergreifenden Produktionssystem, das sich selbst auch als ein solches versteht. In diesem Sinne haben diejenigen Unternehmensformen einen erheblichen Wettbewerbsvorteil, in denen die einzelnen Unternehmensteile durch spezifische Liefer- und Abnahmekonditionen oder gemeinsame Serviceleistungen eng miteinander verbunden sind und über den Zugang zum Finanzpotential des Gesamtkonzerns verfügen, dabei aber ihre jeweiligen Produktprogramme und Marktstrategien weitgehend autonom bestimmen können.

Diese Beschreibung trifft in erheblichem Maße zu auf die heutige Organisation der japanischen Großunternehmen. Bis zum Ende des Zweiten Weltkrieges war die japanische Wirtschaft beherrscht von straff hierarchisch und zentralistisch strukturierten *zaibatsu*, großen Konglomeraten zumeist im Besitz derjenigen Familien, die die Meiji-Restauration ökonomisch unterstützt hatten. Die zehn größten *zaibatsu* kontrollierten weit mehr als die Hälfte der japanischen Wirtschaft. Von der amerikanischen Militärverwaltung als eine der wichtigsten Stützen der expansionistischen und militaristischen Politik Japans identifiziert, wurden sie durch strikte Wettbewerbsgesetze enteignet, entflochten und sowohl nach Branchen als auch nach Unternehmensgröße aufgeteilt.

Was von der US-Administration als Schwächung der inneren Organisation der japanischen Wirtschaft gemeint war, erwies sich in der Folge als eine der wesentlichen Voraussetzungen für die weitere wirtschaftliche Entwicklung Japans. Zunächst einmal wurde durch die Enteignung der Unternehmerfamilien die Möglichkeit geschaffen, die internen Führungsstrukturen zu modernisieren, indem nun auch qualifizierten, aber familienfremden Managern der Zugang zur Unternehmensspitze eröffnet wurde, was bis dahin nur in Ausnahmefällen geschehen war. Damit aber wurde in Japan einer jener Faktoren beseitigt, die heute noch – wie Fukuyama nachweist – ein Hemmnis für die Entwicklung chinesischer Unternehmen darstellen, nämlich die Limitierung des Managements auf den engeren Kreis der Eigentümerfamilie, wodurch gleichzeitig die Chancen zur Mobilisierung von Kapital als auch zur Entwicklung und Umsetzung innovativer Strategien eingeschränkt werden. Andererseits erwies sich die amerikanische Hoffnung auf eine Schwächung der japanischen Wirtschaftskraft auch insoweit als falsch, als sich die nun rechtlich selbständigen Unternehmensteile recht bald wieder durch gegenseitigen Aktienbesitz und Mitgliedschaft in den Entscheidungsgremien in neuen Verbünden – den *keiretsu* – organisierten; Kultur und Tradition der Kooperation in

Gruppen lassen sich nun einmal nicht durch Gesetz verbieten oder verändern.

Diese *keiretsu* wiederum sind inzwischen größer und wirtschaftlich schlagkräftiger geworden, als es die alten *zaibatsu* jemals waren; gruppiert zumeist um eines der großen Handelshäuser (*sôgô shôsha*) bleiben die Unternehmen eines *keiretsu*, die von einer Bank über Versicherungen bis hin zu Transportunternehmen fast alles umfassen, was einen industriellen *Cluster* ausmacht, zwar rechtlich voneinander unabhängig, jedoch durch vielfältige ökonomische und soziale Netze miteinander verbunden. Was zu diesem Cluster noch fehlt, wird von einem weiteren Netz, nämlich von einer Vielzahl kleiner und mittlerer Zuliefererbetriebe bereitgestellt, die durch langfristige Verträge an die Einzelunternehmen des *keiretsu* gebunden sind. So ist zwar ein Wechsel der Vertragsfirma kaum möglich, andererseits wird auf diese Weise aber jene Vertrauensbasis geschaffen, von der einige Abschnitte zuvor die Rede war. Innerhalb dieser Netze sind die Entscheidungsverfahren auf Kommunikation und Konsens ausgerichtet, was sogar, wenn auch nicht in gleichem Maße, die eigentlich unabhängigen Kleinunternehmen einschließt, die nicht direkt zum *keiretsu* gehören.

Auch die von Willke eingeforderten konsensbildenden, kommunikativen Steuerungsverfahren in komplexen Organisationen, bei denen die innere Kohärenz des Gesamtsystems durch freiwillige Selbstbindung der autonomen Teilsysteme und nicht durch hierarchischen Druck zustandekommt, scheinen innerhalb der japanischen Unternehmen verwirklicht zu sein. Vor allem die dort – aber auch innerhalb der Regierung – übliche Methode des *ringi sei*, also der ausführlichen Diskussion zwischen den Beteiligten vor einer endgültigen Entscheidung, führt zu einem erheblichen Integrationsgewinn. Sicherlich verursacht ein solches Verfahren hohe Zeitkosten, vor allem dann, wenn es versucht, *alle* Beteiligten in einem eher formalen Prozeß zu erfassen. So war es im Ursprung des *ringi sei* der Fall, nämlich innerhalb von Behörden, was im übrigen stark an das auch in deutschen Behörden übliche Verfahren der Mitzeichnung erinnert, also die Beteiligung von Dienststellen auch außerhalb des direkten hierarchischen Dienstweges an der jeweiligen Entscheidungsfindung, wenn ihre Zuständigkeiten berührt werden.

Innerhalb der japanischen Regierung gerade wegen seines hohen Zeitbedarfes und der Streuung von Verantwortung sehr ineffektiv, ist das *ringi-sei*-Verfahren für seine Nutzung in den Unternehmen dahingehend angepaßt worden, daß es dort im allgemeinen nur die direkt betroffenen Unternehmensteile und dann zumeist auch nicht alle Mitarbeiter einbezieht, nicht das gesamte formale Verfahren durchläuft oder eben nur bei komplexen Problemen angewendet wird. Dann allerdings kann mit dem *ringi sei* eher als durch hierarchische Anweisung erreicht werden, daß zwischen den autonomen Teilsystemen eine kohärente Strategie entwickelt, verabredet und umgesetzt wird. Um es in der Sprache der Kybernetik auszudrücken: Das Steuerungssystem gewinnt auf diese Weise die notwendige Varietät, also selbst dasjenige Maß an Komplexität, das erforderlich ist, um hochkomplexe Systeme zu regeln und zu steuern. Denn es ist eine der Lehren aus Kybernetik und Systemtheorie, daß sich komplexe und komplizierte Systeme, wie es Gesellschaften, soziale Teilsysteme oder Unternehmen sind, nicht mit einfachen (autoritären, zentralistischen, hierarchischen) Verfahren lenken und gestalten lassen, sondern daß sich auch das Steuerungssystem in seiner eigenen Struktur jener Komplexität anpassen muß. Die japanische Unternehmensstruktur der *keiretsu* mit ihren internen kommunikations- und konsensorientierten Entscheidungsverfahren ist darauf jedenfalls eingestellt.

Wo Fortschritt nicht alles ist

Wenn die japanische Kultur mit ihrer Gruppen- und Systemorientierung den westlichen Gesellschaften als deutlich überlegen erscheint, weil sie dadurch den Herausforderungen einer komplexer werdenden Welt besser gewachsen ist, so bleibt doch möglicherweise ein spezifisches Defizit, das sich aus ihrem starken Bezug auf Tradition und Statik innerhalb einer Gesellschaft ergibt. Die Geschichte unserer Welt während der vergangenen zweihundert Jahre ist – von Europa ausgehend – durch einen stetigen Wandel nicht allein der politischen, sondern mehr noch der ökonomischen und sozialen Verhältnisse geprägt. Es gehört zu den unbezweifelbaren Verdiensten von Karl Marx, daß er diesen Umstand in der Nachfolge Hegels als einer der ersten Philosophen der Moderne beschrieben und analysiert hat, auch wenn er die treibenden Kräfte jenes Wandels zu sehr den Veränderungen in der ökonomischen *hardware*, also den Entwicklungen in Technik und Wirtschaft, zugeschrieben hat, wohingegen er die soziale *software*, die kulturellen und ideologischen Faktoren, offensichtlich unterschätzte. Wie auch immer man den Marx'schen Determinismus der gesellschaftlichen Entwicklung bewerten mag, die ihm zufolge eines Tages nirgendwo anders als in der Übernahme der Macht durch die Arbeiterklasse enden kann – das Element der stetigen Veränderung, oft genug ausgelöst durch die Selbstverstärkung ursprünglich eher marginaler und kaum bemerkbarer Abweichungen von der bislang gültigen und bewährten Tradition, ist inzwischen *common sense* unter den Theoretikern der sozialen Entwicklung.

Wenn diese These nun aber zutrifft, daß der jeweilig vorzufindende Typus von Ordnung nur temporär gültig und überlebensfähig ist und sich zudem die

Frequenz der Veränderungsprozesse immer mehr erhöht, dann haben wiederum diejenigen Kulturen einen strategischen Vorteil, die diese stetigen Veränderungen als selbstverständlich und als eher positiv bewerten, wie es eben in den modernen europäischen Gesellschaften der Fall ist. Der *shintô* postuliert zwar eine fast absolut zu nennende Diesseitigkeit, denn er kennt keine jenseitige Erlösung und steht damit gar nicht so weit entfernt vom materialistischen Denken des Westens, propagiert demgegenüber jedoch die Vorstellung von einer statischen Ordnung, so daß eine der wesentlichen Aufgaben der *shintô*-Riten sich darauf konzentriert, jene einmal gefundene Ordnung immer wieder aufs neue durch rituelles Handeln zu bestätigen und zu stabilisieren. Der Buddhismus seinerseits richtet zwar sein Handeln auf ein Jenseits aus, welches aber sofort durch individuelle Aktionen wie Meditation oder durch bemühte individuelle Annäherung und nicht erst in ferner Zukunft erreichbar ist.

Das christliche Mittelalter schließlich kennt zwar eine gewisse Dynamik in Form einer von Gott betriebenen zeitlichen Annäherung an den Tag der endgültigen Erlösung, hält diese jedoch erst im Jenseits, also außerhalb der real existierenden Welt, und zudem auch ohne Einwirkung menschlichen Handelns für realisierbar. Erst die europäische Moderne hat durch die Säkularisierung des christlichen Heilsgedankens die beiden Faktoren Dynamik und Orientierung auf das Diesseits zusammengebracht. Für das menschliche Handeln bedeutete das, daß man die Erlösung durch eigenes Tun in der realen Welt vielleicht schon zu Lebzeiten würde erreichen können, wenigstens aber seinen Teil dazu beitragen konnte, daß künftige Generationen jenes Ziel verwirklichten.

In diesem Sinne überrascht es auch nicht, daß in der japanischen Kulturgeschichte eine der für die Entwicklung des modernen westlichen Denkens wesentlichen Kategorien fehlt, nämlich die (zumeist literarische) politische Utopie. Deren Entstehen in der Frühmoderne, vielleicht am besten repräsentiert durch die im Jahre 1516 erschienene *Utopia* von Thomas Morus, die der ganzen Literaturgattung ihren Namen gab, markiert auch den Beginn jenes Prozesses der Säkularisierung: Erlösung und Heil sind außerhalb des biblischen Paradieses, vor allem aber auch außerhalb der historischen Traditionen denkbar und damit auch möglich. Die Welt und die Gesellschaft werden als gestaltbar begriffen, und zwar durch menschliches Handeln, sei es nun, daß jene Entwürfe einer anderen, einer neuen Welt im Raum, also an einem anderen, noch nicht entdeckten Ort, angesiedelt sind, oder sei es – nachdem die tatsächliche Welt zunehmend vermessen und erfahren wird –, daß man zu einer Reise in die Zeit aufbricht, um die beste aller Gesellschaften in der Zukunft zu verwirklichen. Was mit dieser Wendung in die Zukunft hinein geschieht, ist nichts weniger als der dramatische Bruch mit der platonischen Vorstellung, daß die Menschheit den Zustand der idealen Vollkommenheit längst und unwiederbringlich in der Vergangenheit verloren hat, daß im Verlaufe der Zeit alles nur schlechter werden kann. Die europäische Moderne setzt dem die Vorstellung entgegen, daß – wenn man sich nur anstrengt – jenes Paradies erneut, und zwar durch Wille und Vorstellung des Menschen, nicht nur entstehen *kann*, sondern als zwangsläufiges Ergebnis der Geschichte und der fortschreitenden Perfektionierung des Menschen entstehen *wird*.

Derartige Gedanken sind – wie wir gesehen haben – der japanischen Kultur absolut fremd: Weder gibt es die Vorstellung von einem vorzeitlichen Paradies, das für den Menschen durch das Eingreifen böser Mächte oder durch eigenes Versagen verlorenging und nach dessen Wiedererlangung der Mensch durch spirituelles oder faktisches Handeln zu streben hat, noch sind irgendwelche systematischen und philosophisch legitimierten Entwürfe zu einer alternativen Gesellschaftsform entstanden. Für den Menschen bleibt nach den Vorstellungen der japanischen Kultur die Ebene des Hohen Himmels (*takamano hara*) ebenso unerreichbar wie das Land *Tokoyo* weit jenseits des Meeres, und damit kann er auch keinerlei individuelle oder soziale Aktivitäten induzieren, den tatsächlichen Zustand der Welt zu verändern. Der Mensch ist nach den Vorstellungen des *shintô* eben nicht aus dem Paradies vertrieben worden, sondern kann den Zugang zur göttlichen Welt durch ehrenhaftes Handeln und durch bestimmte Rituale der Reinigung zu jedem beliebigen Zeitpunkt finden. Eine solche Anschauung der Welt hat es nicht nötig, die Erlösung in eine mehr oder minder weit entfernte Zukunft zu verlegen, sondern kann sich ganz auf das *naka-ima*, den Augenblick der Gegenwart konzentrieren, welchen man so wertvoll und umfassend wie möglich erleben sollte.

In der europäischen Moderne jedoch gilt die Gegenwart nur insoweit, als sie Durchgangspunkt zu einer besseren Zukunft ist, der Zeitpunkt, die richtigen Entscheidungen zu fällen, um jene bessere Zukunft möglichst schnell zu erreichen. Dabei kommt der Wissenschaft als dem wesentlichen Instrument zur Erreichung jenes Zieles eine erhebliche strategische Bedeutung zu. Technik als wichtiger Bestandteil dieses ideologischen Gesamtkonzeptes ist damit nicht länger das Ergebnis eines langwierigen, meist eher zufälligen Verfahrens, sondern entwickelt sich fast schon zwangsläufig aus der systematischen Befassung mit Wissenschaft, deren strategisches Ziel die gezielte Ausnutzung der bei der Naturbeobachtung gefundenen Gesetzmäßigkeiten ist. Während über weite Strecken der Geschichte viele Erfindungen wie der Guß von Eisen und Stahl, das Porzellan, der Kompaß oder das Schießpulver in der chinesischen (oder islamischen) Kultur früher entstanden und genutzt wurden als in Europa, das lange Zeit gerade vom Import jener Techniken profitierte, entwickelte die chinesische (oder die islamische) Kultur nie die Vorstellung von einer *Technologie* als einer systematischen Nutzung von Wissenschaft – man kann auch im Sinne Max Webers sagen: von einer *Rationalisierung* der Lebensführung. Von einer geistig-moralischen Überhöhung der Technik als einer Voraussetzung zur Verbesserung der Lebenssituation *aller* Menschen, wie sie im Mittelpunkt des Baconschen Verständnisses von Wissenschaft und Technik standen, blieb man in den ostasiatischen Kulturen noch weiter entfernt.

Nicht alles also, was wissenschaftlich und in der Folge auch technisch machbar ist, wird tatsächlich realisiert, sondern letztlich nur das, was – in einer kapitalistischen Gesellschaft vermittelt über die Unternehmen – auch die dazugehörige gesellschaftliche Akzeptanz, und zwar auf den jeweiligen realen Märkten, findet; so waren schon in der europäischen Spätantike nahezu alle technischen Voraussetzungen gegeben, um eine Dampfmaschine zu bauen, trotzdem entstand jene Maschine erst anderthalb Jahrtausende später, als nämlich ein unausweichlicher ökonomischer Bedarf gegeben war. Die chinesische Technik blieb demgegenüber weiterhin eher das Ergebnis eines rein akzidentellen, vielleicht auch überwiegend spielerischen Umgangs mit der Natur. Eine Vorstellung von Natur*gesetzen* – als dem Ergebnis einer von einem göttlichen Gesetzgeber geschaffenen unumstößlichen Ordnung – hat sich weder in der chinesischen noch in der japanischen Kultur jemals entwickelt, und damit auch keine Neugierde, durch systematisches Forschen hinter die Geheimnisse dieses Planes zu kommen, um sie für den Menschen nutzbar zu machen.

Vor allem jene Verbindung zur umfassenden wirtschaftlichen Nutzung von Technik oder gar Technologie wie in Europa kam weder in China noch in Japan zustande, was in der äußerst geringen sozialen Wertschätzung für Handel, Gewerbe und Industrie begründet lag. Auch für Europa läßt sich in der historischen Entwicklung feststellen, daß nicht die Verfügbarkeit von Technik entscheidend ist, sondern ihre Akzeptanz in Gesellschaft und Wirtschaft, also die Bereitschaft, Technik auch tatsächlich und in breitem Umfange einzusetzen – in der Sprache Schumpeters: aus der Invention eine Innovation zu machen. In der europäischen Geschichte war dieser Augenblick erst gekommen, als sich das Bürgertum im 17. und 18. Jahrhundert zunächst in England, dann aber auch in Frankreich politisch und sozial emanzipierte und die kulturelle Vorherrschaft in der Gesellschaft übernahm. Sowohl in der chinesischen als auch in der japanischen Geschichte ist es dazu nie gekommen, weil sich die Gesellschaftsordnung gegenüber derartigen sozialen Veränderungen über sehr lange Zeit als sehr resistent erwies.

Nun hat das moderne Japan – spätestens seit der *Meiji*-Restauration – diese mentale Begrenzung in der Entwicklung und Nutzung der Technik längst überwunden; man wird heute eher im Gegenteil von einer im Vergleich zu

den europäischen Gesellschaften viel höheren Akzeptanz von Technik sprechen können, von dem, was Karl Jaspers einmal die *naive Kinderfreude an der
Technik* genannt hat. Während sich in den westlichen Gesellschaften inzwischen eine erhebliche Skepsis in bezug auf die Möglichkeiten der Technik,
einen wichtigen Beitrag zur Lösung der drängenden Lebensfragen zu leisten,
ausbreitet oder die Anwendung von Technik sogar für die Entstehung vieler
der akuten sozialen und ökologischen Probleme verantwortlich gemacht wird,
herrscht in Japan weiterhin die Meinung vor, daß in der Technik die Antwort
auf alle nur erdenklichen Herausforderungen gefunden werden kann, seien
sie nun sozialer, ökologischer oder wirtschaftlicher Art. Wird in Japan beispielsweise das Problem einer globalen Erwärmung als Folge einer sich verringern-
den Ozondichte in der Atmosphäre angesprochen, erhält man darauf oft genug die Antwort, daß man – wenn es denn soweit sei – durchaus technische
Möglichkeiten werde finden können, um etwa durch Überdachung ganzer
Städte mit gigantischen Glaskuppeln und entsprechender Klimatisierung die
Folgeprobleme zu lösen. Nur in der japanischen Gesellschaft scheint es heutzutage noch möglich zu sein, daß man den Bau riesiger Hochhäuser von mehr
als einem Kilometer Höhe als Arbeits-und Wohnorte für mehrere zehntausend Menschen nicht nur technisch und ökonomisch für durchführbar, sondern auch sozial für sinnvoll hält und bereits enorme Summen für entsprechende Planungen aufgewendet hat.

In gewisser Weise ist jene spielerische Haltung gegenüber der Technik und
ihren Möglichkeiten in Japan immer noch höchst virulent; nirgendwo anders
auf der Welt wird man eine solche Vielzahl von technischen Gerätschaften
finden, die neben ihrer eigentlichen Funktion auch noch durch zusätzliche
gadgets die Lust am Spiel befriedigen – und vielleicht nur auf diese Weise einen
reißenden Absatz auf den Märkten finden. Möglicherweise ist es das konsequente Ergebnis jener spezifischen Einstellung gegenüber der Technik, daß
der internationale Markt für elektronische Spielgeräte sowohl bei der *hardware*
als auch bei der *software* vollständig von drei japanischen Unternehmen beherrscht wird. Wie dem auch sei: Die wichtige und positive Rolle, welche die
Technik bei der Lösung von Problemen in Gesellschaft, Wirtschaft und Umwelt spielen kann, wird in der öffentlichen Diskussion Japans nicht grundlegend in Frage gestellt. Selbst als in der Folge des großen Erdbebens in Kobe im
Jahre 1995 sichtbar wurde, wie anfällig eine hochtechnisierte Gesellschaft für
Störungen in Umwelt und Natur ist, wurden die Konsequenzen daraus auf
typisch japanische Art gezogen: Zum einen herrschte Einigkeit darüber, daß
der Einsatz von Technik noch weiter erhöht werden muß, zum anderen, daß
gemäß der Trennung zwischen *tatemae* und *honne* gewisse Folgen schlichtweg
nicht in der Öffentlichkeit diskutiert werden, wie etwa der Umstand, daß aus

den geborstenen Betonwänden der künstlichen Inseln, die zuvor mit Industriemüll aufgefüllt worden waren, nun erhebliche Mengen von Gift in das Meer abgegeben werden. Nicht die Strategie, auf diese Weise mit toxischen Abfällen umzugehen, wurde in Frage gestellt, sondern allenfalls darüber nachgedacht, welche Stärke jene Betonwände letztendlich haben müßten, um einem noch stärkeren Erdbeben standzuhalten.

Schlechter Lehrer – guter Schüler

Die japanische Gesellschaft mit ihrer traditionell hohen Wertschätzung für Ordnung ist sehr wohl in der Lage, ein gegebenes System bis in die letzten filigranen Details hinein zu optimieren, nicht aber, aus diesem System herauszutreten und – sozusagen in einer kritischen Analyse von außen – ein neues System zu entwickeln. Möglicherweise kann dies von einer Kultur, die mehr als die meisten anderen die Grenze zwischen Innen und Außen gleichzeitig als die Demarkation zwischen Gut und Böse versteht, auch nicht anders erwartet werden, zumal man auch hier zum wiederholten Male betonen muß, daß sich eine jegliche westliche Überheblichkeit angesichts der bisherigen Erfolge Japans von selbst verbietet. Aber mit dieser außerordentlichen Fähigkeit der japanischen Gesellschaft, fremde Systeme unter weitgehender Beibehaltung der eigenen Strukturen zu adaptieren und unter Nutzung der eigenen Fähigkeiten zu optimieren, lassen sich nicht allein die Erfolge der Vergangenheit erklären, sondern darin liegt möglicherweise auch der Keim für zukünftige Probleme.

Was der japanischen Gesellschaft bislang abgefordert wurde, unterscheidet sich nämlich fundamental von dem, was in Zukunft von ihr erwartet wird: Japan kann sich nicht länger hinter der Rolle des *kobun*, des – zweifellos gelehrigen – Schülers verbergen, dessen ganze Energie sich darauf richten kann, dem Lehrer gehorsam zu folgen und ihn vielleicht sogar in der einen oder anderen Hinsicht zu übertreffen. Nun, da Japan – wie wir schon erwähnt haben – am Ende des 20. Jahrhunderts das Ziel der Meiji-Reformer des *ô-bei ni oikose*, nämlich den Westen technologisch zu überholen, erreicht zu haben scheint, bleiben nur zwei Optionen: entweder sich weiterhin mit einer Zweitrangigkeit in bezug auf die Entwicklung von Technik und sozialen Konzepten zufrieden zu geben oder sich allmählich auf die Übernahme der Rolle eines *oyabun*, also eines Führers und Lehrers, nicht nur in technischen und ökonomischen Fragen, vorzubereiten. Diese Herausforderung anzunehmen, fällt der japanischen Gesellschaft offenbar schwer, gerade weil sie sich bislang in ihrer

Geschichte immer mit der Rolle des *kobun* zufriedengegeben hat. Systemüberwindende, strategische Innovationen lassen sich in der zweifellos beeindruckenden technischen Entwicklung Japans während der vergangenen anderthalb Jahrhunderte kaum finden.

Vielleicht hat der Umstand, daß trotz gewaltiger Investitionen der japanischen Regierung und Industrie in die Grundlagenforschung die Zahl der Innovationen gering bleibt, tatsächlich etwas damit zu tun, daß die japanische Gesellschaft oft die Endprodukte einer langen Entwicklungsreihe übernommen hat, ohne sich weiter um deren philosophische, theoretische oder religiöse Grundlagen zu kümmern. Was die japanische Technik aus den Vorbildern gemacht hat, war immer nur größer und – zugegebenermaßen – besser, aber nie anders: Das läßt sich für die Übernahme von Techniken des Metallgießens aus China zur Jahrtausendwende ebenso belegen wie für die Waffentechnik der Spanier und Portugiesen im 16. Jahrhundert oder die Automobiltechnik unserer Tage. Eine innovative Technik ohne äußeres Vorbild ist in Japan bislang nicht entstanden.

Wenn man spekulieren will, dann kann man auch diesen Umstand auf religiöse oder wenigstens kulturelle Faktoren zurückführen, denn eine Gesellschaft, die keinen umfassenden und auf ewige Wirkung angelegten Plan eines Schöpfers kennt, macht sich auch nicht die Mühe, in der Natur neugierig nach der Logik und den hinterlassenen Gesetzen jenes Schöpfers zu suchen. Für die christliche Kultur war die Existenz eines solchen Planes immer unumstritten, und ebenso unumstritten war die Möglichkeit, daß Gott zumindest Teile dieses Planes offenbart – zunächst im Verständnis der Kirche nur dem Gläubigen, dann aber, als man die Neugierde (*curiositas*) nicht länger als Sünde betrachten konnte, weil sich die Wissenschaften schon zu weit vorgewagt hatten, auch demjenigen, der sich dem ruhigen und verständigen Dialog mit der Natur hingibt. Vor allem die wissenschaftliche Neugierde nach dem, was die Welt im Innersten zusammenhält, erhielt eine wesentliche Legitimation und Überhöhung noch dadurch, daß mit ihr die Hoffnung verbunden war, das Los der Menschen im irdischen Jammertal zu verbessern, dem Kampf zwischen Gut und Böse noch im Diesseits eine entscheidende Wendung in Richtung auf das Gute geben zu können.

Eine Kultur, zu deren religiösen Grundlagen weder ein Schöpfungsplan noch jener ewige Konflikt zwischen einem guten und einem bösen Prinzip gehört, benötigt einen anderen Impetus für die Entwicklung von Wissenschaft und Technik. Für Japan lag dieser Impetus sowohl in der *Meiji*-Zeit als auch nach dem Zweiten Weltkrieg darin, möglichen Bestrebungen zur Dominanz von außen (*gaiatsu*) standhalten zu können. Nun, da dieses Ziel in greifbare Nähe gerückt ist, entstehen erhebliche Probleme für Motivation und Dynamik. Wie auch immer, ein solcher Nexus zwischen der spezifischen religiösen Vorstellung eines Volkes und seiner Fähigkeit, Wissenschaft und Technik zu entwickeln, muß sicherlich über weite Strecken Spekulation bleiben.

Der bereits zitierte japanische Autor Sakaiya allerdings sieht die gegenwärtige Situation Japans vom Ergebnis her in einer ähnlichen Weise: Die japanische Gesellschaft habe die Entwicklungsziele von Wohlstand, Gleichheit und Sicherheit erreicht und stehe nun vor der Frage, wie die neuen Ziele einer sozialen, technischen und ökonomischen Entwicklung aussehen könnten. Wenn man nämlich am Ziel angelangt sei, könne die Parole *Vorwärts* keine Gültigkeit mehr haben, was große Teile der japanischen Gesellschaft in tiefe Verunsicherung stürze, denn genau auf diese Bewegung hin sei die Gesellschaft in den vergangenen Jahrzehnten konditioniert worden. Es sei – so Sakaiya – daher kaum verwunderlich, wenn sich vor allem die Jugend im Bemühen, diese anerzogene Bewegung weiterhin auszuführen, auf jede Art neuer westlicher Mode stürze, nur um sie genauso schnell wieder aufzugeben, ohne dabei die gesellschaftliche Entwicklung auch nur ein Stück weit voran gebracht zu haben. Sakaiya führt diese Trendabhängigkeit vor allem auf die in den vergangenen Kapiteln bereits ausgiebig behandelte Gruppenorientierung der japanischen Gesellschaft zurück, derzufolge das Richtige vom Falschen nicht auf der Grundlage ewiger Werte unterschieden werde, sondern durch eine Art von Mehrheitsentscheidung innerhalb der Gruppe. Anders ausgedrückt: Richtig ist das, was in der Gruppe Akzeptanz, besser noch Unterstützung und im optimalen Fall Nachahmung findet.

Diese Haltung werde schon durch das Erziehungssystem vermittelt, das nicht die einzigartigen Spitzenleistungen belohne, sondern das Sich-Einfügen in die Normen und Werte der Gruppe. Sakaiya nennt dies ein *homogenisierendes Erziehungssystem*, das die Kreativität und die Individualität des Schülers unterdrücke und zerstöre, ihm andererseits aber ein angemessenes Niveau an Kenntnissen und Fähigkeiten vermittle, um in Industrie und Verwaltung funktionieren zu können. Denn für Sakaiya ist die japanische Wirtschaft im großen und ganzen nur dazu in der Lage, zwar hochklassige, aber eben letztlich doch standardisierte Massenprodukte zu erzeugen. Dafür werden die Schüler hinreichend ausgebildet. Ein solches, sich zwischen Erziehung und Unternehmen selbst stabilisierendes und verstärkendes System erscheint tatsächlich kaum in der Lage, grundlegende Innovationen hervorzubringen. Dies zeigt sich bei allen Formen neuartiger Dienstleistungen, etwa Information, Kommunikation oder Medien, aber auch in klassischen Sektoren wie der Finanz- und Versicherungswirtschaft: Japanische Banken und Versicherungen mögen zu den größten der Welt gehören, innovative Dienste oder Angebote sind von ihnen nicht entwickelt worden.

Noch dramatischer erscheint die Situation in der Informations- und Kommunikationsindustrie, einschließlich der Medien. Auch hier sind japanische Unternehmen regelmäßig in den weltweiten Ranglisten auf den vorderen Plätzen vertreten: Die nach Umsatz und Beschäftigung weltgrößte Werbeagentur stammt ebenso aus Japan wie die auflagenstärksten Zeitungen. Aber diese Größe ergibt sich allein aus dem Umsatz auf den japanischen Märkten selbst; im Gegensatz zum produzierenden Gewerbe scheinen sie weder willens noch in der Lage zu sein, sich dem internationalen Wettbewerb zu stellen, wozu sie die Abschottung der heimischen Märkte – und hier stimmt der allfällige Vorwurf gegenüber Japan einmal wirklich – auch nicht wirklich zwingt. Der Medienmarkt bleibt hochzentralisiert (in Tokyo, was zu einer erheblichen Uniformierung des Informationsangebotes führt) und trotz einiger Lockerungen der jüngsten Vergangenheit (ausländischen Investoren werden nun erstmals Sendelizenzen in Japan gewährt) auch weiterhin hochreguliert; eine Debatte über notwendige Deregulierungen in der Telekommunikation, wie sie in der Europäischen Gemeinschaft gerade erfolgreich abgeschlossen wurde, hat in Japan erst begonnen.

Entsprechend ist die technische Infrastruktur im Vergleich zu Europa oder auch den USA eher unterentwickelt, wenn es um modernere Formen der Kommunikation geht: Kabel- und Satellitenfernsehen sind in Japan vergleichsweise wenig verbreitet, und beim Mobiltelefon, einem der weltweit größten Wachstumsmärkte, haben die japanischen Unternehmen die technische Entwicklung und vor allem die Festlegung von entsprechenden Standards schlichtweg völlig verpaßt. Das führt nun dazu, daß sie entweder einen eigenen Standard entwickeln und durchsetzen (was angesichts der Erfolge vor allem der europäischen Konkurrenz selbst in Asien eher schwerfällt) oder aber sich mit Lizenzproduktionen begnügen müssen (was für die japanische Elektronikindustrie eine ungewohnte Situation ist, auf die hin erst wieder neue Strategien zu entwickeln sind). Auch der Entwicklung der vielversprechenden Märkte für multimediale Produkte, insbesondere ihrer Verbindung zu den neuen Formen der Telekommunikation, sind die japanischen Unternehmen erst spät, dann aber mit Macht gefolgt, ohne dabei allerdings bislang eine wirklich führende Rolle übernehmen zu können. Interessanterweise hat sich die japanische Industrie demgegenüber – auch sie kann Fehler machen – sehr lange mit hohen Investitionen auf die technische Entwicklung eines hochauflösenden, digitalen Fernsehens (HDTV) bis hin zur Marktreife konzentriert, das sich letztendlich mangels Interesse der Konsumenten kaum profitabel absetzen ließ und allenfalls in sehr spezifischen Bereichen der Geschäftskommunikation Anwendung findet.

Was für den Bereich der technischen Ausstattung gilt, nämlich ein bemerkenswerter Rückstand (oder doch zumindest kein massiver Wettbewerbsvorsprung), trifft noch mehr auf den Bereich der Inhalte von Medien und Kommunikation zu. Auch hier hat sich infolge der Abschottung der Märkte eine Innenorientierung entwickelt und verfestigt, die angesichts einer wachsenden technischen und wirtschaftlichen Globalisierung kaum aufrechtzuerhalten sein wird. Diese Innenorientierung aufzulösen, wird in den nächsten Jahren noch Anlaß zu größeren strukturellen Veränderungen in der japanischen Medienwirtschaft geben. Der geringe Erfolg japanischer Medienprodukte selbst im asiatischen Ausland, seien es nun Filme, Fernseh- oder Musikproduktionen, macht die geringe internationale Wettbewerbsfähigkeit dieser Industrie schon jetzt sehr deutlich. Vor allem ist es den japanischen Unternehmen noch nicht gelungen, einzelne Medienbereiche auch wirtschaftlich in integrierten Verbünden zusammenzuführen. Allenfalls Ansätze dazu lassen sich etwa in der Musikindustrie erkennen, wo nun die Kette zwischen Produktion, Distribution und Vermarktung durch Radio- und TV-Sender geschlossen wird. Von großen, umfassenden Medienkonzernen, wie sie in Europa und den USA entstanden sind, ist die japanische Medienindustrie allerdings noch weit entfernt, und damit auch von einer globalen Handlungsfähigkeit, denn die erfordert neben enormen Finanzmitteln auch ein breites Spektrum an Produkten und Inhalten.

Um es an einem weiteren Beispiel zu beschreiben: Die Unternehmen der japanischen Werbeindustrie erzielen einen erheblichen Teil ihrer Umsätze (und ihrer Marktmacht in Japan) nicht damit, daß sie kreative Kampagnen planen und umsetzen, sondern damit, daß sie aufgrund langfristiger Verträge über Werbeplätze in Zeitungen sowie Radio- und Fernsehsendern verfügen, wodurch sie sich eine Art von Monopolstellung verschafft haben, denn ohne sie kann Werbung nicht in den Medien plaziert werden. Diese Stellung gerät jedoch spätestens dann in Gefahr, wenn sich durch die digital sendenden Satelliten (die sich übrigens nicht unbedingt im Besitz japanischer Unternehmen befinden) die verfügbare Werbezeit fast exponentiell vergrößert und damit selbst in einem notorisch so hoch beworbenen Land wie Japan kein knappes Gut mehr darstellt. Interessanterweise – und vielleicht auch typisch für die japanische Wirtschaft – sind es in dieser Situation nicht die Unternehmen der Medienbranche, die den ersten Schritt in die Internationalisierung wagen, sondern die Handelsunternehmen (*sôgô shôsha*), die mit den großen, global agierenden Konzernen aus anderen Ländern, insbesondere den USA, entsprechende Verträge über Kooperation und Nutzung von Rechten abschließen.

Man mag diese Beispiele aus der Medien- und Kommunikationsindustrie werten, wie man will – die einen bezeichnen sie als Ergebnis einer unabänderlichen kulturellen Eigenständigkeit, in der nur bestimmte Formen, Strukturen und Inhalte von Medien und Kommunikation akzeptiert werden, die anderen sehen in ihnen gar das erste Aufschimmern von gewaltigen Marktpotentialen der Zukunft – auf jeden Fall wird deutlich, daß die japanische Wirtschaft zumindest zu diesen globalen Wachstumsmärkten bislang wenig an Kreativität und Innovation beigetragen hat. Man kann sich dadurch die These bestätigen lassen, daß die japanische Gesellschaft eben insgesamt nur schwerlich dazu in der Lage sei, innovativ und kreativ zu handeln. Wenn man als Erklärung aber nicht die oben ausgeführten Spekulationen über den Zusammenhang von Religion und Innovationsfähigkeit heranziehen will, dann mag vielleicht ein anderer Erklärungsversuch überzeugen: Gerade die manifesten Erfolge der japanischen Wirtschaft während der vergangenen Jahrzehnte haben ökonomische und technische Innovationen verhindert; es gibt schließlich nur wenige Gründe dafür, eine Strategie zu ändern, wenn sie erfolgreich ist, und das war die japanische Strategie angesichts ihrer Wachstumsraten von Produktion und Wohlstand im Vergleich zu den fortgeschrittenen Industrienationen des Westens bislang zweifellos. Um es mit Toynbee zu sagen: Für die japanische Gesellschaft stellt sich zur Zeit überhaupt keine ökonomische oder technologische Herausforderung, auf die es gelten würde, irgendwelche innovativen Antworten zu finden. Selbst in den nach europäischen oder US-amerikanischen Maßstäben eher durchschnittlichen Bereichen der Medien- und Kommunikationsindustrie Japans sind die Umsatz- und Gewinnchancen auf den geschützten heimischen Märkten offenbar so groß, daß gar kein Anlaß für Veränderungen besteht – solange jedenfalls den Konsumenten nicht die Chance für eine andere Wahl geboten wird.

Fassen wir am Ende dieses Kapitels unsere Überlegungen noch einmal zusammen: Es ging darum, ob und wie sehr die japanische Gesellschaft in ihrer spezifischen Struktur in der Lage sein kann, den Anforderungen der nächsten Jahrzehnte erfolgreich gerecht zu werden.

1 Wenn es zu den wesentlichen Merkmalen der aktuellen gesellschaftlichen Entwicklung zählt, daß die Strukturen und Zusammenhänge innerhalb einer Gesellschaft immer komplexer und komplizierter, die Abhängigkeiten einzelner Individuen oder Teilsysteme zu anderen also immer größer werden, dann ist eine solche Gesellschaft im Vorteil, die – wie die japanische – auf Gruppen hin orientiert und auf Kooperation eingestellt ist.
2 Wenn aber die beschleunigte Frequenz von Veränderungen und Innovationen ebenfalls zu den wesentlichen Merkmalen der gesellschaftlichen Entwicklung zählt, wenn sich also der technische und ökonomische Wandel in immer kürzeren Perioden vollzieht, dann sind solche Gesellschaften im Vorteil, die – wie die europäischen – in ihrer Struktur und Mentalität auf stetigen Wandel und Dynamik ausgerichtet sind.

Man kann nun lange darüber debattieren, welche jener Entwicklungslinien – Komplexität oder Dynamik – in Zukunft bedeutendere Auswirkungen haben wird. Die Frage ist kaum zu entscheiden, da beide Entwicklungen auf das engste miteinander verwoben sind, denn bislang zumindest hat jeder technische Wandel die Komplexität erhöht, wodurch das Gleichgewicht des Systems wiederum labiler wurde und damit anfälliger für Dynamik und Wandel. Was jedoch in jedem Falle für die japanische Gesellschaft spricht, ist ihre offenbar ungebrochene Fähigkeit zur schnellen Adaption und Optimierung von Impulsen aus der Außenwelt. Wie immer man also das Innovationspotential der japanischen Gesellschaft selbst beurteilen mag, ihre Fähigkeit zur Umsetzung und Diversifizierung von Innovationen – wenn sie denn einmal irgendwo entstanden sind – sollte auch in Zukunft nicht unterschätzt werden. Von einem baldigen Zusammenbruch der japanischen Wirtschaft oder gar Gesellschaft jedenfalls kann keine Rede sein. Gleichwohl deuten sich Entwicklungen, vor allem im Bereich der internationalen Politik und der geopolitischen Strukturen an, auf die Japan bislang noch keine angemessenen strategischen Antworten gefunden zu haben scheint – aber davon handelt das nächste Kapitel.

Kapitel 5

Gibt es eine japanische Außenpolitik?

Wir haben in den vergangenen Kapiteln häufig davon gesprochen, daß die japanische Gesellschaft – man kann schon fast sagen: traditionell – eine starke Innenorientierung aufweist, zwar Außeneinflüsse, wenn immer es notwendig erscheint, aufnimmt und ihren Bedürfnissen anpaßt, ihrerseits aber nur selten den Schritt nach außen gewagt hat. Wir haben dafür eine religiöse Erklärung angeboten, daß nämlich vor allem der *shintô* keinerlei missionarischen Eifer aufweist, der seine Anhänger dazu gebracht hätte, sich mit der dezidierten Aufgabe in alle Ecken der Welt zu verteilen, die Ungläubigen zum rechten Weg zu bekehren. Man mag den europäischen Entdeckern und Konquistadoren vorwerfen, was man will – auch ohne längeres Nachdenken wird einem dazu vieles einfallen – aber man kann ihren festen Glauben an eine religiöse, vielleicht sogar humanitäre Mission kaum in Zweifel ziehen. Der globale Gel-tungsanspruch des Christentums hat den politischen, militärischen und ökonomischen Expansionsdrang der europäischen Gesellschaften in starkem Maße legitimiert und gefördert. Dies gilt – wie gesagt – nicht für den *shintô*, dessen Bindung an das, was man das japanische Volkstum nennen könnte, unauflöslich bleibt.

Anders verhält es sich dagegen mit der anderen Religion, welche die japanische Gesellschaft historisch stark geprägt hat, dem Buddhismus, der sich ähnlich wie das Christentum oder der Islam sehr wohl in einer globalen Gültigkeit versteht. Nach Japan gelangte der Buddhismus jedoch erst in einer sehr entwickelten Stufe, nachdem er sich schon in nahezu allen anderen Regionen Asiens verbreitet hatte. Die japanische Gesellschaft wurde seit dem 5. Jahrhundert vom Buddhismus missioniert, und es gab zumindest in der näheren Umgebung keine weitere Möglichkeit, von Japan aus die Missionierung fortzusetzen, so daß auch durch den Buddhismus kein Impuls für eine stärkere Außenorientierung der japanischen Gesellschaft entstehen konnte. Was für sie in dieser Situation noch zu tun blieb, war die innere Entwicklung des Buddhismus voranzutreiben, indem in Japan neue Facetten und spezifische Glaubensrichtungen entstanden. Solche Veränderungen betrafen vor allem die Stärkung des Mystizismus und eigneten sich wegen ihrer besonderen Verankerung in der japanischen Tradition und der Mischung mit Elementen des *shintô* kaum dazu, andere Gesellschaften und Kulturen zu überzeugen.

Auch der Handel konnte lange Zeit keine wesentlichen Impulse für eine stärkere Außenorientierung der japanischen Gesellschaft ausüben: Zwar verfügt Japan nur über geringe Rohstoffvorräte, und tatsächlich hat es wohl auch deshalb (und natürlich auch zum Import von Technologien) immer wieder ökonomische Kontakte zu Korea und China gegeben, aber offenbar gelang es der japanischen Gesellschaft schon recht früh, ein sich aus den eigenen Ressourcen reproduzierendes, stabiles Gleichgewicht zu entwickeln, das mit einem nur geringen Umfang an Außenhandel aufrechterhalten werden konnte. Und ebenso offenbar reichte dieses ökonomische Gleichgewicht – verbunden mit einer rigiden Geburtenkontrolle – aus, um große Auswanderungswellen gar nicht erst entstehen zu lassen und darüber hinaus das Aufkommen jener Mischung aus Piratentum und Handel zu verhindern, die so typisch war für das frühneuzeitliche Europa – angefangen von den Normannen über die Kreuzfahrer bis hin zu den spanischen, portugiesischen oder englischen Eroberern. Andererseits – und sicherlich ebenso prägend für die Geschichte Japans – gab es in der unmittelbaren Nähe auch keine seefahrenden Völker wie die Phönizier oder die Wikinger, die von sich aus den Kontakt in welcher Form auch immer, sei es als Händler, Räuber oder Eroberer, mit Japan gesucht hätten; in einem solchen Fall wäre die japanische Geschichte sicherlich völlig anders verlaufen.

Weder ökonomische noch religiöse Gründe also konnten die japanische Gesellschaft zu einer starken Außenorientierung veranlassen; die wenigen Versuche zur Eroberung Koreas waren bis zur *Meiji*-Zeit eher halbherzig angelegt, wenig organisiert und schließlich auch völlig erfolglos. Erst mit der Industrialisierung und Modernisierung des Landes seit der Mitte des 19. Jahrhunderts verändert sich dieses Bild: Wissend um den Mangel an eigenen Rohstoffen und deren zentrale Bedeutung für die weitere ökonomische Entwicklung Japans (und damit letztlich den Erhalt der politischen Autonomie), aber wohl auch inspiriert durch das Vorbild des europäischen Kolonialismus und Imperialismus, begann die *Meiji*-Regierung fast unmittelbar nach ihrer Machtübernahme mit der militärischen Expansion. In den fast 50 Jahren zwischen 1873 und 1919 führte Japan nahezu ständig Kriege gegen Korea und das zaristische Rußland, vor allem aber gegen China, was angesichts der inzwischen überlegenen japanischen Militärmacht dazu führte, daß Taiwan, die koreanische Halbinsel und große Teile Nordostchinas unter japanische Herrschaft gerieten. Von den europäischen Mächten und den USA wurden die japanischen Expansionsgelüste möglicherweise mit einer gewissen Verwunderung, ansonsten aber ohne erkennbare Reaktionen akzeptiert. Im Jahre 1902 kam es sogar zu einem formalen Bündnis zwischen Japan und Großbritannien, das so etwas wie die offizielle Anerkennung Japans als politische und militärische Großmacht darstellte. Die von den Versailler Verträgen und vom Völkerbund sanktionierte Übernahme der deutschen Kolonien in Asien und im Pazifik durch Japan war in gewisser Weise der Abschluß jener ersten Phase der Expansion.

Die Phase der nationalistischen Expansion

Für diese erste Phase gilt sicherlich, daß sie überwiegend ökonomisch motiviert war mit einem deutlichen politischen Unterton, nämlich zur Sicherung der nationalen Autonomie. Es ging um Rohstoff-, aber auch schon um Absatzmärkte, und zwar dem allgemeinen Zeitgeist jener Jahre und den Vorbildern Europas und der USA entsprechend (die sich in jenen Jahren – 1898 – gerade der spanischen Besitzungen in Asien bemächtigt hatten) durch militärische Okkupation. Diese Phase jedenfalls war noch nicht legitimiert und überhöht durch eine neue Form von Ideologie, die dann ab dem Beginn der 30er Jahre die japanische Außenpolitik bis zum Ende des Zweiten Weltkrieges immer stärker beeinflussen sollte, nämlich eine zum ersten Mal in seiner Geschichte expansionistisch und hochnationalistisch orientierte Form des *shintô*.

Mit dem Staatsshintô (*kokkateki shintô*) war schon in der *Meiji*-Zeit mangels anderer politik- und staatstheoretischer Traditionen eine Legitimation für das neu zu errichtende Staatswesen in Japan gefunden worden. Die Person des Kaisers bildete seine politische und mystische Spitze; er war Referenz und in gewisser Weise auch Ausgangspunkt sämtlichen politischen Handelns, wenn er auch nicht die Rolle eines absolutistischen Monarchen europäischer Prägung ausüben konnte. Bis zum Ende des Ersten Weltkrieges galt jener Bezug auf den Kaiser, vor allem aber auf die historische und mystische Tradition, die er als direkter Abkömmling der Sonnengöttin *Amaterasu* verkörperte, überwiegend nach innen. Seine Person diente als Spitze und Zentrum der internen gesellschaftlichen Organisation, nun, da die traditionelle Ordnung der *Tokugawa*-Zeit endgültig und vollständig abgelöst war. Die ersten Jahre nach dem Ende des Ersten Weltkrieges waren dann auch – wie wir schon erwähnt haben – geprägt von vielfältigen inneren Spannungen und Konflikten, in denen sich die Nachwehen des gewaltigen Strukturwandels seit dem Beginn der *Meiji*-Periode politisch und sozial entluden. Aber schon an einer im Jahre 1919 erschienenen, in der Folge vielgelesenen und -beachteten Schrift, dem »Plan für die Reorganisation Japans« (*Nihon Kaizô hôan taikô*) von Kita Ikki, werden die

Linien für die neue, nun nach außen gewandte ideologische Orientierung der japanischen Gesellschaft deutlich.

Die Fokussierung der internen Organisation Japans auf die Person des Kaisers wurde daraus abgeleitet, daß er – wie es einer der Apologeten jener Ideologie, der General Araki Sadao, ausgedrückt hat – auf Grund seiner dynastischen Abstammung letztlich direkt von den Weltenschöpfern her als die ewige Kulmination des Wahren, Schönen und Guten durch alle Zeiten und an allen Orten angesehen wurde. In einer solchen Formulierung liegt aber auch schon der Kern für eine wachsende Außenorientierung, denn damit wird nicht nur ein kaiserlicher Anspruch in der historischen, sondern auch in einer räumlichen Dimension formuliert. Es gehört dann nämlich zu den Aufgaben und den Tugenden des japanischen Volkes – als demjenigen, das dem Kaiser am nächsten steht –, diesen Anspruch über den Rest der Welt zu verbreiten, und zwar uneingeschränkt von irgendwelchen moralischen Erwägungen. Moral definiert sich allein aus der Nützlichkeit und dem Erfolg des Bemühens, den kaiserlichen Herrschaftsanspruch in alle Ecken der Welt zu tragen, oder – wie es hieß – alle acht Ecken der Welt unter einem Dach zu vereinen (*hakkô ichiu*). So verstanden lag die wahre Bedeutung der Weltgeschichte darin, daß die Tugend des Kaisers auf alle Nationen der Welt scheinen solle, und es war die wohlverstandene Aufgabe Japans, alles zu tun, damit dieser Auftrag der Weltgeschichte sich auch tatsächlich vollziehen konnte.

Die expansionistischen Aktivitäten vor allem der japanischen Armee sind seit dem Beginn der 30er Jahre immer mehr getragen und beeinflußt von dieser Ideologie. Ökonomische Fragen treten demgegenüber in den Hintergrund, wie auch der Einfluß der Konzerne auf die Politik: Die berüchtigt gewordene Kwantung-Armee, die 1931 mit ihrem eigenmächtigen Handeln den neuerlichen Krieg in China provoziert hatte, ließ keinen Zweifel daran, daß sie Aktivitäten der *zaibatsu* wie Mitsui oder Mitsubishi in der von ihr eroberten und zu einem Marionettenstaat geformten Mandschurei nicht zulassen wollte. Auch die Eroberung Südostasiens mit seinen Rohstoffvorkommen hatte eher militärstrategische Bedeutung, denn der militärischen Führung in Tokyo war angesichts eines wegen des Krieges in China immer strikteren Embargos klar, daß ein Krieg mit den Westmächten ohne einen gesicherten Zugang zu diesen Rohstoffen völlig aussichtslos war.

Ein fast perfekter Handelsstaat

Der 1941 trotz erheblicher Konflikte im japanischen Kabinett letztendlich doch begonnene Krieg mit den Westmächten führte – wie man weiß – zu einem Fiasko für Japan. Damit endete aber auch die zweite, ideologisch untermauerte Phase der Außenorientierung, und das Land wandte sich angesichts der enormen ökonomischen und strukturellen Probleme wieder nach innen – vielleicht nicht ganz freiwillig, aber doch auch mit einer gewissen Erleichterung. Dieses – wenn man den psychologischen Begriff verwenden will – cocooning blieb in politischer Hinsicht bis heute bestehen: Fest eingebunden in den Sicherheitspakt mit den USA hat Japan kaum eine eigenständige außenpolitische Linie zu definieren und umzusetzen versucht, noch nicht einmal in Richtung auf seine unmittelbaren Nachbarn Korea, China oder Rußland. Ökonomisch hingegen hat die japanische Gesellschaft spätestens seit den 70er Jahren eine stetig wachsende Außenorientierung entwickelt, die zu einem erheblichen Teil zum steigenden Wohlstand des Landes mit hohen Wachstumsraten des Sozialproduktes und den Überschüssen in der Handelsbilanz beigetragen hat. Ebenso hat die Zahl und die Höhe der japanischen Auslandsinvestitionen in nahezu allen Teilen der Welt während jener Jahre fast explosionsartig zugenommen, ohne daß sich dadurch das Wachstum im Inland verlangsamt hätte. Spektakuläre Käufe von traditionsreichen Firmen und Gebäuden vor allem in den USA, aber auch von Werken der westlichen Kunst – in Japan wie Trophäen behandelt – haben zudem zu Zeiten der bubble economy in den 80er Jahren gezeigt, daß japanische Unternehmen durchaus die symbolischen Wirkungen ihres Handelns einzuschätzen und zu nutzen wissen.

Diese dritte Phase der Außenorientierung, nun rein ökonomisch motiviert und betrieben, ist getragen von einer zwar nicht immer fehlerlosen, doch weitgehend gut vorbereiteten und langfristig angelegten Strategie der einzelnen japanischen Unternehmen, die sich dabei die Mischung von Konzernverbund und Autonomie innerhalb der keiretsu zunutze machen konnten. Zumeist sind es die jeweiligen Handelsunternehmen, die als erste einen für interessant befundenen ausländischen Markt zu beobachten und zu penetrieren versuchen und dabei durchaus lange Vorlaufzeiten in Kauf nehmen, in denen sich noch keine unmittelbaren Erlöse oder gar Gewinne ergeben. Was jedoch dabei auf jeden Fall zustandekommt, ist eine wohlgeordnete Menge an Informationen über die jeweiligen Märkte, vor allem aber ein nicht selten hervorragend strukturiertes Wissen über die örtlichen Netzwerke von Entscheidern und Multiplikatoren, das dann im Falle einer weiteren Entwicklung von Märkten, Kaufkraft oder Projekten vom Handelshaus selbst oder von den Partnerunternehmen innerhalb des keiretsu gezielt genutzt werden kann. Diese Fähigkeit der

Handelsunternehmen zur Sammlung und Auswertung von Informationen hat – wie man sich erzählt – unter anderem dazu geführt, daß sich die militärische Führung Japans in Ermangelung eines eigenen zentralen Nachrichtendienstes schon seit Beginn der 30er Jahre dieser *sôgô shôsha* bedient haben soll. Und selbst noch während des Golfkrieges Anfang der 90er Jahre soll sich das japanische Außenministerium eher auf die Informationen der Handelshäuser verlassen haben als auf seine eigenen diplomatischen Quellen.

Man könnte an dieser Stelle allerdings auch die Frage nach dem Erfolg nicht der Export-, sondern der Investitionsstrategie der japanischen Unternehmen stellen. Dieses Thema wird sowohl in Japan als auch im Rest der Welt erstaunlicherweise kaum diskutiert, so als ob man wie selbstverständlich davon ausginge, daß die japanische Industrie, ob zu Hause oder im Ausland, gar nicht anders als erfolgreich sein könne. Tatsächlich sind die japanischen Direktinvestitionen im Ausland heute, nachdem sie zunächst (nach dem Ende der *bubble ecomony* Anfang der 90er Jahre) erheblich abgesunken waren, fast auf das alte Niveau angestiegen und wachsen inzwischen auch wieder mit zweistelligen Prozentraten. Fast 15 Prozent der Gesamtsumme aller Investitionen der japanischen Unternehmen gehen ins Ausland, und als Ergebnis wird dort mit etwa 2,5 Millionen Beschäftigten eine Menge an Gütern und Dienstleistungen erzeugt, die ihrerseits etwa einem Fünftel des japanischen Sozialproduktes entspricht. Diese Zahlen klingen äußerst beeindruckend, sind es wohl auch, beantworten aber immer noch nicht die Frage nach dem wirtschaftlichen Erfolg jener Aktivitäten.

Betrachtet man nämlich die Gewinne, die von den japanischen Unternehmen während der letzten Jahre im Ausland erzielt werden konnten, dann wird man zu einer etwas anderen Wertung kommen. Nur in Asien konnten auch noch nach Steuern nennenswerte Überschüsse erzielt werden, in Europa und den USA waren die Ergebnisse negativ. Die Gründe dafür sind sicherlich vielfältig, und die schlechte Konjunkturentwicklung gerade in Europa und den USA hat dabei wahrscheinlich eine wesentliche Rolle gespielt. Der Leiter des Dentsu-Forschungsinstitutes, Fukukawa Shinji, hat allerdings noch eine andere Erklärung: Er geht davon aus, daß die traditionellen Managementformen japanischer Unternehmen sich im Ausland nicht bewähren, weil sie mit ihrer strikt vertikalen Struktur fast jeglichen Kontakt zwischen den aus Japan entsandten Managern und den örtlichen Mitarbeitern sowie der lokalen Gemeinschaft verhindern. Statt dessen verlaufe die Kommunikation fast ausschließlich in Richtung auf die Unternehmenszentrale in Japan, wo letztlich immer noch die meisten Entscheidungen getroffen würden. Der japanischen Unternehmensführung im Ausland – so Fukukawa – fehlt es an der notwendigen Flexibilität und vor allem an der Toleranz, fremde Kulturen zu akzeptieren, und dies beeinträchtigt den wirtschaftlichen Erfolg der Auslandsinvestitionen letztlich genauso wie die schlechte konjunkturelle Lage in den jeweiligen Ländern. Wir haben schon darauf hingewiesen, daß japanische Unternehmen im Ausland häufig so geführt werden, als wären sie ökonomische Besatzungsarmeen zur Sicherung der eroberten Marktanteile. In diesem Sinne ist die angestrebte *Globalisierung* gelungen, nicht jedoch der zweite Schritt, nämlich die von Morita Akira, dem ehemaligen Präsidenten von Sony, eingeforderte *Lokalisierung*, also die tatsächliche Vernetzung in die jeweiligen nationalen oder regionalen Ökonomien hinein.

Wie auch immer: Diese dritte Phase der Außenorientierung war und ist bis zum heutigen Tage allein auf *ökonomische* Vorgänge wie Export, Investition oder manchmal Kooperation beschränkt. Auch diese sind allerdings nicht überall unkritisiert geblieben: Die westlichen Industrieländer und in vorderster Front die USA beklagen die wachsende und oft übermächtige Konkurrenz der japanischen Unternehmen und hoffen, den Import japanischer Güter mit allerlei rechtlichen Regelungen wie freiwilligen oder rechtlich festgelegten Quotierungen, Bestimmungen des *local content* oder des *anti-dumping* zu begrenzen. In den sich entwickelnden Staaten Südostasiens werden Stimmen laut, die sich nicht allein mit japanischen Produktionsstätten zufriedengeben wollen, sondern eine Kooperation einschließlich eines umfassenden Technologietransfers zur Förderung ihrer eigenen Wirtschaft fordern. Gerade diesen Ländern gegenüber sieht sich Japan nun selbst in der Situation eines wachsenden Wettbewerbes auf den Weltmärkten, denn diese Länder sind zumindest bei Produkten mit niedrigem oder eher durchschnittlichem Technologiegehalt durchaus in der Lage, das japanische Vorbild der standardisierten Massenproduktion bei niedrigen Löhnen erfolgreich zu kopieren. Das führt auch in Japan dazu, daß in wachsendem Maße Produktionsstätten aus dem eigenen Land heraus in Niedriglohnländer, vor allem in die aufstrebenden Küstenprovinzen Chinas, verlagert werden, aber nicht nur, um die dortigen, sondern auch die heimischen Märkte in Japan konkurrenzfähig bedienen zu können.

Nebenbei bemerkt, und um die Überlegungen des vorangegangenen Kapitels an dieser Stelle noch einmal aufzunehmen: Auf diese Weise geraten die japanischen Unternehmen natürlich auf mittlere Sicht unter einen erheblichen Druck, denn während von unten her eine neue, effiziente Konkurrenz in den südostasiatischen Ländern nachwächst und weltweit Marktanteile übernimmt, wird der Ausweg in Produkte mit höherem Technologie- und vor allem Innovationsgehalt offenbar durch die vorhin beschriebenen kulturellen Restriktionen erschwert. Und diese Entwicklung vollzieht sich auf einem inzwischen erreichten Wohlstandsniveau der Gesellschaft, das den Regreß in die alten Strukturen von niedrigen Löhnen und Konsumverzicht politisch und sozial kaum möglich erscheinen läßt, selbst wenn man die Leidensfähigkeit in der japanischen Gesellschaft höher einschätzt als in Europa oder den USA. Eine zwischenzeitliche Lösung dieses Problems deutet sich für die japanische Wirtschaft dadurch an, daß sie zunehmend zentrale Produktkomponenten von hohem technologischem Gehalt an Unternehmen in den aufstrebenden Nationen Südostasiens und nach China liefert, ohne die in diesen Ländern eine weitere wirtschaftliche Entwicklung kaum möglich wäre, welche aber in jenen Ländern auf absehbare Zeit noch nicht selbst hergestellt werden können. Auf diese Weise lassen sich der Wettbewerbsvorsprung und die Marktanteile Japans noch eine ganze Weile sichern.

Die neuen Herausforderungen

Neben diese neuen ökonomischen Herausforderungen, die ein Ende der bisherigen Strategie in der dritten Phase der Außenorientierung andeuten, treten spätestens seit dem Beginn der 90er Jahre mit dem Zusammenbruch des kommunistischen Blocks und den politökonomischen Veränderungen in China völlig neuartige politische Herausforderungen. Bislang, in einer dualistischen Weltordnung, die zumindest in Asien dominiert war vom Antagonismus zwischen den USA und der UdSSR und allenfalls China angesichts seiner Größe und Lage eine eigenständige Rolle beließ, konnte Japan im Windschatten der Weltpolitik verbleiben und sich – so lautet jedenfalls ein oft gehörter Vorwurf aus den USA – mit aller gesellschaftlichen Kraft um den Aufbau und die Expansion seiner Wirtschaft kümmern. Nun aber, eben seit Beginn der 90er Jahre, hat sich die weltpolitische Lage dramatisch verändert, und von Japan als ökonomischer Großmacht wird nun auch politisches und militärisches Engagement, sogar – wie im Falle des Golfkrieges – nicht nur in Asien verlangt. Dies aber fällt der japanischen Gesellschaft nicht zuletzt wegen der Ereignisse in der jüngsten Geschichte außerordentlich schwer, so sehr es gerade aus deutscher Sicht verständlich ist, daß eine Nation aus den negativen Erfahrungen und Folgen einer politischen und militärischen Expansion die Konsequenz äußerster Zurückhaltung bei jedweden Konflikten und Herausforderungen der internationalen Politik zieht.

Aber diese japanische Attitüde des Unilateralismus ist keineswegs allein auf eine selbstkritische Auseinandersetzung mit der eigenen Verwicklung in die Katastrophe des Zweiten Weltkrieges zurückzuführen; eine wesentliche politische Kritik an Japan zielt ja gerade darauf, daß eine solche selbstkritische Auseinandersetzung nicht in einem von den anderen Ländern für angemessen gehaltenem Maße stattgefunden hat. Das Verhältnis Japans zu Korea oder China ist immer noch von den Erwartungen überschattet, daß sich die japanische Regierung und vor allem das Kaiserhaus deutlich und wahrnehmbar für das japanische Handeln während Krieg und Besatzung entschuldigen, was Japan offenbar schwererfällt, als man es aus deutscher Sicht vermuten würde. Eine symbolische und von den Betroffenen auch durchaus anerkannte Geste der Versöhnung wie der Kniefall Willy Brandts in Polen ist von einem hohen Repräsentanten der japanischen Politik jedenfalls bislang noch nicht bekanntgeworden. Ganz im Gegenteil: Der Umstand, daß es der japanischen Regierung bislang noch immer nicht gelungen ist, eine akzeptable Lösung für die Regelung der Ansprüche der sogenannten *comfort women* zu finden, also der koreanischen und chinesischen Frauen, die während des Zweiten Weltkrieges in die Bordelle der japanischen Armee gezwungen wurden, macht die Probleme der japanischen Gesellschaft und Politik mit der Bewältigung ihrer Geschichte überdeutlich.

Man könnte die Liste solcher Beispiele fast endlos fortsetzen und dabei auch aus deutscher Sicht durchaus akzeptieren, daß es keine angenehme Erfahrung für eine Gesellschaft ist, sich intensiv mit solchen Vorfällen aus der eigenen Geschichte zu befassen, vor allem dann, wenn die Generation, die man als schuldige verantwortlich machen muß, noch lebt und sich sogar noch in Amt und Würden befindet, man sich damit also auch erhebliche Konflikte einhandelt, die man aus übergeordneter Sicht lieber vermeiden würde. Man kann sicherlich auch verstehen, daß Japan als das Land, in welchem als einzigem Atomwaffen tatsächlich eingesetzt wurden, einige eigene Anmerkungen zum Thema Kriegsverbrechen anbringen könnte. Aber alles das ändert nichts daran, daß die Zeit des japanischen Expansionismus vor und während des Zweiten Weltkrieges immer noch eine Aufarbeitung durch die Japaner selbst erfordert. Eine Gesellschaft jedoch, die Begriffe wie Schuld und Sühne traditionell nicht kennt, in der zwischen Gut und Böse nicht auf der Grundlage eines ewig gültigen – und letztlich auch justitiablen – Kodex entschieden wird, sondern durch den Konsens innerhalb der Gruppe, hat grundlegende Probleme mit einer solchen moralischen Bewertung des eigenen Handelns, das ja, während es stattfand, sich explizit im Einklang mit den damaligen ethischen Vorstellungen der Gruppe befand.

Nach japanischer Auffassung fällt es eben schwer, jemand dafür moralisch oder tatsächlich zu verurteilen, wenn er sich gruppenkonform verhalten hat, und das Wissen darum, daß sich Werte und Normen mit der Zeit verändern, daß heute etwas falsch ist, was gestern noch richtig war, weil es nicht mehr dem Überleben der Gruppe dienlich ist, dieses Wissen ist in Japan von jeher selbstverständlich. So gesehen kann man also nicht von einer *Unwil-*

ligkeit der japanischen Gesellschaft und Politik sprechen, sich unter moralischen Aspekten mit der eigenen Vergangenheit auseinanderzusetzen, sondern man muß dieses Verhalten wohl eher auf eine kulturelle *Unfähigkeit* zurückführen. Das macht die Angelegenheit für eine Kultur wie die unsere, zu deren Selbstverständnis universelle Menschenrechte gehören, nicht unbedingt einfacher.

Man kann nun auch diesen Umstand bewerten, wie man will, jedenfalls steht Japan sich und einer aktiven Außenpolitik dadurch selbst immer noch im Wege. Aber unabhängig davon macht es die traditionelle Innenorientierung der japanischen Kultur ihr generell schwer, in den Kategorien von Weltpolitik oder Internationaler Ordnung zu denken und zu handeln. Und diese Innenorientierung ist nicht nur eine historische oder kulturelle, die auf verschlungenen Wegen über das kollektive Unterbewußtsein wirken würde, sie ist – wie der japanische Autor Sakaiya erläutert – im Alltagsleben tatsächlich und manifest. Ihm zufolge ist es für einen durchschnittlichen Japaner immer noch eher unwahrscheinlich, im Verlaufe seines Lebens zu einem Ausländer physisch oder kulturell Kontakt aufzunehmen: In Japan selbst sind nur zwei Prozent aller Einwohner nicht japanischer Herkunft (von denen sich wiederum die meisten – wie die Koreaner – in hohem Maße an die japanische Kultur assimiliert haben), und nur drei Prozent aller Japaner leben ständig oder zumindest über längere Zeit im Ausland.

Japan hat zudem – wie wir schon erwähnt haben – selbst im 19. Jahrhundert eine zahlenmäßig nur sehr geringe Emigration erlebt, so daß von einer Gemeinschaft der Auslandsjapaner – analog zu den Auslandschinesen – schon quantitativ nicht die Rede sein kann, zumal sich die japanischen Auswanderer relativ schnell und vollständig (innerhalb weniger Generationen) an die Kultur und Sprache ihrer Gastländer assimiliert haben. Offenbar – so sagt Sakaiya – könne man japanisch nur in Japan sein, was auch den Umstand erklären würde, daß japanische Manager, die zum Aufbau und zur Leitung japanischer Unternehmen ins Ausland geschickt werden, schon nach kurzer Zeit nach Japan zurückberufen werden, so als wolle man die Effekte des Kontaktes mit einer fremden Kultur auf ein Minimum beschränken. Sakaiya jedenfalls macht für die japanische Gesellschaft ein nur geringes Verständnis und nur geringe Fähigkeiten im Umgang mit anderen Kulturen aus, ein Umstand, den der ebenfalls schon zitierte Ishihara als Provinzialismus und als eines der wesentlichen inneren Hemmnisse für den Weg Japans zu einer wirklichen, auch politisch handlungsfähigen Großmacht bezeichnet.

Gleichwohl wachsen die Ansprüche an das außenpolitische Handeln Japans, zunächst einmal innerhalb Asiens, aber auch darüber hinaus. Einer der wichtigsten Pfeiler der bisherigen japanischen Außenpolitik, die enge, nahezu ausschließliche Bindung an die USA, gerät zunehmend ins Wanken, erhält zumindest unter den neuen Bedingungen der Weltpolitik eine andere Bedeutung – von seiten der USA, weil sich die handelspolitischen Probleme noch immer nicht zugunsten der USA gelöst haben und weil die USA zunehmend in andere außenpolitische Konfliktfelder außerhalb Asiens involviert sind, was ihre militärische Präsenz dort mittelfristig schwächen kann, und von seiten Japans, weil nicht nur von nationalistischen Politikern wie Ishihara eine Gleichberechtigung in den Beziehungen mit den USA eingefordert wird und weil man sich allmählich auf die Situation vorbereiten will, wenn sich die USA militärisch und politisch noch mehr aus den asiatischen Angelegenheiten zurückziehen. Daß durch diesen zu erwartenden – teilweisen oder vollständigen – militärischen Rückzug der USA ein Machtvakuum in Ostasien entsteht, in das hinein sich chinesische Hegemonialansprüche entwickeln könnten, ist wohl für keine ernstzunehmende politische Gruppierung in Japan wünschenswert.

Darüber aber, welche Strategien in Zukunft einzuschlagen sind, herrscht eine ebenso große Unsicherheit, denn zu lange hat sich die japanische Politik (und die Öffentlichkeit) in die außenpolitische Isolation nach dem Ende des Zweiten Weltkrieges eingefunden. Drei Optionen wurden in den vergangenen Jahren diskutiert, nämlich zum einen die einer kleinen, aber feinen Nation, die sich auch weiterhin aus den meisten weltpolitischen Fragen heraushält, zum anderen die Option einer zivilen Großmacht, die nach den Erfahrungen des nationalen Expansionismus in den 30er und 40er Jahren eher auf der Grundlage wirtschaftlicher und nicht militärischer Macht handelt, und schließlich die Option einer – wenn man so will – normalen Großmacht, die auch, wann immer es notwendig erscheint, militärische Macht ausüben kann. Die reale Außenpolitik Japans in den vergangenen Jahren, vor allem seit dem Ende des Kalten Krieges, bewegt sich gemäß der klassischen Trennung von *tatemae* und *honne* irgendwo zwischen der ersten und zweiten Option: Auf der Oberfläche wird immer noch der Anschein aufrechterhalten, Japan sei eine zwar wirtschaftlich starke, weltpolitisch aber eher unterentwickelte Nation, während die tatsächliche Politik durchaus die ökonomischen Möglichkeiten auch politisch einsetzt, sei es in Form von im Vergleich zu den westlichen Staaten enormen Mitteln für die Entwicklungshilfe, sei es durch direkte ökonomische Bindungen, die auch gegenseitige politische Abhängigkeiten schaffen wie im Falle Chinas, was von den dortigen Machthabern mit einem recht großen Unbehagen zur Kenntnis genommen wird.

Aber führen will Japan nicht

Vieles spricht allerdings dafür, daß Japan auch in den nächsten Jahren keine politische Führungsrolle in Ostasien übernehmen will, sondern seine Sicherheitsbedürfnisse eher in kollektiven Bündnissen für Ostasien analog der Konferenz bzw. Organisation für Sicherheit und Zusammenarbeit in Europa (KSZE, OSZE) befriedigt sieht, gleichwohl aber und nicht zuletzt aus wirtschaftlichen Gründen auch die Bindungen an die USA nicht völlig aufgeben wird. Japan kommt bei der Initiierung solcher kollektiver Vertragswerke sicherlich zugute, daß im Gegensatz zu den USA oder den europäischen Ländern weder Politik noch Unternehmen daran interessiert sind, auf die soziale Situation der jeweiligen Partner Einfluß zu nehmen. Diese Einstellung hat – wie wir gesehen haben – nicht nur etwas mit einem hohen Maß an wirtschaftlichem Pragmatismus, sondern auch mit dem traditionellen Mangel an missionarischem Eifer in der japanischen Gesellschaft zu tun. Dies und die stets wiederholte Weigerung Japans selbst, auf irgendeine Weise verstärkt militärisch Einfluß geltend zu machen oder Verantwortung zu übernehmen, trifft – abgesehen von Ausnahmen wie Malaysia, das sich eine stärkere Führungsrolle Japans wünscht – auf viel Akzeptanz in der Region, so daß durchaus damit zu rechnen ist, daß sich die japanischen Vorstellungen von einer kollektiven Sicherheitszone in Ostasien mittelfristig verwirklichen lassen. Die Rolle, die dabei den USA, aber auch Australien und Neuseeland zukommt, wird sicherlich noch für erhebliche Diskussionen sorgen.

So weit, so gut – trotzdem bleiben einige Fragen offen, vor allem dann, wenn man sich für einen Moment der Spekulation hingeben will. Zum einen sind aus all diesen Überlegungen jene Varianten ausgeklammert worden, die man sich für die weitere politische und ökonomische Zukunft Chinas ausdenken kann – möglich, wenn nicht sogar wahrscheinlich sind wachsende innere (soziale und politische) Instabilität einerseits und ein stärkerer, auch militärisch vorgetragener Hegemonialanspruch Chinas andererseits. Wie eine außenwirtschaftlich angelegte Sicherheitspolitik Japans gerade mit militärischen Aktionen Chinas umgehen will, bleibt zumindest zu fragen, wenn man die zum Teil sehr harten und ablehnenden Reaktionen der chinesischen Führung auf den politischen und ökonomischen Druck der USA oder einiger europäischer Länder analysiert. Ähnliche Überlegungen kann man für die Entwicklung in Südostasien anstellen, wo ein überdurchschnittliches wirtschaftliches Wachstum bislang dafür gesorgt hat, daß die latenten außenpolitischen Spannungen, seien sie ethnischer, religiöser oder territorialer Art, überdeckt wurden; auch hier bleibt zu fragen, ob Japans Wirtschaftskraft in Zukunft groß genug sein wird, auch weiterhin genügend ökonomische Impulse für ein weiteres wirtschaftliches Wachstum in dieser Region auszuüben.

Man kann diese Spekulationen noch einen Schritt weiter führen: Wir haben in einem der vorangegangenen Kapitel die Frage aufgeworfen, ob und inwieweit sich Ostasien als ein Kulturkreis mit gemeinsamer Vergangenheit und Tradition empfindet, und darauf die Antwort angeboten, daß dieser Teil der Welt im Vergleich zu Europa – und zu Westeuropa im besonderen – eine viel geringere kulturelle Homogenität aufweist, wenn man vom dominierenden Einfluß der chinesischen Kultur einmal absieht. Wenn man die These des amerikanischen Autors Fukuyama, daß nämlich Vertrauen einen wesentlichen Faktor für wirtschaftliche Leistungsfähigkeit darstellt, auf die Politik überträgt, dann wird man vermuten dürfen, daß kollektive Sicherheitssysteme zwischen Nationen, die sich auf die gleiche Kultur und Religion berufen (und vor allem auf eine gleiche Rechtstradition), eher zustandekommen als zwischen Nationen mit signifikant unterschiedlichen Wertvorstellungen. Es ist daher auch überhaupt nicht überraschend, daß in Asien nach dem Ende des Zweiten Weltkrieges keine multilaterale militärische Allianz vergleichbar der NATO in Europa zustande kam. Es gab dafür keine geschichtlichen Vorbilder, und eine solche militärische und politische Selbstbindung erschien allen Beteiligten unvorstellbar. Selbst die mit viel finanzieller Unterstützung aus den USA unternommenen Versuche, etwa mit der SEATO (*South East Asian Treaty Organisation*) ein Äquivalent zu schaffen, haben sich nie zu selbsttragenden Organisationen auch mit politischer Wirkung entwickelt. Vor allem aber haben solche Unternehmungen nie Japan umfaßt, das anders als (West-)Deutschland damit auch nicht die Gelegenheit hatte, unter Leitung und Aufsicht der USA seine Beziehungen zu den Nachbarstaaten auf eine neue, vertrauensvolle Grundlage zu stellen.

Unabhängig davon aber, ob die anderen den USA verbundenen Länder Ostasiens eine Beteiligung Japans an einer solchen Allianz akzeptiert hätten, wären Politik und Öffentlichkeit in Japan selbst sicherlich kaum bereit gewesen, sich in dieser Weise zu binden. Die hier oft zitierte Innenorientierung der japanischen Gesellschaft hat nämlich auch zur Konsequenz, daß sich ein großer Teil der Japaner überhaupt nicht als Teil einer internationalen Ordnung fühlt, sondern auch weiterhin als Teil einer politisch-kulturellen organischen Einheit, die *Japan* heißt und mit dem Rest der Welt, auch mit ihren Nachbarn, so wenig wie möglich zu tun haben will. Von daher wird es auch nicht verwundern, daß der Außenhandel (also die Summe aus Importen und Exporten) mit knapp 13 Prozent einen sehr viel niedrigeren Anteil am japanischen Sozialprodukt hat, als das in anderen Ländern der Fall ist – in Deutschland beträgt der Anteil mehr als ein Drittel, wodurch die faktische Abhängigkeit Deutschlands von internationalen Prozessen auch um einiges größer ist als die Japans. Mit dieser Innenorientierung verbunden ist eine zumindest ausgesprochen passive Haltung gegenüber allen Fragen, die sich auf die mögliche Übernahme einer internationalen Verantwortung der japanischen Wirtschaft und Politik beziehen, manchmal aber auch exzessive Reaktionen gegenüber jeglicher ausländischer Kritik und allen Versuchen, verstärkte internationale Kooperation einzufordern. In diesem Sinne hat Japan sich – in Abwandlung der stalinistischen Diktion – für die Strategie der Verwirklichung von Wohlstand und Frieden in einem Land, nämlich Japan, entschieden und sich in einen letztlich selbstgewählten Isolationismus zurückgezogen.

Aber selbst wenn man davon ausgehen kann, daß es Japan gelingen wird, seine nationalen Ziele von Sicherheit und Wohlstand im Rahmen einer nichtmilitärischen, wirtschaftlich dominierten Außenpolitik umzusetzen, bleibt die Frage nach einer globalen politischen Rolle, etwa im Rahmen der Vereinten Nationen. Es scheint für Japan immer noch eine zentrale außenpolitische Aufgabe zu sein, als ständiges Mitglied in den Sicherheitsrat aufgenommen zu werden. Jedenfalls sieht es in der japanischen Öffentlichkeit häufig so aus, als sei für den durchschnittlichen Wähler die Frage, welche Stellung Japan in der Welt einnimmt, nur mit der Übernahme einer solchen Funktion befriedigend zu beantworten, auch wenn weder Politik noch Öffentlichkeit in der Lage wären, auf die daraus resultierenden weltpolitischen Herausforderungen angemessene Antworten zu finden. Für die Konflikte etwa in Afrika oder Zentralasien und deren mögliche Lösungen haben sich bislang in Japan nur sehr wenige Menschen (einschließlich der Regierung) interessiert, was aber wohl doch erforderlich wäre, wollte man die mit einem ständigen Sitz im Sicherheitsrat der UN verbundene globale Verantwortung auch tatsächlich übernehmen.

Die politische Situation Japans fordert den Vergleich mit Deutschland angesichts des ähnlichen Schicksals während der vergangenen Jahrzehnte geradezu heraus; auf den ersten Blick wird man tatsächlich, wie bei der Betrachtung der Geschichte beider Länder seit der Mitte des 19. Jahrhunderts, vergleichbare Entwicklungen feststellen können. Beide Länder haben in den 30er und 40er Jahren im Gefühl, zu spät gekommen zu sein und bei der Durchsetzung ihrer nationalen Ziele vor allem von den Westmächten nicht angemessen behandelt zu werden, durch militärische Aggression versucht, ihre ökonomische und politische Position innerhalb der Weltordnung zu verbessern, beide Länder sind mit diesem Versuch dramatisch gescheitert. Danach blieben sie – auch nach dem Ende der militärischen Okkupation und Verwaltung – über längere Zeit in ihren politischen Handlungsmöglichkeiten eingeschränkt, was ihre wirtschaftliche Entwicklung allerdings nicht negativ beeinflußte. Auch wenn (West-) Deutschland wegen seiner unmittelbaren geographischen Nähe zum kommunistischen Block früher und umfassender mit einem eigenen Beitrag in ein militärisches Bündnis einbezogen wurde, als Japan es heute noch ist, blieb der Anteil der Verteidigungsausgaben am deutschen Sozialprodukt ähnlich wie in Japan deutlich unter den Vergleichswerten etwa in den USA, Frankreich oder Großbritannien. Das ließ mehr wirtschaftlichen Spielraum nicht nur für den Wiederaufbau nach den Zerstörungen des Zweiten Weltkrieges, sondern auch für Investitionen in neue Produkte oder Infrastrukturen.

Auch mehr als 50 Jahre nach Kriegsende wird beiden Ländern, vor allem innerhalb ihrer unmittelbaren Nachbarschaft, immer noch großes außenpolitisches Mißtrauen entgegengebracht. Sowohl dem nunmehr wiedervereinigten Deutschland als auch Japan unterstellt man weiterhin des öfteren hegemoniale Absichten, zumindest aber wird vermutet, daß sie auf Grund ihrer verhältnismäßigen ökonomischen Stärke gar nicht anders können, als eine besondere Führungsrolle einzunehmen, wobei man davon ausgeht, daß diese (deutsche oder japanische) Führungsrolle nicht mit den nationalen Interessen der jeweiligen Nachbarstaaten harmoniert. Daher haben beide Staaten in der Vergangenheit peinlich darauf geachtet, derartige Vermutungen nicht noch durch allzu eigenständige außenpolitische Aktionen zu erhärten, und sich eher in einer gewissen Lethargie in Fragen der internationalen Politik geübt, nicht zuletzt, um die inzwischen gewachsenen Wirtschaftsbeziehungen zu diesen Nachbarländern nicht zu stören. Und ebenso wie in Japan beginnt man nun auch in Deutschland, zwar vorsichtig, aber immerhin aus dieser passiven Rolle auszubrechen und eine Definition der nationalen Interessen unter den neuen Bedingungen zu versuchen. Erste Beispiele dafür sind die deutsche Haltung zu den Konflikten auf dem Balkan, aber auch die deutsche Sonderrolle bei der Unterstützung für die Staaten in der ehemaligen UdSSR; auf japanischer Seite die härter werdenden Reaktionen angesichts der zunehmenden territorialen Konflikte mit Korea oder China um einige – an sich eher nebensächliche – kleine Inselgruppen.

Zu den Ähnlichkeiten zwischen Japan und Deutschland gehört aber auch, daß von beiden Ländern die Übernahme einer größeren internationalen Verantwortung gefordert wird. Hinter dieser Forderung verbirgt sich zumeist die Erwartung einer größeren militärischen Beteiligung auch im Rahmen von Kampfeinsätzen zur Lösung regionaler oder kontinentaler Konflikte. Diese Erwartungen führen in beiden Ländern zu erheblichen innenpolitischen Diskussionen über die Legitimität des Einsatzes von Truppen im Ausland, vor allem in denjenigen Ländern, die während des Zweiten Weltkrieges von Deutschland bzw. Japan besetzt waren. Japan hat sich – mit Hinweis auf den dafür ungenügenden Ausbildungs- und Ausrüstungsstand und nicht zuletzt den verfassungsmäßigen Status seiner Selbstverteidigungskräfte (*jieitai*) – diesen Ansinnen (vor allem seitens der USA) bislang weitgehend entzogen, von kleineren, zumeist unbewaffneten Einheiten in Syrien und in Kambodscha einmal abgesehen. Deutschland hingegen hat sich, nachdem die innenpolitischen Diskussionen vor allem über mögliche Kampfeinsätze der Bundeswehr zwar nicht abgeschlossen, aber doch weitgehend abgeflaut sind, bereits in einem quantitativ und qualitativ stärkeren Maße bei solchen friedensstiftenden und -erhaltenden Kampagnen – etwa im ehemaligen Jugoslawien – engagiert.

Für Deutschland früher als für Japan wird damit ein ökonomisches Problem akut, nämlich die Frage, wie die für die Durchführung solcher Maßnahmen erforderlichen Finanzmittel aus den öffentlichen Budgets mobilisiert werden sollen, denn egal welche technische und personelle Ausrüstung man dafür benötigt, sie werden die staatlichen Haushalte im Vergleich zu den früheren Jahren zusätzlich belasten, auch wenn damit keine Aufrüstung im herkömmlichen Sinne verbunden ist – und das zu einem Zeitpunkt, da in Deutschland durch die Einigung und in Japan nach dem Erdbeben in Kobe diese Mittel dringend für nationale Aufgaben benötigt würden. Dies wird gerade in Japan, wo ein ausgeglichener, wenn nicht sogar mit Überschüssen verbundener Staatshaushalt fast schon Tradition geworden ist, aber auch in Deutschland mit seinen wachsenden Haushaltsdefiziten die innenpolitischen Diskussionen erneut befördern und möglicherweise die ohnehin latent vorhandenen Tendenzen zum Isolationismus verstärken – denn nicht nur Japan ist innenorientiert, auch in Deutschland machen Umfragen auf das relativ hohe Maß an Desinteresse, wenn nicht gar Ablehnung in der Bevölkerung, etwa an Fragen der Europäischen Einigung, aufmerksam.

Geschlossene Gesellschaft

Eine solche Innenorientierung hat oftmals auch zur Folge, daß sich – nicht nur in Zeiten ökonomischer Probleme – aus der wohlverstandenen Definition nationaler oder regionaler Interessen auch rassistische Haltungen entwickeln, wohl weil es am einfachsten ist, die Zugehörigkeit zur eigenen Gruppe an äußeren Merkmalen wie Sprache, Kleidung oder Aussehen zu definieren. Vor solchen Tendenzen, so latent sie auch die überwiegende Zeit sein mögen, ist keine Gesellschaft gefeit, wie liberal und kosmopolitisch sie sich an der Oberfläche sonst auch geben mag. Die Vorwürfe Ishiharas an die Adresse der USA, deren Haltung gegenüber Japan und den asiatischen Nationen im allgemeinen sei die Folge massiver rassistischer Vorurteile, haben durchaus ihre Berechtigung; immer noch ist es den USA, wie auch den europäischen Staaten, kaum gelungen, in ihrer Außen- und Wirtschaftspolitik ein wirkliches Verständnis für die kulturellen und religiösen und damit auch die politischen und ökonomischen Eigenarten jener Völker zu entwickeln. Tatsächlich gehört es immer noch wie selbstverständlich zu den Stereotypen des westlichen Denkens, daß es nur eine Form des gesellschaftlichen Fortschritts geben kann, nämlich die durch Europa und die USA vorgegebene; wer sich nicht daran hält, kann entweder nur bösartig sein oder unfähig, was man in beiden Fällen dann wieder mit rassischen Unterschieden und entsprechenden Bewertungen begründen kann. Es ist daher kein Wunder, daß Begriffe wie diejenigen vom *Reich des Bösen* oder von der *gelben Gefahr* zu allen Zeiten und an allen Orten im westlichen Kulturkreis Aufmerksamkeit und Anhänger gefunden haben.

Nun existiert eine solche Vorstellung von der rassischen Überlegenheit (oder wenigstens Einzigartigkeit) nicht nur in Europa oder in den USA; Ishihara selbst muß zugeben, daß auch und vielleicht gerade in Japan rassistische Einstellungen weit verbreitet sind und durch die wirtschaftlichen Erfolge im weltweiten Wettbewerb noch weiter gefördert wurden. So sehr die japanische Gesellschaft in den letzten Jahren auch im eigenen Land zunehmend mit Menschen und Einrichtungen anderer Kulturen in Kontakt gekommen sein mag, eine multikulturelle Gesellschaft kann in Japan und selbst in seiner Metropole Tokyo bisher kaum jemand erkennen. Die Behandlung von Minderheiten in Japan, seien es nun ethnisch die Ainu und die Koreaner oder sozial die *burakumin*, macht deutlich, wie weit das Land noch von einem selbstverständlichen Umgang mit Fremd- oder Andersartigen entfernt ist; administrative Diskriminierungen oder solche im alltäglichen Leben sind immer noch an der Tagesordnung, was sich auch in der Folge des großen Erdbebens von Kobe zeigte, dessen Auswirkungen bestimmte soziale Randschichten wie Koreaner und *burakumin* in besonderer Weise betrafen.

Besonders die soziale Stellung der *burakumin* und ihre Behandlung durch die Behörden zählt zu den eher obskuren Kapiteln der japanischen Gesellschaft, über die man weder offiziell noch inoffiziell viel spricht. Diese Bezeichnung für eine Bevölkerungsgruppe von etwa 1,7 bis 3 Millionen Menschen (die Zahlen variieren, je nach Erhebung, sehr stark) bedeutet zunächst einmal nicht viel anderes als *Menschen aus dem Dorf*. Ihre Abstammung ist nicht ethnisch, sondern sozial definiert, denn sie sind die Nachfahren derjenigen, die keinem der vier Stände des *Tokugawa*-Japan, nämlich Kriegern, Bauern, Handwerkern oder Kaufleuten, angehörten, weil sie bestimmte, nach den Vorstellungen des *shintô* unreine Tätigkeiten ausübten wie den Umgang mit toten Körpern, Abfall oder Leder. Ihre damalige Bezeichnung *hinin* (Nichtmenschen) oder *eta* (Außenseiter, Paria) beschreibt sehr deutlich die soziale und rechtliche Stellung, die ihnen zugemessen wurde. Zwar wurden sie schon im Jahre 1871 durch ein entsprechendes Dekret den übrigen Einwohnern Japans rechtlich gleichgestellt, aber weder dieses Dekret noch die gesellschaftlichen Veränderungen, die das Land seitdem erlebte, haben bislang etwas an ihrer tatsächlichen sozialen Stellung – und das heißt vor allem: an ihrer Diskriminierung – ändern können; in den *burakumin*-Vierteln der Städte ist die Arbeitslosigkeit ebenso wie die Zahl der Wohlfahrtsempfänger weit höher als im nationalen Durchschnitt.

Diese Diskriminierung ist offenbar in der japanischen Gesellschaft immer noch fest verankert: Selbst heute noch machen sich viele Eltern die Mühe und geben viel Geld dafür aus, um festzustellen, ob der zukünftige Ehepartner des eigenen Kindes möglicherweise ein *burakumin* ist, was nach dem Verständnis der japanischen Gesellschaft eine Eheschließung sofort und unwiderruflich ausschließt. Umgekehrt sind die *burakumin* natürlich darauf angewiesen, sich fast jeder nur erdenklichen Mittel zu bedienen, wenn sie die wenigen Chancen für einen gewissen sozialen Aufstieg nutzen wollen; so gibt es zum Beispiel Gerüchte und Hinweise darauf, daß viele der besonders aggressiven Unternehmer und Spekulanten, die während der Phase der *bubble economy* zu Macht und Erfolg kamen, ihre Wurzeln in der Gruppe der *burakumin* hatten, darunter – wie es heißt – nicht zuletzt die berüchtigte Onoue Nui, der es in den späten 8oer Jahren gelang, die renommierte *Industrial Bank of Japan* mit gefälschten Papieren um immerhin 240 Milliarden ¥ (zum damaligen Zeitpunkt mehr als 2 Milliarden DM) zu betrügen.

Diese administrative und alltägliche Schlechterstellung einer sozial, aber nicht ethnisch unterschiedenen Gruppe innerhalb der japanischen Gesellschaft deutet aber auch schon an, wie man in Japan auf Angehörige fremder Völker und Kulturen reagiert. Den rund 600.000 bis 1 Million Einwohnern koreanischer Abstammung (auch hier werden höchst unterschiedliche Zahlen genannt), sind gleiche Rechte in vielerlei Hinsicht verwehrt, auch wenn sie meist schon seit Generationen in Japan leben. Weil sie zwar ein permanentes Bleiberecht haben, aber die japanische Staatsbürgerschaft nur mit erheblichen Schwierigkeiten erlangen können, werden sie nicht im öffentlichen Dienst beschäftigt – eine Situation, gegen die sich allerdings in der jüngsten Vergangenheit gerade in den urbanen Regionen Japans erheblicher Widerstand aus den Verwaltungen selbst entwickelt hat. Ähnliche Diskussionen sind während der letzten Jahre auch in bezug auf das aktive und passive Wahlrecht für Nicht-Japaner wenigstens auf kommunaler Ebene entstanden, wobei sich Strukturen und Inhalte dieser Diskussionen durchaus mit denen in Deutschland vergleichen lassen.

Trotzdem bereitet es Politik, Verwaltung und Öffentlichkeit in Japan weiterhin noch erhebliche Probleme, mit denjenigen Gruppen und Personen umzugehen, die aus welchen Gründen auch immer nicht im *mainstream* schwimmen. Dies aber hat Auswirkungen auf die Definition und Umsetzung einer japanischen Außenpolitik, denn ebenso wie sie – zu Recht – von Europa und den USA die Respektierung eigener kultureller Eigenarten einfordert, muß sie selbst lernen, Verständnis für das Verhalten von Politik und Gesellschaft in anderen Ländern aufzubringen, was ihr schon in ihren Beziehungen zu China und Korea offenbar nicht leicht fällt. Im übrigen muß man für Asien insgesamt feststellen, daß ethnische Vorurteile und rassistische Diskriminierungen, wenn auch von den Politikern mühsam verdeckt, noch durchaus virulent sind – aber das ist fast schon wieder ein anderes Thema.

Dies macht allerdings auch auf einen Unterschied zwischen der außenpolitischen Situation Deutschlands und Japans aufmerksam, den Umstand nämlich, daß in Europa diese gegenseitigen ethnischen Vorurteile und Diskriminierungen wenn schon nicht völlig abgebaut – davon kann nun wirklich keine Rede sein –, so doch so weit gemildert sind, daß sie für die reale Politik nur noch eine geringe Rolle spielen. Deutschland wird durch seine langjährige politische Integration in die Europäische Gemeinschaft und die NATO von seinen Nachbarn bei allen noch existierenden Vorbehalten stärker akzeptiert, als es für Japan und seine Nachbarn der Fall ist, und kann damit im Zweifel für seine außenpolitischen Strategien auch schneller ein höheres Maß an Unterstützung mobilisieren. Deutschland hat zudem die Option, für seine jeweiligen Aktivitäten zwischen mehreren Bündnispartnern mit möglicherweise ähnlichen oder komplementären Interessen wählen zu können, was der japanischen Außenpolitik auf Grund ihrer fast ausschließlich bilateralen Beziehungen zu den USA kaum möglich ist.

Auch die wirtschaftlichen Interessen und Abhängigkeiten Deutschlands sind breiter gestreut als diejenigen Japans, die auch ökonomisch in hohem Maße vom Handel mit den USA abhängen. Erst während der jüngsten Vergangenheit, seit Beginn der 90er Jahre, haben sich die Export – und vor allem Investitionsströme der japanischen Wirtschaft – unterstützt und vorbereitet durch eine zum Teil massive Entwicklungshilfe zum Ausbau der entsprechenden Infrastrukturen – verstärkt auf den ostasiatischen Raum gerichtet und inzwischen sogar eine größere Bedeutung als die japanischen Wirtschaftsbeziehungen mit Europa oder den USA erlangt. Offenbar sind Wirtschaft und Politik in Japan dabei, ihre Außenbeziehungen so weit zu diversifizieren, daß die Abhängigkeiten von einzelnen ihrer Partner möglichst minimiert werden. Von Möglichkeiten einer multilateralen Außenpolitik, so wie sie Deutschland gerade durch die Einbindung in die Europäische Gemeinschaft zur Verfügung stehen, ist Japan damit jedoch immer noch weit entfernt. Dadurch wird im übrigen das massive Drängen nach einer ständigen Mitgliedschaft im Sicherheitsrat der Vereinten Nationen ein wenig verständlicher.

Die Abnabelung von den USA

Zu fragen bleibt allerdings auch, ob die japanische Politik überhaupt bereit wäre, sich in ein politisches und ökonomisches System einbinden zu lassen, das derart strikte Verhaltens- und Abstimmungsnormen setzt wie dasjenige der Europäischen Gemeinschaft. Bislang jedenfalls hat sich Japan bei derartigen Vorschlägen, etwa der Entwicklung der APEC (Asia Pacific Economic Cooperation) zu einem gemeinsamen Wirtschaftsraum oder der Forcierung des Konzeptes einer AFTA (Asian Free Trading Area) als wenig dynamisch erwiesen, nicht zuletzt weil Japan sich aus wirtschaftlichem Eigeninteresse heraus immer gegen jegliche Art von Handelsblöcken ausgesprochen hat und man nicht bei der erstbesten Gelegenheit selbst einen solchen formieren kann. Es scheint inzwischen aber auch, daß die japanische Regierung politischen Vorschlägen immer dann besonders skeptisch gegenübersteht, wenn sie wie im Falle der APEC deutlich von den USA dominiert sind; Forderungen nach einer gleichen Behandlung im Umgang mit den USA und nach einer stärkeren Formulierung und Durchsetzung der nationalen Interessen sind nicht mehr allein auf Außenseiter wie den hier oft zitierten Ishihara Shintaro beschränkt, sondern schon so sehr zum Allgemeingut in der politischen Öffentlichkeit geworden, daß sich auch die traditionell eher vorsichtige japanische Regierung dem nicht mehr entziehen kann.

Das zeigt sich sehr deutlich an der Art und Weise, wie die Verhandlungen über Handelsfragen geführt werden: Während man bis zum Ende der 80er Jahre das Gefühl haben konnte, daß Japan immer und sofort auf die amerikanischen Forderungen einging, ist die Haltung heutzutage deutlich unnachgiebiger. Die japanische Regierung ist auch immer seltener bereit, bilaterale Abkommen allein mit den USA abzuschließen, sondern fordert inzwischen multilaterale Vereinbarungen. Japan scheint also tatsächlich an der Schwelle zu einer vierten Phase der Außenorientierung zu stehen, in der nun ökonomische Instrumente zur Umsetzung politischer Ziele eingesetzt werden.

Wie weit sich eine solche, noch zu definierende Politik von der bisher praktizierten und häufig kritisierten japanischen *Scheckbuchdiplomatie* unterscheiden wird, bleibt abzuwarten, denn neben Geld oder militärischer Macht sind kulturelle Faktoren immer ein wesentlicher Teil einer erfolgreichen Außenpolitik gewesen, und zwar nicht in dem Sinne, daß man Kulturinstitute über die Welt verstreute, sondern daß man in der Lage war, attraktive und überzeugende Antworten auf zentrale gesellschaftliche Probleme wie Entwicklung, Wohlstand und Sicherheit zu geben. Die Antworten, die die japanische Gesellschaft auf diese Schlüsselfragen im Verlaufe ihrer eigenen Geschichte gefunden hat, waren sicherlich erfolgreich. Ob sie aber auch unter anderen sozialhistorischen und kulturellen Bedingungen eine positive Wirkung haben können, darf man zumindest als fraglich ansehen, zumal die japanische Gesellschaft – wir haben es in diesem Kapitel oft genug betont – keine Erfahrung damit hat, ihre Kultur überzeugend nach außen zu tragen.

Selbst dem Apologeten einer aktiveren japanischen Außenpolitik, Ishihara Shintaro, der sein Land durchaus als erstes unter gleichen sieht, fällt es schwer, andere Botschaften für eine weltweite Verbreitung zu finden als die japanische Fähigkeit zur industriellen Umsetzung technischer oder wissenschaftlicher Ideen und zur effizienten Organisation einer standardisierten Massenproduktion mit hohem technologischem Gehalt. Dies sind zweifellos beeindruckende und für die sozioökonomische Entwicklung eines Landes wesentliche Faktoren, und man kann im Verein mit manchen Entwicklungstheoretikern durchaus der Auffassung sein, daß sich an der Existenz solcher Fähigkeiten entscheidet, ob eine Gesellschaft überhaupt in die Phase einer sich selbst tragenden wirtschaftlichen Entwicklung eintreten kann – die Erfahrungen in vielen der sogenannten Entwicklungsländer lassen jedenfalls einen solchen Schluß zu. Aber diese Fähigkeiten – man kann auch sagen: Tugenden – zur betrieblichen und gesellschaftlichen Organisation sind eher sekundärer Natur; auf jeden Fall ermangeln sie der Gloriole und der Anziehungskraft, welche von den Maximen der Aufklärung, aber auch des Sozialismus ausgehen.

In dieser Beziehung fällt es der japanischen Gesellschaft schwer, ein eigenes Konzept zu definieren und anderen Kulturen anzubieten; es ist daher vielleicht bezeichnend, daß der – ebenfalls schon zitierte – japanische Autor Sakaiya Taichi sein Buch mit dem Titel *Was ist Japan?* (*Nihon to wa nani ka?*) versehen hat und im Untertitel *Widersprüche und Transformationen* darauf verweist, daß sich in der Tat neue Herausforderungen für die japanische Gesellschaft stellen, auf welche die Antworten erst noch gefunden werden müssen. Sakaiya geht es darum, einen Beitrag zu jener von ihm als notwendig erachteten neuen Eigendefinition Japans zu leisten, um die unveränderliche Essenz der japanischen Kultur und Tradition näher zu lokalisieren. Eine solche Definition in einem breiten gesellschaftlichen Konsens zu finden, wird allerdings sicherlich noch einige Zeit auf sich warten lassen, so daß mit einer aktiven außenpolitischen Strategie Japans kaum in Kürze zu rechnen sein wird. Der Anfang für eine solche Diskussion ist jedoch allemal gemacht, und es wird spannend und wichtig für Europa sein zu beobachten, zu welchen Ergebnissen diese Diskussionen führen werden.

Fassen wir die Ergebnisse dieses Kapitels noch einmal zusammen, bevor wir uns näher den inneren Entwicklungen der japanischen Gesellschaft an der Schwelle des 21. Jahrhunderts widmen:

1 Die japanische Gesellschaft weist als Ergebnis ihrer Geschichte auch heute noch eine starke Innenorientierung auf; Phasen der aktiven Außenorientierung sind historisch die Ausnahme und im eigentlichen Sinne erst das Ergebnis der Meiji-Restauration und der darauf folgenden Industrialisierung und Modernisierung des Landes.

2 Die *erste Phase* dieser Außenorientierung war dadurch gekennzeichnet, daß zur Sicherung von Rohstoffquellen und dann auch von Absatzmärkten eine expansionistische Politik – auch mit militärischen Mitteln – betrieben wurde, die in der Besetzung Taiwans, Koreas und großer Teile Nordostchinas am Ende des Ersten Weltkrieges ihren Abschluß fand.

3 Die *zweite Phase* der Außenorientierung zwischen 1931 und 1945 war deutlich politisch motiviert und sollte dazu dienen, die Ordnung der Welt nach ideologischen Vorstellungen, die sich aus einer bestimmten Interpretation des *shintô* ergaben, zu gestalten. Zunächst aus japanischer Sicht erfolgreich, endete diese Phase mit der völligen politischen, militärischen und ökonomischen Niederlage des Landes. Die aus dieser Phase resultierenden politischen und moralischen Lasten sind von der japanischen Politik bislang noch nicht angemessen aufgearbeitet worden. Dadurch bestehen heute noch erhebliche ungelöste Probleme in den Beziehungen zu den Nachbarländern.

4 Die *dritte Phase* der Außenorientierung begann gegen Ende der 60er Jahre und dauert in gewisser Weise bis zum heutigen Tage an. Sie ist geprägt durch eine hohe politische Abstinenz bei gleichzeitigem hoch aktivem ökonomischem Handeln. In diese Phase fallen sowohl die erfolgreichen Exportoffensiven der japanischen Unternehmen als auch – seit Ende der 70er Jahre – die wachsende Zahl von Auslandsinvestitionen zunächst in den USA und Europa, dann aber auch in Südostasien und in China. Bei allen auch heute noch anhaltenden Erfolgen ist diese ökonomische Strategie in der letzten Zeit erheblich in die Kritik der westlichen Industrienationen geraten, so daß Anpassungen erforderlich wurden.

5 Seit dem Ende des Kalten Krieges und dem Zusammenbruch des kommunistischen Blocks steht Japan vor der Herausforderung, eine neue, *vierte Phase* der Außenorientierung zu beginnen, in welcher nun auch wieder explizit politische Aktivitäten erforderlich werden. Zur Zeit befindet sich die japanische Außenpolitik in einer Restrukturierung, wobei die zukünftige Rolle des Landes sowohl in der bislang dominierenden Relation zu den USA, aber auch innerhalb Ostasiens noch nicht recht deutlich geworden ist. Sicher ist nur, daß die wie auch immer gearteten neuen Aufgaben auch neue finanzielle Belastungen für Japan mit sich bringen werden.

6 Bisher tut sich Japan aufgrund seiner starken Innenorientierung – zu der auch die weitgehende Akzeptanz der politischen Isolation seit dem Ende des

Zweiten Weltkrieges gehört – sehr schwer, nationale Ziele festzulegen und vor allem Vorstellungen von einer internationalen Ordnung zu entwickeln, um auf diese Weise eine führende Rolle in der Weltpolitik für sich einzufordern.

7 Die Definition der zukünftigen internationalen Rolle Japans wird entscheidend davon abhängen, wie der innere Diskurs der japanischen Gesellschaft verläuft; die Frage nach dieser Rolle und ihren budgetären und ökonomischen Konsequenzen gehört zu den wesentlichen Faktoren jener Suche nach einer neuen Identität, die gerade erst begonnen hat und deren Ergebnis kaum vorhersagbar erscheint.

Es bleibt am Ende dieses Kapitels der Hinweis darauf, daß Japan mit seiner militärischen Enthaltsamkeit seit dem Ende des Zweiten Weltkrieges und mit der Nutzung seiner ökonomischen Potentiale als außenpolitisches Instrument durchaus so etwas wie einen neuen Typus der internationalen Strategie verkörpert, denn spätestens seit dem Ende des Kalten Krieges ist immer deutlicher geworden, daß der Einsatz militärischer Mittel an Bedeutung in der internationalen Politik verliert. Zwei Entwicklungen vor allem sind in den vergangenen Jahren in den Vordergrund getreten: zum einen die größer werdende Zahl von regionalen, zumeist ethnisch überlagerten Konflikten, und zum anderen die Schwierigkeiten der internationalen Organisationen und der sie dominierenden Großmächte, derartige Konflikte mit den traditionellen politischen und militärischen Mitteln zu beenden oder doch wenigstens zu kontrollieren. Das Eingreifen der USA und der Vereinten Nationen im Golfkrieg, in Somalia oder im ehemaligen Jugoslawien hat zu der Erkenntnis geführt, daß selbst eine eklatante militärische Überlegenheit nicht ausreicht (gar nicht ausreichen kann), um die sozialen und ökonomischen Ursachen der Konflikte zu lösen.

Diskussionen über bewaffnete internationale Missionen zum Zwecke der Friedenserhaltung führen insoweit in die Irre, als Militäraktionen allenfalls ein temporäres Mittel der internationalen Politik sein können. Es muß in eine umfassende sozial- und wirtschaftspolitische Strategie eingebettet, besser noch: ihr untergeordnet sein. Auch der Zusammenbruch des kommunistischen Blocks einschließlich der Veränderungen, die sich in China und Vietnam abspielen, war schließlich nicht das Ergebnis einer direkten militärischen Konfrontation, sondern die Folge offenkundig werdender ökonomischer und technologischer Defizite.

Japan und Deutschland sind auf ein solches Primat der Wirtschaft in der Außenpolitik auf Grund ihrer jüngsten Geschichte weitaus besser vorbereitet als die klassischen westlichen Großmächte, die zudem bislang einen erheblichen Teil ihres Sozialproduktes für die Entwicklung ihrer militärischen Technologie aufgewendet haben, ohne daß sich daraus unbedingt positive Effekte für die Wettbewerbsfähigkeit ihrer jeweiligen Volkswirtschaften ergeben haben. Die jüngste Entscheidung der französischen Regierung, ihre Militärausgaben ebenso drastisch zu senken wie die Truppenstärke, aber auch die Strategie der USA gegenüber Kuba, die sich fast ausschließlich auf – allerdings sehr ausgefeilte und ausgedehnte – wirtschaftspolitische Instrumente verläßt, machen deutlich, daß sich ein Paradigmenwandel in der internationalen Politik andeutet. Dafür scheinen – wie gesagt – Japan und Deutschland gut vorbereitet zu sein, auch wenn für beide Länder absehbar ist, daß sie ihre bisherige militärische Enthaltsamkeit zumindest teilweise aufgeben werden. Auch für eine sich selbst eher als *Handelsstaat* definierende Gesellschaft werden bestimmte Formen und Gelegenheiten des militärischen Engagements unausweichlich sein – und sei es nur, um auf Dauer das Überleben als Handelsstaat zu sichern.

Kapitel 6

Auf der Suche nach einem neuen Gleichgewicht

Die hier immer wieder angesprochene starke Innenorientierung der japanischen Gesellschaft hat allerdings nicht allein negative Effekte; sie hat sich auch über den gesamten Modernisierungsprozeß Japans während der vergangenen anderthalb Jahrhunderte in dem Sinne positiv ausgewirkt, daß sie ein inneres Bindeglied der Gesellschaft, eine Art von Klebstoff dargestellt hat, welcher die japanische Sozialstruktur auch dann zusammenhielt, als durch äußeren Druck dramatische soziale und kulturelle Anpassungen erforderlich wurden. Wie selbst japanische Autoren immer wieder betonen, ist die Gesellschaft in Japan auf Grund ihrer vertikalen Struktur leicht zu führen; es besteht nicht nur eine besondere Beziehung von Vertrauen und Solidarität innerhalb der jeweiligen Gruppe, sondern auch eine Form von Verbundenheit zwischen Regierung und Bevölkerung, die man in der modernen europäischen Gesellschaft, die sich ja häufig eher staatsfern versteht, kaum nachvollziehen kann.

Das hat seine historischen Gründe. Auch wenn man die *Tokugawa*-Periode wahrscheinlich zu Recht als autokratisch bezeichnen kann, so ist diese Herrschaft doch nur selten durch physische Gewalt, sondern eher durch spezifische Abstimmungsverfahren bei hoher Akzeptanz durch die Bevölkerung ausgeübt worden. Man kann beispielsweise durchaus ernsthaft in Zweifel ziehen, ob es unter dem Shôgunat überhaupt so etwas wie eine Armee gegeben hat, die in der Lage gewesen wäre, innere und äußere Konflikte mit militärischer Gewalt zu lösen. Wenn es innere Unruhen gab – und das war auch in der *Tokugawa*-Zeit der Fall –, so wurden sie nicht allein dadurch beruhigt, daß die Anführer der Aufstände zum Tode verurteilt wurden, sondern auch die verantwortlichen Minister in den Regierungen der jeweils zuständigen *daimyô* wurden zur Rechenschaft gezogen, indem sie rituellen Selbstmord verüben mußten, weil sie und ihre Politik dafür verantwortlich gemacht wurden, daß es überhaupt zu Aufständen gekommen war. Indem aber nun beide Seiten – Regierung und Bevölkerung – im Falle solcher Aufstände ihre Verantwortung personell zu tragen hatten und bestraft wurden, waren auch beide Seiten daran interessiert,

Konflikte gar nicht erst eskalieren zu lassen, sondern sie schon im Vorfeld durch Verhandlungen zu lösen. Auf seiten der Regierung bedeutete dies, daß sie sich möglichst nicht allzu weit vom Konsens mit der Bevölkerung entfernte und arbiträre oder willkürliche Entscheidungen vermied, auf seiten der Bevölkerung, daß sie bei allen Auseinandersetzungen im Einzelfall doch im allgemeinen davon ausgehen konnte, daß die Regierung ihr keine allzu ungebührlichen Lasten auferlegte.

Regieren durch Verhandeln

Auch heute noch ist Regieren auf dem Verhandlungswege ein wichtiges Instrument japanischer Politik; nicht so sehr der schriftlich fixierte Text von Gesetzen oder Verordnungen zählt, sondern mehr die Suche nach einer situativ richtigen Entscheidung, die von beiden Seiten akzeptiert werden kann. Deshalb verfügt Japan auch über keine Tradition des geschriebenen (und kommentierten) Rechts. Diese Tatsache wird von manchen japanischen Autoren damit erklärt, daß eine über derart lange Zeit ethnisch und kulturell homogene Gesellschaft wie die japanische ein Höchstmaß an gegenseitigem innerem Verständnis und Vertrauen entwickelt habe, daß es daher keiner schriftlichen Fixierung und Bestätigung von Vereinbarungen bedurfte. Tatsächlich ist es auch im heutigen Geschäftsgebaren noch durchaus üblich, daß Verträge durch Handschlag oder mündliche Übereinkunft geschlossen – und auch eingehalten werden. Es bedarf also in einer Gesellschaft, in der die Verhaltensweisen des anderen recht gut vorhergesagt werden können und in der die Akzeptanz durch die Gruppe an oberster Stelle der Werteskala steht, keiner weiteren Sanktionen, um die Einhaltung von Verträgen zu forcieren, zumal man davon ausgehen kann, daß beide Partner bereit sein werden, die Umstände der Vereinbarung dann, wenn sie eingelöst werden soll, noch einmal der jeweiligen Situation entsprechend zu überprüfen und gegebenenfalls zu verändern. Eine Grundregel wie das berühmt gewordene *pacta sunt servanda* des römischen und auch unseres heutigen Rechtsverständnisses war in der traditionellen japanischen Gesellschaft nicht bekannt.

Das hat Folgen bis auf den heutigen Tag: Die meisten privatrechtlichen Auseinandersetzungen werden außergerichtlich, ohne Einbeziehung von Rechtsanwälten geregelt, sogar manche strafrechtlichen Tatbestände durch Zahlung von entsprechenden Entschädigungen; im allgemeinen sind auch die arbeitsrechtlichen Beziehungen – wie etwa die lebenslange Beschäftigungsgarantie in den meisten Großunternehmen oder die regelmäßigen Bonuszahlungen – nicht durch Verträge abgesichert, sondern durch ein Verhältnis gegenseitigen Vertrauens, das keine der beiden Seiten zu enttäuschen wagt, wenn sie sich ihre Akzeptanz innerhalb der Gesellschaft erhalten und nicht *das Gesicht verlieren* will. Auch im öffentlichen Recht haben sich mehr als nur Spuren jener Tradition des Vertrauens und Verhandelns erhalten: So hört man immer wieder, daß beispielsweise die Berechnung der Steuerschuld nicht allein auf der Grundlage eines allgemein gültigen Tarifs erfolgt, sondern durchaus erheblichen Spielraum für Verhandlungen zwischen dem Steuerzahler und den Finanzbehörden beläßt; ähnliches ist auch aus dem Bereich der Umweltgesetzgebung bekannt, dort allerdings häufig mit dem Ziel, härtere Regelungen als in den Gesetzen vorgesehen durchzusetzen.

Eine derart organisierte Gesellschaft gerät jedoch in erhebliche Probleme, wenn diese auf Vertrauen gegründete innere Kohärenz sich aufzulösen droht; nicht eingelöstes Vertrauen schafft Enttäuschung und diese wiederum führt dazu, daß auch die Gegenleistungen in Form sozialer Ruhe und Hinnahme der gesellschaftlichen Zustände nicht mehr erbracht werden. Die Zeiten nach dem Ende des Ersten und des Zweiten Weltkrieges mit ihren großen sozialen Spannungen – langandauernden Arbeitskämpfen, Aufständen und bürgerkriegsähnlichen Zuständen – zeigen sehr deutlich, daß auch die innere Friedfertigkeit der japanischen Gesellschaft durchaus, und zwar in erheblichem Maße und mit dramatischen Konsequenzen, gestört werden kann. Sicherlich ist das heutige Japan weit von solchen Zuständen entfernt, aber es mehren sich in den vergangenen Jahren die Anzeichen dafür, daß die innere Kohärenz nicht auf Dauer innerhalb des bisherigen Systems aufrechterhalten werden kann.

Über die dadurch notwendig werdenden Anpassungen führt die japanische Gesellschaft einen ausführlichen Diskurs, der in den westlichen Ländern kaum bemerkt, geschweige denn in irgendeiner Form unterstützt wird. Diese Anzeichen für eine Auflösung der inneren Kohärenz umfassen fast alle Teile des gesellschaftlichen Lebens von der Wirtschaft über die Umwelt bis in das individuelle und soziale Verhalten hinein; wir werden darauf im einzelnen noch zu sprechen kommen. Zwei Ereignisse der jüngsten Vergangenheit aber haben über ihre tatsächliche Bedeutung hinaus auch noch eine Art Symbolcharakter, nämlich das große Erdbeben, das am Anfang des Jahres 1995 Kobe erschütterte und nahezu zerstörte, und das Giftgasattentat der Aum-Sekte in der Tokyoter Untergrundbahn nur wenige Wochen später. Beide Ereignisse – so unterschiedlich ihre Ursachen und Konsequenzen auch gewesen sein mögen – nahmen der japanischen Gesellschaft das Selbstverständnis ihrer Unverwundbarkeit, den Glauben daran, daß man durch angemessene technische und soziale Vorkehrungen Katastrophen jeglicher Art entgehen oder zumindest ihre Folgen in Grenzen halten kann.

Das Erdbeben in Kobe machte Schluß mit der nicht nur in Japan weitverbreiteten Annahme, man könne sich in einem ständig von Erdbeben gefährdeten Land, wie es Japan nun einmal ist, trotzdem alle architektonischen
oder städtebaulichen Wünsche erfüllen, weil ein Erdbeben, sein Ablauf und
seine Konsequenzen wenn schon nicht vorhersagbar, so doch technisch be-
herrschbar seien. Es erschütterte aber auch grundlegend die Sicherheit, mit
der man in Japan bis zu jenem Zeitpunkt davon ausgegangen war, daß – wenn
sich schon eine solche Katastrophe ereignen sollte – die Regierung und die
örtlichen Verwaltungen eine sofortige, reibungslose und tatkräftige Hilfe würden organisieren können. Diese Annahme gehörte zu jener inneren Kohärenz,
von der wir weiter oben gesprochen haben, daß im Gegenzug zum Wohlver-
halten der Bevölkerung die Regierung auch unverzüglich handelt, wenn es
denn einmal erforderlich wird. Das Gegenteil war in Kobe der Fall: Es zeigte
sich sehr schnell, daß es weder einen zwischen den zuständigen Stellen der
Zentralregierung und den örtlichen Behörden abgestimmten Katastrophen-
plan gab, noch daß man in der Lage war, das sich bald offenbarende Gewirr an
Zuständigkeiten zu überwinden und zu einer pragmatischen Form der Zusammenarbeit zu gelangen.

Geschichten über Bürokratismus und Verantwortungslosigkeit der Behörden wurden von den Medien umgehend verbreitet und trugen ihren Teil zur
Überraschung und Verunsicherung in weiten Teilen der japanischen Bevölkerung bei; so wurde über längere Zeit verhindert, daß Einheiten der Armee bei
den Rettungs- und Aufräumarbeiten eingesetzt werden konnten, obwohl sie
als fast einzige über das erforderliche Räumgerät verfügten. Hunde, die umgehend aus Europa als Soforthilfe nach Japan geschickt worden waren, um bei
der Suche nach Überlebenden in den Trümmern zu helfen, wurden bei ihrer
Ankunft von den zuständigen Behörden zunächst einmal in eine mehrwöchi-
ge Quarantäne gesteckt, um danach wieder in ihr Heimatland zurückzukehren, weil man nun ihre Dienste auch nicht mehr benötigte.

War das administrative Chaos schon kurz nach dem Erdbeben groß genug,
um für erhebliche Verärgerung zu sorgen, so zeigte sich danach in der Betreuung der Betroffenen und den Vorbereitungen zum Wiederaufbau, daß die
Schwierigkeiten in der Zusammenarbeit der Behörden und ihre Haltung gegenüber den Bürgern kein Zufall gewesen waren. Selbst anderthalb Jahre nach
dem Erdbeben lebten noch Tausende von Betroffenen in Notunterkünften,
weil man ihnen keine adäquaten Wohnungen anbieten konnte. Das hat möglicherweise etwas damit zu tun, daß die Mehrzahl jener am meisten Betroffenen
aus den Kreisen der koreanischen Bevölkerung oder der *burakumin* stammte,

für welche die japanischen Behörden nie ein besonderes Maß an Verantwortungsgefühl empfunden haben. Daß aber gerade die besonders gefährdeten Infrastrukturen – wie die offenliegende Stromversorgung, deren Zerstörung für die vielen Brände verantwortlich war, die mehr Tote gefordert haben als das Erdbeben selbst – genauso wieder aufgebaut wurden wie zuvor, daß aus der offenbar keineswegs erdbebensicheren Bauweise vieler Gebäude keinerlei sicherheitstechnische Konsequenzen gezogen wurden, sondern sie an gleicher Stelle auf die gleiche Art wieder aufgebaut wurden, daß nur wenig über die Meeresverschmutzung in Folge der Zerstörung der Betoninseln bekannt wurde, auf denen ein großer Teil des Hafens in Kobe errichtet war, und welche Konsequenzen man daraus für andere japanische Städte wird ziehen müssen, all diese Umstände und Fragen haben das selbstgeschaffene Bild einer nahezu perfekten, technisch und sozial avancierten Gesellschaft im Verständnis der Japaner selbst schwer erschüttert.

Mindestens ebenso große mentale Auswirkungen hat das Giftgasattentat in der Untergrundbahn von Toyko gehabt, das von Anhängern der Aum-Sekte verübt wurde. Nicht allein, daß gerade in der bis dahin als absolut sicher geltenden Stadt Tokyo die offenbar unvermeidliche Verwundbarkeit moderner Systeme aufgezeigt wurde, sondern der Umstand, daß eine schon seit längerem von der Polizei verdächtigte und beobachtete Gruppierung trotzdem in der Lage war, einen solchen Anschlag zu verüben, und man danach noch einige Zeit benötigte, um die entsprechenden Beweise zu ermitteln und endlich Verhaftungen vornehmen zu können, verunsicherte die japanische Öffentlichkeit. Und alles, was man danach über diesen Vorfall und seine Entstehungsgeschichte herausfand, war auch nicht dazu angetan, eine neue Basis des Vertrauens zwischen der japanischen Bevölkerung und der Regierung, aber auch einigen Einrichtungen des öffentlichen Lebens zu schaffen.

Es stellte sich nämlich beispielsweise heraus, daß eine private Fernsehanstalt schon seit längerer Zeit im Besitz weitreichender interner Informationen über die Aum-Sekte und ihre innere Organisation gewesen war, diese Informationen jedoch nach Absprache mit der Sekte zurückgehalten hatte, was unter anderem dazu führte, daß ein Rechtsanwalt, der in besonderer Weise zur Beschaffung dieses Materials beigetragen hatte, mitsamt seiner Familie von Mitgliedern der Sekte ermordet wurde. Es wurden enge Beziehungen der Sekte zu Mitgliedern der Streitkräfte bekannt, deren Anfälligkeit für esoterisches Gedankengut seit den Zeiten von Mishima Yukio, dem nationalistischen Autor aus den 1960er Jahren, für die japanische Öffentlichkeit kaum überraschend war. Eher schon erregte es die Gemüter, daß die Polizei offenbar schon seit einem mehrere Monate zuvor verübten ähnlichen Anschlag auf eine Wohnanlage in Matsumoto die Sekte verdächtigte, sich aber aus welchen Gründen auch immer nicht zu einem frühzeitigen Eingreifen in der Lage sah. Es gehört fast schon zu den Charakteristika der japanischen Medienlandschaft, daß solche Umstände zwar bekannt, aber nur selten so weit verfolgt werden, daß daraus auch politische Konsequenzen gezogen werden müssen – dafür sind die Verbindungen zwischen Politik und Medien in Japan zu eng.

Worauf die Aum-Sekte und ihr Handeln aber vor allem aufmerksam machten, war der Umstand, daß gewisse Teile der japanischen Jugend – und zwar diejenigen, die man als *the best and the brightest* des Landes bezeichnen könnte, kamen doch viele von ihnen aus den Eliteuniversitäten – keineswegs immun sind gegenüber ideologischen oder religiösen Verführungen. Dies verunsicherte die japanische Öffentlichkeit, die sich nach den Erfahrungen mit dem Kaiserkult in den 30er und 40er Jahren heutzutage selbst als eher pragmatisch versteht, in höchstem Maße. Nach dem Ende des Zweiten Weltkrieges hatte man damit gelebt, daß zwar immer wieder Sekten oder andere mystische Gruppierungen entstanden, diese aber einerseits nur Minderheiten an sich binden konnten, sich andererseits auf die Verbesserung der spirituellen Lage ihrer Mitglieder beschränkten und dabei keinerlei gesellschaftliche oder politische Ziele verfolgten. Nun hatte zwar auch die Aum-Sekte nur relativ wenige Mitglieder, aber ihre Ziele waren explizit auf Veränderung der gesellschaftlichen, wenn nicht gar der Weltordnung gerichtet, und sie war offenbar bereit, dafür auch gewaltsame Mittel einzusetzen.

Diese Verbindung von Religion und Politik hat in Japan Anlaß für besonders heftige Diskussionen gegeben, in denen immer wieder betont wurde, wie wenig dies im Einklang mit den japanischen Traditionen stünde, und daß gerade die Trennung zwischen Politik und Religion – im Gegensatz zu Europa – zu den konstitutiven Elementen der japanischen Kultur gehöre. Daß sich nun Teile der Elite zu einer anderen Auffassung bekannt hatten und sich damit auch dezidiert von den Werten der Generation ihrer Eltern distanzierten, mußte für die japanische Öffentlichkeit wie ein Schock wirken, denn das, was mit dem symbolischen Datum *1968* für viele westlichen Gesellschaften definiert wird, nämlich der eigentliche kulturelle und politische Neubeginn nach dem Zweiten Weltkrieg – mit tiefgreifenden gesellschaftlichen Folgen – hat in Japan bislang noch nicht stattgefunden. Die Unruhen beim Bau des Flughafens in Narita oder der Aufstieg und Niedergang der terroristischen Rote Armee Fraktion in Japan, deren Mitglieder nun wie diejenigen der RAF in Deutschland nacheinander von der Polizei eingesammelt werden, hatte als bloße Imitation westlicher Vorbilder keinen wirklichen Effekt auf die Entwicklung der japanischen Gesellschaft; nun aber macht der Erfolg der Aum-Sekte darauf aufmerksam, daß auch Japan inneren Veränderungen auf Dauer nicht entgehen kann.

Die älteste Gesellschaft der Welt

Zur inneren Kohärenz einer Gesellschaft zählt nicht zuletzt ihr Zusammenhalt auf der Zeitachse, das, was man in Deutschland mit dem *Generationenvertrag* bezeichnet. Auch wenn man diesen Begriff kaum in die japanische Sprache übersetzen kann (wegen der semantischen Implikationen in Richtung auf ein verschriftetes Rechtssystem), gibt es natürlich auch in Japan eine solche gegenseitige Verpflichtung der Generationen, wahrscheinlich sogar noch in sehr viel stärkerem Maße, weil – wie wir gesehen haben – das die japanische Gesellschaft tragende System gegenseitiger Pflicht und Schuld im Sinne des *on* die zeitliche Achse explizit einschließt. Für die Eltern bedeutet dies, daß sie ihren Kindern alle Möglichkeiten für die beste Erziehung und Ausbildung bieten, für die Kinder, daß sie die Versorgung und Betreuung ihrer Eltern übernehmen, wenn es notwendig wird.

Nach traditionellem japanischem Verständnis ist die Familie (*ie*) der Ort und die soziale Einrichtung, die diese Aufgaben zu erfüllen hat, und zwar nahezu allein, denn dem Staat kommt dafür relativ wenig Verantwortung zu. Sowohl im Bereich der Ausbildung als auch der Alterssicherung bietet der Staat allenfalls Minimalleistungen an; alles, was darüber hinausgeht, muß entweder gegen Entgelt von privaten Einrichtungen (Schulen, Universitäten) bezogen oder durch eigene Leistung selbst erbracht werden. Einrichtungen wie das deutsche Sozial- oder Krankenversicherungssystem auf der Grundlage des gesamtgesellschaftlichen Solidarprinzips kennt Japan nicht; Zahlungen im Renten- oder Krankheitsfall erfolgen direkt aus dem Staatshaushalt und richten sich in der Höhe nicht nach vorher erbrachten Leistungen, sondern nach den Vorgaben der finanzpolitischen Verfügbarkeit, was in der Vergangenheit dazu führte, daß die entsprechenden Leistungen im allgemeinen eher gekürzt als erhöht wurden.

Die staatlich gezahlte Rente macht in Japan etwa 40 bis 50 Prozent des bisherigen durchschnittlichen Einkommens einer Person aus und wird in dieser Höhe erst nach 40 Jahren der Beschäftigung, frühestens aber zum 65. Lebensjahr wirksam; das System kennt auch eine Indexierung der Rentenzahlungen, und zwar gebunden an die Verbraucherpreise. Allerdings muß die Inflationsrate in einem Jahr fünf Prozent erreichen, damit auch die Renten erhöht werden, was seit Bestehen dieser Regelung in der Mitte der 70er Jahre noch nicht der Fall war. Demzufolge haben sich die realen Einkommen aus den staatlichen Renten seitdem ständig verringert. Die Absicherung der allgemeinen Lebensrisiken erfolgt also in Japan nicht über rechtlich fixierte und öffentlich kontrollierte Versicherungssysteme in Form von Solidargemeinschaften, sondern neben der staatlichen Grundsicherung vor allem über die sozialen Gruppen, denen das Individuum unmittelbar angehört.

Dies betrifft vor allem zwei Typen von Gruppen, nämlich zum einen das Unternehmen und zum anderen die Familie. Das Unternehmen übernimmt im Rahmen der lebenslangen Beschäftigungsgarantie die tatsächliche Absicherung des Arbeitsplatzes, was auch in Japan heutzutage nichts anderes darstellt als die Internalisierung von Arbeitslosigkeit. Es wäre durchaus die Untersuchung wert, einmal einen Vergleich zwischen den Personalkosten eines japanischen (bei Weiterbeschäftigung auch eigentlich überflüssiger oder ineffizienter Arbeitskräfte) und eines deutschen Unternehmens (bei Zahlung von Beiträgen zur Arbeitslosenversicherung) vorzunehmen und daraus die betriebs- und volkswirtschaftlichen Folgerungen zu ziehen. Wie auch immer: Beim altersbedingten Ausscheiden eines Arbeitnehmers zahlt das Unternehmen einmalig eine recht hohe Summe – etwa ein bis zwei Jahresgehälter –, die zusammen mit der staatlichen Rente und einer privaten Vorsorge dann die Altersversorgung ausmacht. Ein Teil der hohen Sparquote in der japanischen Gesellschaft ist sicherlich damit zu erklären, daß auf diese Weise eine zusätzliche, private Altersvorsorge getroffen werden muß – jedenfalls zeigen das fast alle empirischen Untersuchungen zu den Sparmotiven in Japan.

Nur am Rande sei hier die zum Teil recht dubiose Rolle der japanischen Lebensversicherungen vermerkt, die sich während der Phase der *bubble economy* massiv an Spekulationsgeschäften beteiligten und zum Teil nur unter recht großen Verlusten daraus wieder befreien konnten – auch dies hat die Vertrauensbasis und die Kohärenz innerhalb der japanischen Gesellschaft nicht gerade gestärkt.

Die Alterssicherung ist also dreigeteilt zwischen einer Art staatlicher Einheitsrente, einer (einmaligen) Leistung des jeweiligen Unternehmens und demjenigen Teil, den der Einzelne durch Lebensversicherung oder sonstige Formen der Geldanlage selbst aufbringt. Dieses System setzt jedoch das einigermaßen friktionsfreie Funktionieren, wenn nicht sogar ein stetes Wachstum der Wirtschaft voraus, denn davon hängt die Fähigkeit sowohl der Unternehmen als auch der Individuen ab, ihren Teil der Sicherung zu erbringen; die staatliche Rente würde alleine nicht ausreichen, um das individuelle Wohlstandsniveau angesichts der hohen Preise auch nach dem Ausscheiden aus dem aktiven Arbeitsleben aufrechtzuerhalten. Nun ist selbst unter ausgesprochen pessimistischen Prognosen kaum zu erwarten, daß die japanische Wirtschaft in absehbarer Zeit ihrem völligen Zusammenbruch entgegenstrebt, so daß von daher auch keine dramatischen Konsequenzen für Arbeitsmarkt und Alterssicherung in Japan zu befürchten sind. Aber das Ende der *bubble economy* zu Beginn der 90er Jahre hat nicht nur deutlich gemacht, daß auch für die japanische Wirtschaft die Grenzen des Wachstums gelten, sondern darüber hinaus Zweifel daran entstehen lassen, wie weit die Managementfähigkeiten in Unternehmen und Politik reichen, wenn es darum geht, tiefgreifende wirtschaftliche Krisen zu bewältigen.

Noch zwei weitere Entwicklungen lassen Probleme für das japanische System der Alterssicherung erwarten: Die Zahl der alten Menschen nimmt stetig zu, und ihre Lebenserwartung – schon heute mit fast 83 Jahren für die weibliche und fast 77 Jahren für die männliche Bevölkerung eine der höchsten der Welt – wird auch in Zukunft noch eher höher werden. Für das Jahr 2020 prognostiziert die japanische Regierung, daß der Anteil derjenigen in der Bevölkerung, die 65 Jahre alt oder älter sind, bei mehr als einem Viertel liegen wird; gleichzeitig wächst schon seit Beginn der 90er Jahre die Gruppe der aktiven Bevölkerung (zwischen 18 und 64 Jahren) nicht mehr, sondern geht sogar nach relativen und absoluten Zahlen zurück. Die Geburtenrate gehört zu den niedrigsten in der Welt, obwohl Japan im Bereich der Anwendung von modernen Verhütungsmitteln sicherlich nicht unbedingt zu den fortgeschrittenen Staaten gehört.

Nun betreffen diese Entwicklungen in der Altersstruktur der Bevölkerung nahezu alle modernen Industrienationen; was Japan davon unterscheidet, ist der Umstand, daß der Anteil der alten Menschen schon jetzt – und noch mehr in Zukunft – weitaus größer ist als in den westlichen Ländern, die Probleme in der Finanzierung der Altersversorgung also eine ganz andere Qualität annehmen werden. Zwar ist das Verhältnis zwischen den Beiträgen der Unternehmen zu Steuern und sozialer Sicherung einerseits und ihren Gewinnen andererseits in Japan immer noch weitaus günstiger als in Frankreich oder den USA (nur Deutschland hatte 1993 vor allem in bezug auf die Steuerlast einen noch besseren Wert als Japan – so viel an dieser Stelle zur deutschen Standortdebatte), so daß dort durchaus noch Reserven für mögliche Erhöhungen von Beiträgen und Steuern vorhanden sein mögen, aber die japanische Wirtschaft reagiert bei traditionell ohnehin geringen prozentualen Gewinnmargen sehr sensibel auf zusätzliche Kostenbelastungen. Wenn man jedoch – wie die japanische Regierung selbst – davon ausgeht, daß sich die Beiträge der Unternehmen für die soziale Sicherung bis zum Jahr 2025 fast verdoppeln müssen, um der veränderten Altersstruktur gerecht zu werden, wird deutlich, daß auch die japanischen Unternehmen nach Wegen suchen werden, um dieser wachsenden Belastung zu entgehen.

Eine Möglichkeit, die schon jetzt zunehmend genutzt wird, liegt in der Verlagerung von Investition und Produktion ins (benachbarte) Ausland, was mittelfristig zu einer Reduktion der Produktionskapazitäten im Inland führen wird. Erste Betriebsschließungen bei Großunternehmen, bei denen nur mühsam die Fiktion einer lebenslangen Beschäftigungsgarantie aufrechterhalten werden konnte (zu Lasten der kleinen und mittleren Zuliefererbetriebe und des sonstigen wirtschaftlichen Umfeldes) deuten an, welche tiefgreifenden Veränderungen der ökonomischen und sozialen Struktur Japan noch bevorstehen. Die japanische Regierung jedenfalls macht jetzt schon darauf aufmerksam, daß eine Lösung der Finanzierungsprobleme nicht in einer Erhöhung der direkten Kostenbelastung bei den Unternehmen zu finden sein wird, sondern eher in einer Erhöhung der indirekten Steuern, die letztlich allerdings allein den Konsumenten trifft.

Veränderungen in der Familie

Aber nicht nur finanziell, sondern auch institutionell ist die japanische Gesellschaft nur wenig auf die absehbaren Veränderungen in ihrer Altersstruktur vorbereitet: Bislang ging man fast undiskutiert davon aus, daß die notwendige Betreuung und Pflege alter Menschen überwiegend oder sogar ausschließlich innerhalb der Familie erfolgt. Entsprechende öffentliche oder privat betriebene Einrichtungen wie Wohn- und Pflegeheime oder wenigstens altengerechter Wohnungsbau sind im heutigen Japan fast unbekannt. Eine soziale Infrastruktur, wie sie schon seit längerem in den westlichen Gesellschaften bekannt ist, muß in Japan erst noch entwickelt und vor allem finanziert werden; so stehen für nur etwa 30 Prozent aller Pflegebedürftigen auch tatsächlich Pflegeplätze zur Verfügung.

Ähnlich, wenn auch nicht so umfassend wie im Westen, macht auch die japanische Familie einen erheblichen Strukturwandel durch: Das ohnehin schon traditionell hohe Eintrittsalter in die Ehe stieg während der vergangenen Jahrzehnte um nochmals zwei bis drei Jahre an, und in zunehmendem Maße bleiben Frauen auch nach der Eheschließung weiterhin berufstätig, obwohl die Erwerbsquote der Frauen zwischen 30 und 34 Jahren (also der Zeitraum, in welchem die meisten Geburten stattfinden) in Japan weit unter dem Durchschnitt der westlichen Industrienationen liegt und die Erwerbstätigkeit während und nach der Erziehungsphase häufig auf eine Teilzeitbeschäftigung beschränkt ist. Überhaupt hat sich die Einstellung gegenüber der Ehe in den vergangenen Jahren in Japan so stark verändert, daß man in der Tat schon vom Beginn eines Strukturwandels sprechen kann, der von manchen Autoren mit dem Begriff der *Emotionalisierung* der Ehe belegt wird. Dies steht für den Umstand, daß ein zwar im Verhältnis zu den westlichen Nationen immer noch geringer, aber doch stetig wachsender Teil der Bevölkerung in der Ehe nicht mehr allein eine soziale Notwendigkeit oder sogar Pflicht im Rahmen der Gruppennormen sieht (fast unabhängig vom jeweils gewählten Partner), sondern auch Kriterien wie Gefühl und Zuneigung bei der Wahl des Partners für wichtig erachtet. Entsprechend ist in Japan auch die Zahl der Ehescheidungen ebenso angestiegen wie diejenige der Einpersonenhaushalte.

Zwar hat die Mehrgenerationenfamilie in Japan eine lange kulturelle Tradition, und auch heute noch gehört fast jeder fünfte Haushalt zu dieser Gruppe, aber ihre Zahl hat in den letzten Jahrzehnten deutlich abgenommen, und die Veränderungen im Sozialverhalten und nicht zuletzt die unangemessenen Wohnbedingungen lassen diese Tradition langsam schwächer werden. Unter der jüngeren Generation – so haben Umfragen ergeben – übt die Mehrgenerationenfamilie keine große Anziehungskraft mehr aus: Der Anteil der Jugendlichen, die später bedingungslos für den Unterhalt ihrer Eltern sorgen wollen, ist heutzutage in Japan sogar noch geringer als in den westlichen Gesellschaften. Alternativen für Betreuung und Pflege stehen jedoch – wie gesagt – kaum zur Verfügung und wären zur Zeit für die Bezieher von durchschnittlichen Einkommen oder Renten ohnehin nicht zu finanzieren.

Zwar sind auch in Japan politische Bestrebungen im Gange, Rollenzuweisung und Funktion der Familie wieder im gesellschaftlichen Ansehen zu stärken (was auch etwas mit der Absicht zu tun hat, angesichts wachsender Arbeitsmarktprobleme die Erwerbstätigkeit von Frauen zu reduzieren), aber ob heutzutage der Familienverband allein in der Lage sein wird, die nicht zuletzt auch medizinischen und psychologischen Aufgaben einer erhöhten Lebenserwartung zu lösen, darf bezweifelt werden. Jedenfalls wird wenigstens das Gesundheitssystem einen erheblichen Ausbau gegenüber seiner bisherigen Struktur erfahren müssen, was seinerseits wiederum einen erhöhten Finanzbedarf innerhalb des Staatshaushaltes zur Folge haben wird. Bislang liegen die Staatsausgaben für Gesundheit trotz steigender Tendenz während der vergangenen Jahrzehnte immer noch um ein Drittel unter den vergleichbaren Ausgaben in den wichtigsten OECD-Staaten. Auch hier sind also Kosten- und Preissteigerungen in den nächsten Jahren wohl unumgänglich, wenn man den erreichten und von der Bevölkerung durchaus geschätzten Standard an Sicherheit und Versorgung aufrechterhalten will. Gerade dies wird aber seinerseits die Wettbewerbsfähigkeit der Unternehmen und den direkten Lebensstandard der Bevölkerung, also ihre tatsächliche Fähigkeit zu Konsum und Sparen, von der ja in erheblichem Maße das Geschick der japanischen Wirtschaft abhängt, gleichermaßen beeinträchtigen.

Schon heute ist der Zusammenhang zwischen Familie und ökonomischen Faktoren deutlich erkennbar: Die soziale und tatsächliche Bedeutung der Mehrgenerationenfamilie steht in enger Relation zur Höhe der verfügbaren Einkommen der alten Menschen und dem ihrer Familien. Je höher die Einkommen, desto geringer die Bedeutung und der Anteil an solchen großen Familienverbünden. Überhaupt hat sich in den letzten Jahren die bislang eher homogene Struktur der japanischen Familie immer mehr differenziert, und zwar zum einen in regionaler Hinsicht, wobei die Veränderungen in den urbanen Regionen, allen voran Tokyo, stärker spürbar werden als in den agrarisch strukturierten Landesteilen, zum anderen in bezug auf den Bildungsstand in dem Sinne, daß Individualität und Egalität im Bereich der Familie eine höhere Bewertung erfahren, je höher der Bildungsstand ist. Auch diese zunehmenden Differenzierungen sind ein deutliches Anzeichen dafür, daß sich die innere Kohärenz der japanischen Gesellschaft – als Ergebnis traditionell gleicher Normen und Verhaltensweisen – allmählich auflöst, weil die Interessenslagen der nach Wohnort, Einkommen oder Bildung unterschiedenen sozialen Schichten nicht mehr identisch sind. Für ein Land, das bislang eine nur geringe soziale Streubreite aufgewiesen hat, macht eine solche Entwicklung erhebliche Anpassungen der inneren Strukturen unausweichlich.

Der Wunsch nach dem besseren Leben

Einer der wesentlichen Faktoren jedoch, die diese innere Kohärenz stören und letztlich auch gefährden könnten, besteht in einer latenten Unzufriedenheit der japanischen Bevölkerung mit ihren Lebensbedingungen. Zwar liegen Einkommensniveau und Konsumniveau gleichermaßen hoch, zwar ist Japan, gemessen am Sozialprodukt pro Kopf der Bevölkerung, aber auch am verfügbaren Einkommen sicherlich ein reiches Land, aber vielen Japanern wird zunehmend deutlich, daß einerseits vor allem die öffentliche Infrastruktur mit dieser Entwicklung nicht Schritt hält und daß sie andererseits sehr viel Arbeit und Energie aufwenden müssen, um diesen Wohlstand zu erzeugen. Die Japaner arbeiten länger, haben weitere Anfahrtszeiten zu ihrer Arbeitsstelle und weniger Urlaub als die Arbeitnehmer in den westlichen Industrienationen. Der japanische Autor Sakaiya sieht sich dadurch zu der zynischen Feststellung veranlaßt, daß Japaner offenbar Tag und Nacht arbeiten müssen, um das gleiche Niveau wie in Europa und den USA zu erreichen.

Ein besonderes, nicht nur für Tokyo typisches Problem liegt darin, daß wegen der gestiegenen Landpreise Wohnungen und Häuser nur noch in immer weiterer Entfernung von den jeweiligen Stadtzentren zu angemessenen Kosten verfügbar sind, was die Anfahrtszeiten so sehr erhöht, daß eine jegliche Reduzierung der tatsächlichen Arbeitszeiten – und die waren in den vergangenen Jahren klein genug – dadurch mehr als kompensiert wird. In den 70er und 80er Jahren hat die Zeit, die einem durchschnittlichen Arbeitnehmer für den

Schlaf zur Verfügung steht, um 18 Minuten abgenommen. Addiert man die Arbeits- und Anfahrtszeiten, so fällt das Ergebnis für Japan um rund 40 Prozent höher aus als für Deutschland. Anders und ein wenig vereinfachend ausgedrückt: Für das, was ein japanischer Arbeitnehmer innerhalb eines Jahres produziert, benötigt ein deutscher Arbeitnehmer nur acht Monate, und entsprechend erscheinen die 29 Urlaubstage für den durchschnittlichen deutschen Arbeitnehmer im Vergleich zu den 9 Tagen seines japanischen Kollegen auch nicht unbedingt überdimensioniert.

Wie auch immer: Vor allem die langen Anfahrtszeiten, die immerhin fast zehn Prozent der gesamten arbeitsbezogenen Zeit ausmachen, sind für die meisten japanischen Arbeitnehmer ein besonderes Ärgernis, denn der Ausbau der Infrastruktur für den Personennahverkehr ist weit hinter der Entwicklung von Bevölkerung und Städtebau zurückgeblieben. Dieser Rückstand ist die Konsequenz einer dezidierten Präferenz der japanischen Regierung für den Ausbau des Güterverkehrs auf der Schiene zur Förderung der ökonomischen Entwicklung. Zur Begründung hieß es, die Ladekapazität eines Waggons für Stahl sei genau vorgegeben, einen Personenzug jedoch könne man mit der dreifachen Zahl an Fahrgästen beladen. Das kann jeder bestätigen, der einmal während der *rush hour* Nahverkehrszüge in Japan benutzen mußte.

Was für die Verkehrsinfrastruktur gilt, trifft auch auf andere Bereiche zu: Zwar hat die japanische Regierung – im Gegensatz zu den meisten westlichen Staaten – die Staatsausgaben eher für investive als für konsumtive Zwecke verwendet, diese öffentlichen Investitionen dienten aber eher dazu, die wirtschaftliche Entwicklung zu fördern, wie durch die eben erwähnte Entscheidung für den Ausbau des Güterverkehrs oder durch die Erschließung von Gewerbegebieten und Industrieparks. Öffentliche Investitionen in die soziale Infrastruktur, sei es – wie wir ebenfalls schon gesehen haben – in die Bereiche der Gesundheit oder der Alterssicherung, sei es in den Erhalt der natürlichen Umwelt oder in die Erholungs- und Freizeitbereich, spielen demgegenüber eine eher geringe Rolle.

Insbesondere beim Umweltschutz scheint Japan gegenüber manchen westlichen Industrienationen noch einen erheblichen Nachholbedarf zu haben, und zwar weniger in technischer Hinsicht (dort bietet die japanische Industrie durchaus Produkte an, die dem allgemeinen Stand der Technik entsprechen) als in konzeptueller. Die traditionelle japanische Kultur hat ein völlig anderes Verständnis von Natur und Umwelt entwickelt als die westlichen Kulturen. Letztlich gehen im Westen Interesse und Handeln zum Erhalt einer natürlichen Umwelt vom Glauben an eine göttliche Schöpfung der Welt aus; der Mensch ist nur Sachwalter, Verwalter dieser Schöpfung und hat dementsprechend die Aufgabe, sie am Ende aller Tage möglichst unversehrt in Gottes Hand zurückzugeben. Die menschliche Herrschaft über die Natur hat sich also im Rahmen einer sorgsamen Bewirtschaftung und Erhaltung des nur auf Zeit (als Lehen) empfangenen Eigentums zu vollziehen. Heutzutage hat sich diese Vorstellung insoweit säkularisiert, als durch eine spezifische Entwicklung der Naturwissenschaften die Abhängigkeit und Einbettung des menschlichen Handelns in die Vorgänge der natürlichen Umwelt immer mehr sichtbar werden, und man daraus den Schluß zieht, möglichst wenig in diese Vorgänge einzugreifen, um keine unerwünschten, aber unvorhersehbaren Ergebnisse zu provozieren, sich also entsprechend dem *Prinzip Verantwortung* zu verhalten. Das Bild einer vom Menschen möglichst unberührten Natur und deren Erhalt, ob nun religiös begründet oder nicht, nimmt jedenfalls einen hohen Rang in der Werteskala der westlichen Kulturen ein.

Wie wir jedoch schon bei der kurzen Erörterung des japanischen Gartenbaus einige Kapitel zuvor gesehen haben, hat die japanische Kultur ein anderes Idealbild, nämlich das einer möglichst domestizierten, durch den gezielten menschlichen Eingriff vom Wildwuchs befreiten Natur (etwas, das man nach unserer Vorstellung nicht als *Natur*, sondern als *Kultur* bezeichnen würde). Die winzig kleinen, gleichwohl voll ausgereiften *bonsai*-Bäume geben ein gutes Symbol für ein solches Verständnis von der Natur ab. Das japanische Wort *ya* für *wild* hat stets, und in welchem Zusammenhang es auch benutzt wird, eine negative Konnotation im Sinne von *unerzogen*, *ungebildet* und *unvorhersagbar*; eine Nebenbedeutung wie etwa im Sinne von *ursprünglich*, nahe an der Schöpfung und den Intentionen des Schöpfers, existiert für dieses Wort nicht.

Die Wörter, die in der japanischen Sprache im allgemeinen verwendet werden, wenn von Natur im westlichen Sinne die Rede ist, haben andere etymologische und semantische Ursprünge: *ten'nen* kommt diesem Begriff noch am nächsten, wird es doch in Zusammenhängen wie *natürliche Rohstoffe* oder *natürliche Farbe* benutzt, also als Bezeichnung für eine Eigenschaft oder ein Ding, das von Anfang an da war, zum Wesen einer Sache gehört. Das andere häufig verwendete Wort, *shizen*, stammt aus einem völlig anderen begrifflichen Zusammenhang, denn damit drückte man zunächst einmal nichts anderes aus als den Zustand der Dinge, *wie sie sind*; das jedoch bezog sich nicht auf das, was wir unter Natur verstehen, also die Welt außerhalb des Menschen, sondern ganz explizit auf das Gegenteil, nämlich auf den Zustand der *menschlichen* Welt und ihrer Interaktionen – im *kanji* für *shizen* ist das Zeichen für Mensch jedenfalls deutlich sichtbar.

Es entspricht durchaus dieser Logik, wenn Schäden in der Umwelt in Japan mit dem Begriff *kôgai* belegt werden, der eigentlich *öffentliches Ärgernis* bedeutet, also etwas, das alle Mitglieder einer Gemeinschaft betrifft und stört.

So verstanden geht es der japanischen Gesellschaft nicht um die Eingriffe in die natürliche Umwelt als solche, sondern nur um diejenigen, die irgendwelche lästigen oder schädlichen Auswirkungen auf den Menschen haben; das Funktionieren der Natur in sich und für sich spielt demgegenüber keine weitere Rolle für individuelles oder politisches Handeln. Auch die Konsequenzen für Wasser, Boden und letztlich den Menschen sind lange Zeit in der japanischen Öffentlichkeit fast unbemerkt geblieben, weil sie – wie die berüchtigte *itai-itaibyô* während der 50er Jahre in der Minamato-Präfektur als Folge schwer verseuchten Wassers – zunächst nur relativ wenige Menschen betrafen und sie insgesamt als unvermeidliche, daher zwangsläufig zu tolerierende Folgen der ebenfalls unvermeidlichen Industrialisierung angesehen wurden.

Die Umweltschäden werden jedoch in zunehmendem Maße auch für die japanische Gesellschaft unübersehbar und unakzeptabel. Auch wenn sich in Japan bislang keine Umweltbewegung mit umfassenden politischen Ansprüchen entwickelt hat, deren bloße Existenz auch unabhängig von einer Regierungsbeteiligung in den meisten westlichen Industrienationen zu deutlichen Veränderungen in Verhalten und Rechtsordnung geführt hat, so verbreitet sich doch allmählich eine Auffassung, die die Verschmutzung und Zerstörung der Umwelt für nicht vereinbar hält mit dem Status einer entwickelten und fortschrittlichen Gesellschaft. Auch dieses politisch bisher kaum meßbare Gefühl der Ungleichgewichtigkeit in der ökonomischen und gesellschaftlichen Entwicklung trägt zu der vorhin schon angesprochenen latenten Unzufriedenheit bei. Erste Anzeichen für einen politischen Sinneswandel machen sich jedoch schon bemerkbar: Anfang August 1996 wurde in der kleinen Stadt Maki eine Bürgerbefragung über den Bau eines Kernkraftwerks durchgeführt. Nicht nur das Ergebnis, nämlich eine mehrheitliche Ablehnung, war bemerkenswert, sondern noch mehr die Beteiligung, die mit fast 90 Prozent aller Stimmberechtigten weit über dem sonstigen Durchschnitt von 40 bis 50 Prozent bei den Parlamentswahlen lag.

Insgesamt scheint für die japanische Gesellschaft die Frage also immer akuter zu werden, was man denn nun mit dem über lange Jahre akkumulierten Reichtum anfangen soll. Zwar haben sich die ökonomischen Indikatoren gerade im Vergleich zu den westlichen Ländern während der letzten Jahre nahezu unbeeinflußt von inneren Wirtschaftskrisen stetig verbessert, zwar deuten auch viele soziale Indikatoren – wie etwa die niedrige Kriminalitätsrate – auf einen hohen Wohlstand der japanischen Gesellschaft, aber die für den Westen so typische Sinnfrage scheint nun auch Japan erreicht zu haben. Die materiellen Bedürfnisse sind mehr oder weniger befriedigt, der Versorgungsgrad in den privaten Haushalten für Unterhaltungselektronik, Haushaltsgeräte oder

Automobile ist mindestens genauso groß, wenn nicht sogar größer als im Durchschnitt der Industrienationen.

Die 80er Jahre der *bubble economy* waren gekennzeichnet durch einen beispiellosen Konsumrausch, der fast alle Bereiche der japanischen Gesellschaft gleichermaßen erfaßte, aber das abrupte Ende jener Phase hinterließ auch massive Fragen nach der psychologischen und sozialen Zufriedenheit. Wenn die These Maslows von einer Hierarchie der Bedürfnisse stimmt, dann ist die japanische Gesellschaft nun bei denjenigen Bereichen angelangt, die nicht mehr materiell, sondern emotional und kulturell geprägt sind. Es ist daher auch kaum verwunderlich, daß sich selbst im traditionell areligiösen Japan eine deutliche Rückbesinnung auf Religion und Mystik vollzieht. Von der westlichen Öffentlichkeit kaum bemerkt, hat beispielsweise der Islam in Japan während der vergangenen Jahre erstaunliche Missionierungserfolge erzielt. Sie erreichen zwar immer noch nur eine kleine Minderheit der Bevölkerung, aber es wird deutlich, daß man in Japan bereit ist, in vielen Richtungen nach Antworten auf die Sinnfrage zu suchen.

Erziehung zur Tradition

Manche Stimmen in der japanischen Öffentlichkeit haben dementsprechend den überraschenden Erfolg der Aum-Sekte bei besonders gut ausgebildeten Jugendlichen aus eher einkommensstarken und gutsituierten Familien auf diese unbeantwortete Sinnfrage, also das emotionale und kulturelle Vakuum in der Gesellschaft zurückgeführt. Tatsächlich ist gerade das japanische Erziehungssystem in der letzten Zeit verstärkt in die Kritik geraten: Es sei zu sehr auf die mechanische Vermittlung von Kenntnissen, vor allem aber auf soziale Disziplinierung und weniger auf die Entwicklung individueller Fähigkeiten ausgerichtet, messe Prüfung und Zertifizierung eine zu hohe Bedeutung bei und lasse keinerlei regionale oder sonstige Differenzierungen zu. Im gleichen Atemzug wird auch die universitäre Ausbildung kritisiert: Zwar erfasse sie mit rund 40 Prozent einen hohen quantitativen Anteil an der jeweiligen Altersgruppe, ihre Qualität stehe dazu aber in keinem adäquaten Verhältnis; die Forschung spiele an den Universitäten eine zu geringe Rolle, die öffentlichen und privaten Ausgaben je Student seien vergleichsweise gering, was sich in einer schlechteren Ausstattung gerade der technischen Fakultäten auswirke. Alles in allem perpetuiere das japanische Bildungssystem eher die traditionelle Struktur von Gesellschaft und Wirtschaft, als daß aus ihm Impulse für einen strukturellen Wandel erwachsen könnten.

Was es für viele jedoch noch unattraktiver erscheinen läßt, ist der Umstand, daß es mit hohen Kosten für Individuum und Familie verbunden ist, denn auch im Erziehungsbereich bietet der Staat nur eine Grundversorgung an, alles Weitere muß privat organisiert und finanziert werden, vor allem, wenn damit bestimmte Karriereerwartungen verbunden sind. Regierung und Großunternehmen rekrutieren ihren Nachwuchs nicht aus dem staatlichen, sondern dem privaten Sektor des Erziehungswesens. Da die privaten Eliteuniversitäten ihrerseits Teil eines vertikalen Systems sind (mit vorgelagerten ebenfalls privaten Mittel- und Oberschulen), entstehen für eine Familie gewaltige finanzielle Aufwendungen, wenn ein Kind dieses integrierte System erfolgreich absolvieren soll, zumal die Teilnahme am Unterricht allein in der Regel dafür nicht ausreicht und zusätzliche Tutorien besucht und bezahlt werden müssen. Auch dieser Umstand hat erhebliche Auswirkungen auf das Sparverhalten der japanischen Haushalte.

Wenn Sakaiya Taichi es als wichtigstes Ziel der Erziehung bezeichnet, den Menschen mit den Fähigkeiten auszustatten, ein glückliches Leben zu führen, und dazu auch die Fähigkeit zur Definition und Verwirklichung individueller Interessen gehört, dann ist das japanische Erziehungssystem davon nach unseren Vorstellungen jedenfalls weit entfernt. Es war jedoch – und auch das muß man anerkennen – für ein System der standardisierten Massenproduktion auf hohem technologischem Niveau durchaus angemessen, schuf es doch die Voraussetzung für eine homogene, mit gleichartigen, hohen Grundkenntnissen ausgestattete und disziplinierte Arbeitnehmerschaft, die innerhalb des Unternehmens nur noch in geringem Maße spezifisch ausgebildet werden mußte, was wiederum die Kostenbelastung der Unternehmen deutlich senkte. Der unbezweifelbare wirtschaftliche Erfolg jener Form der industriellen Produktion ließ Veränderungen im Erziehungswesen auch nicht notwendig erscheinen, selbst wenn schon zu einem frühen Zeitpunkt erkennbar wurde, daß mit diesem System die Erfolge in Industriebereichen, die sich nicht für die Massenproduktion eigneten, oder in modernen Formen der Dienstleistung, vor allem bei Information und Kommunikation, sich nicht würden wiederholen lassen.

Die dafür erforderlichen, vor allem individuellen Fähigkeiten wie Kreativität, Initiative, Entscheidungs- und Verantwortungsbereitschaft werden vom japanischen Erziehungswesen nicht nur nicht vermittelt, sondern geradezu systematisch unterdrückt, indem den Schülern explizite Regeln für Kleidung, Haarschnitt oder Verhalten auferlegt und von den Lehrern strikt kontrolliert werden. Dies führt zwar zu einer ausgeprägten Disziplin und Ordnung innerhalb der Schulen, aber – wie Sakaiya Taichi anmerkt – solche Kriterien gelten auch für Gefängnisse und Kasernen, ohne daß diese dadurch notwendigerweise auch zu guten Erziehungsanstalten würden. Das auf gesellschaftlicher Standardisierung und Homogenisierung basierende Bildungs- und Wirtschaftssystem hat sich zwar wegen seiner positiven ökonomischen Effekte selbst stabilisiert, für die Zukunft aber ist kaum zu erwarten, daß es in großer Zahl innovative Produkte hervorbringen wird. Dies muß nun nicht unbedingt in nächster Zeit die Wettbewerbsfähigkeit Japans beeinträchtigen, kann aber auf mittlere Sicht die relative Position Japans zu den westlichen, aber auch den sich entwickelnden Industrienationen in Südostasien und damit auch die weiteren Entwicklungsoptionen der japanischen Gesellschaft insgesamt durchaus schwächen.

Auch wenn man die Eintrittswahrscheinlichkeit solcher Szenarien unterschiedlich bewerten kann – je nachdem, wie hoch man das Beharrungsvermögen der japanischen Gesellschaft einschätzt –, in einer Hinsicht jedenfalls sind Veränderungen während der letzten Jahre sehr deutlich geworden: im Freizeitverhalten der japanischen Bevölkerung. Ausgelöst durch die weitgehende Sättigung der materiellen Bedürfnisse, durch günstige Währungskursrelationen und das langanhaltende konjunkturelle Hoch der *bubble economy* ist seit der Mitte der 80er Jahre zu beobachten, daß das Interesse an und die tatsächliche Nutzung von Freizeit gestiegen sind. Der (wenn auch nicht gerade üppige) Anstieg des Jahresurlaubs macht es heute dem durchschnittlichen Japaner möglich, sich noch um andere Dinge als nur um Arbeit zu kümmern.

Die Ausgaben für die Freizeit sind vor allem während der 80er Jahre erheblich angestiegen, als selbst die japanische Regierung im Bau und Betrieb von kommerziellen Freizeitanlagen einen grundlegend wichtigen neuen Industriezweig sah. Im Jahr 1989 war etwa ein Fünftel der gesamten Landfläche Japans in die Planungen oder sogar schon in entsprechende Investitionen in den Freizeitsektor einbezogen, insgesamt eine größere Fläche, als sie zum damaligen Zeitpunkt für die Landwirtschaft zur Verfügung stand. Neben Themen- und Freizeitparks sowie großen Hotelanlagen gehörten Golfplätze zu den beliebtesten und häufigsten Investitionsobjekten; auf dem Höhepunkt der *bubble economy* stellten Anteilsscheine und Mitgliedschaften für Golfclubs ein hochprofitables Spekulationsobjekt dar und wurden von manchen Banken sogar als Sicherheit bei der Kreditvergabe akzeptiert. Diese Entwicklung jedoch ist zu Beginn der 90er Jahre abrupt zum Stillstand gekommen und der Markt hat sich wieder so weit beruhigt, daß die japanische Freizeitwirtschaft im Augenblick eher stagniert.

Demgegenüber wächst der Auslandstourismus der Japaner, auf ohnehin schon hohem Niveau, mit zweistelligen Prozentraten weiter deutlich an, auch wenn die jeweilige Verweildauer im Ausland immer noch eher niedrig ist. Insoweit führt auch der wachsende Tourismus kaum zu einem steigenden Interesse der japanischen Gesellschaft an anderen Kulturen oder internationalen politischen und ökonomischen Zusammenhängen insgesamt. Aber – und das bleibt festzuhalten – der Umfang an Freizeit und die Möglichkeiten, sie individuell zu nutzen, sind während der letzten Jahre in der Werteskala der japanischen Bevölkerung wichtiger geworden. Fast zwei Drittel aller Befragten haben jüngst in einer Umfrage den Wunsch nach deutlich kürzeren Arbeitszeiten geäußert, wobei dieser Anteil in Großunternehmen sogar mehr als vier Fünftel ausmachte. Nun ist die japanische Gesellschaft trotzdem in immer noch sehr viel höherem Maße arbeitsorientiert als etwa die deutsche – wo von Forschern vermutet wird, daß inzwischen die Freizeitinteressen über die Wahl von Arbeitsplatz und -umfang wenn schon nicht entscheiden, so doch erheblich mitbestimmen –, aber der Wunsch nach mehr Freizeit, sei es zur psychischen und körperlichen Erholung, sei es, um ein erfüllteres Leben zu führen, ist jetzt schon politikrelevant geworden. Nicht umsonst hat die japanische Regierung im Jahre 1992 einen Fünfjahresplan vorgelegt, um aus Japan eine Supermacht an Lebensqualität (*seikatsu taikoku*) zu machen.

Eine Gesellschaft im Wandel

Im Bereich der Freizeit ebenso wie in der Erziehung oder in der Familienplanung wird die soziale und regionale Differenzierung der japanischen Gesellschaft immer deutlicher; die nach dem Ende des Zweiten Weltkrieges gesetzten nationalen Ziele – allgemeiner Wohlstand und Sicherheit – sind offensichtlich erreicht, so daß nun der einzelne die Möglichkeit hat, seine differenzierten Interessen zu formulieren und umzusetzen. Die Lebensgewohnheiten – alleinlebend, in der Ehe, mit Kindern, in der Mehrgenerationenfamilie – werden nicht nur tatsächlich heterogener, sondern die Unterschiedlichkeit der Lebensführung wird auch innerhalb der Gesellschaft immer mehr akzeptiert, wenngleich hier noch deutliche Unterschiede zwischen der japanischen und den in dieser Hinsicht liberaleren westlichen Gesellschaften gemacht werden müssen. Aber selbst diese – in unserem Verständnis – moderaten Veränderungen rütteln schon an einem wesentlichen Pfeiler des japanischen Selbstverständnisses, nämlich an der Annahme einer weitgehenden Egalität, die mehr ist als bloße Homogenität.

Tatsächlich hat sich die japanische Gesellschaft bislang – außerhalb der genannten Diskriminierungen von Ausländern oder bestimmten sozialen Randgruppen – ausgesprochen gleichgewichtig entwickelt; die Einkommen sind weitgehend gleich verteilt und die Spanne zwischen den oberen und unteren

Einkommensschichten ist in Japan deutlich kleiner als in den westlichen Industrienationen. Dazu hat das progressive – man kann auch sagen: aggressive – japanische Steuersystem sicherlich entscheidend beigetragen. In diesem Sinne hat Japan zweifellos einen gesellschaftlichen Zustand erreicht, in dem nicht nur *Chancen*gleichheit gilt, sondern auch Gleichheit der *Ergebnisse* (*kekka no byôdô*), was vor allem im Sinne einer vertikalen Gleichheit, also innerhalb der eigenen Gruppe oder des eigenen Standes, eine wesentliche Grundlage für die Entwicklung Japans seit der Tokugawa-Periode bildete. Das hat manche Theoretiker insoweit überrascht, als sie eine positive Relation zwischen ungleicher Einkommensverteilung und wirtschaftlichem Wachstum glaubten postulieren zu müssen. In Japan jedoch, ebenso wie übrigens in Süd-Korea und in Taiwan, hat sich diese These nicht bestätigt.

Allerdings muß auch in diesem Zusammenhang die Frage für Japan gestellt werden, ob und wie lange sich diese Gleichheit der Ergebnisse aufrechterhalten läßt, wenn sich zum einen die Gesellschaft weiter intern differenziert und zum anderen neben dem bisherigen System der Massenproduktion neue, eher spezialisierte Bereiche von Industrie und Dienstleistung entwickeln, in denen die Arbeitsverhältnisse und Einkommen viel unterschiedlicher gestaltet sind als bisher üblich. Die ökonomischen Veränderungen – Deregulierung, Intensivierung des Wettbewerbs, Auflösung der langfristigen unternehmerischen Bindungen, neuartige Unternehmensstrategien –, die sich auch in Japan schon vollziehen, deuten jedenfalls darauf hin, daß auch von daher die soziale Kohärenz der japanischen Gesellschaft unter erheblichen Druck geraten wird.

Darüber, wie eine Gesellschaft mit geringerer Kohärenz und größerer innerer Diversifizierung aussehen und auf die sozialen und ökonomischen Herausforderungen in Japan reagieren wird, läßt sich nur spekulieren. Die deutsche Gesellschaft – in ihrer historischen Ausgangsposition und Gruppenorientierung der japanischen durchaus nicht unähnlich, wie wir gesehen haben – befindet sich spätestens seit jenem symbolischen Jahr 1968 inmitten einer solchen Entwicklung, ohne daß dadurch die Wettbewerbsfähigkeit der Wirtschaft zunächst grundlegend gelitten hätte. In der sogenannten Standortdebatte tauchen nun allerdings Argumente auf, die zwar nicht unbedingt ausreichend empirisch belegt sind, aber doch darauf deuten, daß zumindest Teile der deutschen Gesellschaft eine Revision der bisherigen sozialen Entwicklung für notwendig erachten. Interessant dabei ist nun, daß manche dieser Vorschläge genau das zum Ziel haben, was in der japanischen Gesellschaft wiederum diskutiert und revidiert werden soll, etwa die institutionelle Struktur und vor allem der hohe Privatanteil in der Finanzierung des Gesundheitswesens, der Erziehung oder der Alterssicherung. Letzterer hat zwar über Jahrzehnte hinweg eine hohe private Sparquote und damit volkswirtschaftlich auch ein großes

Investitionspotential entstehen lassen, führt nun aber wegen der Verschiebungen in der Altersstruktur zu einem ebenfalls volkswirtschaftlich wirksamen Prozeß des Entsparens.

Was auch immer man aus den japanischen Erfahrungen für die Gestaltung der Politik in Deutschland lernen will und umgekehrt: Japan tritt in eine Phase der Destabilisierung oder doch wenigstens der Gefährdung einer der wichtigsten Grundlagen seiner bisherigen Entwicklung ein, nämlich der seiner inneren Kohärenz. Der Trend zum Individualismus wird ebenso stärker wie der feste Wille in weiten Kreisen der japanischen Bevölkerung, nun auch selbst die Ergebnisse des langjährigen wirtschaftlichen Wachstums durch mehr Konsum oder Freizeit zu genießen. Ebensowenig scheint man bereit, die bisher aufgelaufenen Defizite in der Umweltpolitik oder der sozialen Infrastruktur weiterhin zu akzeptieren, und fordert demgegenüber von Politik und Regierung tatkräftiges Handeln.

Die Frage danach aber, ob Politik und Regierung dazu tatsächlich in der Lage sein werden, wird ganz wesentlich über die zukünftige Entwicklung der japanischen Gesellschaft entscheiden. Damit soll nun nicht der Eindruck erweckt werden, als könne die Politik in Japan die soziale und ökonomische Entwicklung mehr als in anderen Ländern beeinflussen; schließlich zeigen die Erfahrungen fast überall auf der Welt, daß die Einwirkungsmöglichkeiten von politischem und staatlichem Handeln auf gesellschaftliche Prozesse angesichts zunehmender Komplexität und Globalisierung immer geringer werden – anders ausgedrückt: Die anderen gesellschaftlichen Teilsysteme haben eine wachsende Immunität gegenüber Versuchen zur direkten Regulierung durch Politik und Staat entwickelt. Dies gilt sicherlich auch für Japan, wo allerdings die Politik und vor allem der Staat – entgegen anderslautenden Vorstellungen im Westen – während der gesamten Industrialisierung seit der *Meiji*-Restauration nur selten unmittelbar in die sozialen und wirtschaftlichen Vorgänge eingegriffen haben.

In gewisser Weise haben daher manche Autoren recht, wenn sie Japan als eine »Gesellschaft ohne Staat« bezeichnen und dabei an das spezifische, obrigkeitliche Verhalten in den westlichen Nationen denken; eine derartige Durchsetzung von Anordnungen durch Befehl und Gehorsam ist in der Tat unüblich in der politischen Kultur Japans. Wir haben schon zu Beginn dieses Kapitels darauf verwiesen, daß sich staatliches Handeln in Japan eher auf dem Verhandlungswege oder über sonstige konsensbildende Maßnahmen vollzieht und als Handlungsmaxime die Übereinstimmung zwischen Regierung und Regierten gilt. Damit aber kommt die japanische Tradition den im Westen neuerdings vieldiskutierten Modellen eines modernen Staates sehr nahe, der seine Strategien durch Abstimmungsprozesse und Kontextsteuerung, also auch durch aktives Aufnehmen der Bedürfnisse und Interessen der autonomen Teilsysteme, umzusetzen versucht und damit jeglichem Anspruch auf eine gesamtgesellschaftliche Steuerung entsagt.

So sehr man wohl zu Recht von einer *geplanten Marktwirtschaft* in Japan (und zwar nicht erst seit dem Ende des Zweiten Weltkrieges) sprechen kann, so selten hat der japanische Staat dabei, sei es durch rechtliche Vorschriften oder eigenes wirtschaftliches Handeln, direkt in die ökonomischen Prozesse eingegriffen. Davon, wie Staat und Wirtschaft bei der Entwicklung des Landes seit Kriegsende zusammengewirkt haben, und vor allem, wie diese Zusammenarbeit in der Zukunft aussehen könnte, wird im nächsten Kapitel noch ausführlicher die Rede sein.

Ein Staat ohne Politik?

In Japan macht es noch mehr Sinn als in den westlichen Gesellschaften, die Trennung zwischen Politik und Staat (oder Verwaltung) ernstzunehmen. Man kann bei der Analyse der japanischen Geschichte der vergangenen Jahrzehnte oft den Eindruck gewinnen, als hätten beide Teilsysteme nur wenig miteinander zu tun. Natürlich existiert in Japan eine demokratisch-parlamentarische Ordnung, spätestens seit der von der amerikanischen Besatzung verordneten Verfassung aus dem Jahre 1947 – deren Original übrigens in Englisch abgefaßt war, so daß sich noch heute ab und zu erhebliche exegetische Probleme beim Vergleich der englischen und der japanischen Fassung ergeben. Aber Institutionen wie Parlament oder Volksversammlung haben in der japanischen Kultur überhaupt keine Tradition, anders als in Europa, wo aus tribalen Systemen herkommend die Macht des monarchischen Souveräns immer gebrochen oder doch wenigstens relativiert wurde durch repräsentative Versammlungen der Untertanen, zunächst des Adels, dann des Bürgertums und schließlich des Wahlvolkes insgesamt, das dann letztlich sogar den dynastischen Monarchen selbst als Souverän ablöste.

Eine solche Entwicklung kennt die japanische Geschichte in keiner Weise, und das erste Parlament in der Folge der *Meiji*-Verfassung von 1889 war dementsprechend in seinen Rechten mehr als begrenzt. Es hatte keine Möglichkeit, die Regierungspolitik – angewiesen oder sanktioniert durch den Kaiser – zu debattieren oder zu hinterfragen. Die Vorstellung von einer organisierten parlamentarischen Opposition war der japanischen Politik wesensfremd und konnte nur als Rebellion nicht nur gegen einzelne politische Maßnahmen, sondern das System insgesamt verstanden werden. Insoweit war der auf der *Meiji*-Verfassung basierende Staat bis zum Ende des Zweiten Weltkrieges sicherlich eine konstitutionelle, aber keine parlamentarische Monarchie, und auch während dieser Zeit konnten sich keine demokratischen oder parlamentarischen Strukturen, vergleichbar denen im Westen, herausbilden. Die von den USA eingeführte Verfassung der Nachkriegszeit ging zwar von der Annahme universal geltender Interessen und Rechte der Menschen auf Demokratie aus, konnte dabei aber kaum auf irgendwelchen japanischen Erfahrungen mit einem solchen System aufbauen.

Was die USA in ihrer Besatzungszeit der japanischen Gesellschaft hinterließen, war ein regelungsorientiertes System, das den formalen Rahmen für demokratisches Handeln ermöglichen sollte. Genutzt wurde dieser Rahmen jedoch in einer anderen Art und Weise, als die Schöpfer der Verfassung es sich wahrscheinlich vorgestellt hatten. Nach allgemeinem Verständnis im Westen gehört der Wechsel in der Regierung zu den konstitutiven Merkmalen einer parlamentarischen Demokratie; in Japan hat aber ein solcher Wechsel – abgesehen von kurzen Perioden direkt nach Kriegsende und in der Mitte der 90er Jahre – noch nicht stattgefunden, sondern die konservativen Parteien und nach ihrer Vereinigung im Jahre 1955 die Liberal-Demokratische Partei LDP sind fast ununterbrochen an der Macht. Das hat mehrere Gründe: Zunächst einmal ist die Regierungszeit vor allem der LDP einhergegangen mit stetig wachsendem Wohlstand und wirtschaftlichem Erfolg, was bei den Wählern die Bereitschaft zur Veränderung der politischen Mehrheitsverhältnisse sicherlich nicht unbedingt gestärkt hat. Auch wenn man zunächst angenommen hatte, daß die Modernisierung der japanischen Gesellschaft als Folge der wirtschaftlichen Entwicklung (Verjüngung, Verstädterung, Industrialisierung, Wohlstand) wie in manchen westlichen Ländern eher sozialdemokratische Gruppierungen befördern würde, trat dieser Umstand in Japan nicht ein, sondern stabilisierte eher die konservativen Mehrheiten, zumal sich die Opposition im Laufe der Zeit und ihrer Erfolglosigkeit immer mehr fragmentierte.

Hinzu kommt – wie schon angedeutet – ein Zuschnitt der Wahlkreise, der die ländlichen Regionen gegenüber den städtischen enorm bevorzugt, basiert er doch fast immer noch unverändert auf der Volkszählung von 1945, als die städtische Bevölkerung nur ein Drittel der Gesamtbevölkerung ausmachte. Heute leben mehr als drei Viertel aller Japaner in den Städten – eine Veränderung, die sich im Wahlsystem kaum widerspiegelt und dazu führt, daß ein Abgeordneter aus einem städtischen Wahlkreis fast fünfmal so viele Wähler repräsentiert wie derjenige aus einer ländlichen Region. Die Städte und ihre politischen Interessen sind also deutlich unterrepräsentiert, und das um so mehr, als fast zwei Drittel der LDP-Abgeordneten aus ländlichen Bezirken stammen. Diese Situation wird von den Wählern sehr genau registriert und hat dazu geführt, daß die Wahlbeteiligung in den Städten sehr niedrig ist, was die Wahlchancen der LDP wiederum erhöht und die selbststabilisierenden Tendenzen des Systems stärkt.

Diese traditionelle politische Macht der LDP hat Konsequenzen: zum einen sicherlich die bei anhaltendem Erfolg immer geringer werdende Bereitschaft, Reformen oder Modifikationen in der politischen Strategie vorzunehmen. Das kann angesichts der absehbaren sozialen und ökonomischen Herausforderungen ein nicht unerhebliches Hindernis in der Zukunft darstellen. Zum anderen aber ist die LDP in sich keineswegs homogen und vor allem keine programmatische Partei, sondern – wenn man so will – ein auf Dauer angelegtes Wahlbündnis unterschiedlicher Gruppierungen und Fraktionen, deren Gewicht innerhalb der Partei keineswegs stabil ist, sondern sich im Zeitablauf immer wieder verändert. Die wichtigste ist zweifellos die *Keiseikai* oder *Takeshita*-Fraktion, die von vielen bis zu ihrer Spaltung im Jahre 1993 als die eigentliche Regierungspartei Japans bezeichnet wurde. Die Fraktionierung der LDP führt ihrerseits zum in der jüngeren japanischen Geschichte bekannten Phänomen, daß die Amtszeiten von Premierministern oder Ministern im Vergleich zu den Regierungen anderer Länder ausgesprochen kurz sind, weil die Verweildauer im Amt vom Status der jeweiligen Fraktion im inneren Machtgefüge der LDP abhängt.

Eine derartig organisierte Politik kann aber keine starke Stellung gegenüber der staatlichen Verwaltung entwickeln, vor allem dann nicht, wenn nach Kultur und Geschichte die Exekutive ohnehin Vorrang vor der Legislative genießt. Auch heute noch kann die japanische Regierung ihre Strategien fast unbeeinflußt von Politik und Parlament formulieren und umsetzen, jedenfalls solange sie vorab die informellen Abstimmungsverfahren mit den betroffenen sozialen Gruppen und den Meinungsführern der Regierungspartei (zumeist den Geschäftsführern oder Vorsitzenden der Fraktionen innerhalb der LDP) durchgeführt hat. Da aber die Verwaltung in Japan – wie schon erwähnt – ohnehin nicht dazu neigt, Anweisungen oder Befehle zu geben, sondern sich lieber des Einverständnisses der Betroffenen versichert, fällt es ihr auf Grund dieser Erfahrungen nicht schwer, sich gegenüber der Politik durchzusetzen, zumal sie durchaus das *log-rolling*-Verfahren beherrscht und bei ihren Entscheidungen die Interessen des ländlichen Raumes immer wieder durch Investitionen, Finanzzuweisungen oder protektionistische Maßnahmen zu befriedigen sucht.

Die tatsächliche und deutliche Bevorzugung der peripheren Regionen hat also weniger etwas mit einer bewußten Strategie der Entballung, der gleichgewichtigen Entwicklung aller Regionen und der Herstellung gleichwertiger Lebenschancen zu tun als mit dem – erfolgreichen – Versuch der Pazifierung der parlamentarischen Mehrheit, denn zu besonderen sonstigen Ergebnissen hat diese Politik bislang nicht geführt. Immer noch wachsen die nach Bevölkerung und Wirtschaftskraft führenden städtischen Regionen wie Kanto und Kansei fast ungehindert weiter an, ohne daß es gelungen wäre, attraktive Alternativen in anderen Teilen des Landes zu schaffen.

Die Schwäche der Politik in Japan wird aber noch an einem weiteren Umstand deutlich, nämlich ihrer großen ökonomischen Verwundbarkeit. In einem zentralistischen Regierungssystem wie dem Japans hat die starke Verwurzelung der Mehrheitspartei in den peripheren Regionen zur Folge, daß Abgeordnete und Partei eine umfangreiche und kontinuierliche Organisation in den jeweiligen Wahlkreisen, sogenannte Unterstützungsvereinigungen (*kôenkai*), aufbauen und unterhalten müssen. Dies jedoch erfordert große Summen; Ende der 80er Jahre hat eine Untersuchung ergeben, daß pro Parlamentssitz etwa 1 Milliarde ¥ (was nach heutigem Kurs etwa 13 Millionen DM entspricht) an Wahlkampfkosten entstehen, die in der Regel weder aus den Mitgliederbeiträgen noch aus einer staatlichen Parteienfinanzierung wie in Deutschland erbracht werden können. Die Kandidaten oder Abgeordneten sind also darauf angewiesen, zusätzliche Zuwendungen entweder aus dem von den jeweiligen Fraktionen zentral verwalteten Fonds zu erhalten (was ihre Abhängigkeit von eben diesen Fraktionen erhöht) oder aber direkt aus dem jeweiligen lokalen wirtschaftlichen Umfeld. Dabei aber ist eine Unterscheidung zwischen legaler Spende und illegaler Bestechung nicht immer leicht möglich, denn natürlich werden bei der Gewährung von finanzieller Unterstützung auch entsprechende Gegenleistungen erwartet, die sich nicht nur auf eine allgemeine politische Interessensvertretung beschränken lassen.

Vor allem während der Phase der *bubble economy*, als die meisten Spekulationsgeschäfte etwas mit der Entwicklung oder dem Kauf von Land zu tun hatten, waren diese Verbindungen zwischen Wirtschaft und Politik besonders deutlich und eng. Entsprechend groß war in der Folge auch die Zahl der Skandale, in die Politiker nahezu aller Parteien bis hinauf zu Regierungsmitgliedern verwickelt waren. Davon betroffen waren nicht nur Ministerpräsidenten, sondern auch Kanemaru Shin, lange Zeit als Führer der *Takeshita*-Fraktion die entscheidende Person innerhalb der LDP, der zwar nie ein wichtiges offizielles Amt innehatte, gleichwohl entsprechend der japanischen Tradition hinter den Kulissen den tatsächlichen Einfluß ausübte. Er mußte 1993 seinen Parlamentssitz aufgeben, als gewisse Verbindungen zur *yakuza*, dem organisierten Verbrechen in Japan, bekannt wurden. Selbst wenn man in weiten Teilen der japanischen Öffentlichkeit immer davon ausgegangen war, daß eine solche Verbindung zwischen Wirtschaft und Politik bis hinein in die organisierte Kriminalität existierte, haben doch die Skandale der letzten Jahre das ohnehin geringe Vertrauen in die Qualität und die Seriosität der Politik endgültig geschwächt, was es sehr unwahrscheinlich macht, daß aus dem politischen System Japans – so wie es sich zur Zeit darstellt – demnächst besondere Innovationen hervorgehen.

Dies beließe also die Verantwortung für Reform und Modernisierung der japanischen Gesellschaft, wie schon einmal in ihrer Geschichte, wieder bei der Administration. Allerdings haben sich gerade in den letzten Jahren Entwicklungen in der parteipolitischen Szene gezeigt, deren endgültige Ergebnisse man zwar noch nicht abschätzen kann, die aber dramatisch genug waren, um das traditionelle Parteiensystem aufzurütteln: Durch Austritte einiger Abgeordneter oder sogar durch Abspaltung ganzer Gruppen haben sich seit 1993 neue Parteien gegründet und sich kurze Zeit später – jedenfalls die meisten von ihnen – zu einer neuen, großen Oppositionspartei zusammengeschlossen, der *Shinshintô* (Partei der neuen Grenze). Sie weist zwar in sich noch erhebliche programmatische Differenzen auf, konnte sich aber wenigstens für eine gewisse Zeit als Alternative zur bisherigen Regierungspartei und den traditionellen Oppositionsparteien profilieren. Es kam im Frühjahr 1994 sogar zu dem, was lange Zeit in der japanischen Politik als undenkbar erschienen war, nämlich zur Bildung einer Regierung ohne Beteiligung der LDP. Das Bündnis von acht Parteien hielt allerdings kaum länger als zwei Monate, bis die LDP wieder an die Regierung zurückkehrte, nun jedoch in einer – ebenfalls lange Zeit für unmöglich erachteten – Koalition mit der Sozialdemokratischen Partei, die mit Murayama Tomiichi sogar den Ministerpräsidenten stellen konnte. Im September 1996, kurz vor den für den 20. Oktober 1996 angesetzten Parlamentswahlen, bildete sich durch Abspaltungen und Übertritte einiger Abgeordneter vor allem aus der Sozialdemokratischen und der *Shinshintô*-Partei die *Minshutô*-Partei, die Demokratische Partei Japans. Wie sehr sich aus dieser bislang recht kurzen Phase der politischen Reorganisation tatsächlich neue Impulse und letztlich auch strukturelle Veränderungen in der japanischen Politik entwickeln werden, bleibt abzuwarten; es sieht jedoch danach aus, als würden die kommenden Jahre weiterhin eine Zeit des Umbruchs sein, gekennzeichnet durch wachsende parteipolitische Auseinandersetzungen, die Suche nach strategischen Bündnissen, neue Spaltungen und Fusionen, kurz gesagt: durch eine anhaltend hohe politische Instabilität.

Die Ergebnisse der Wahlen zum Unterhaus am 20. Oktober 1996 bestätigen diese Erwartungen. Vor allem die LDP konnte von den Veränderungen im Wahlsystem profitieren, mit denen Japan eine dem deutschen System ähnliche Mischung aus Direkt- und Verhältniswahl eingeführt hatte. Zwar erreichte die LDP nicht die angestrebte absolute Mehrheit der Sitze, konnte aber im Gegensatz zu nahezu allen Oppositionsparteien deutliche Gewinne verzeichnen;

gleichwohl bleibt die LDP auf Koalitionspartner – und dabei vor allem die Sozialdemokraten, aber auch die *Sakigake*-Partei – angewiesen, die beide zwar erhebliche Verluste erlitten, deren Stimmen im Oberhaus jedoch dringend von der LDP benötigt werden, um tragfähige Mehrheiten in beiden Häusern des Parlamentes zustandezubringen. Aber auch die Erfolge der LDP blieben relativ, denn selbst wenn sie den höchsten Anteil der abgegebenen Stimmen – sowohl bei den Direktkandidaten als auch bei der Listenwahl – auf sich vereinigen konnte, sagen diese Zahlen angesichts der mit kaum 60 Prozent äußerst geringen Wahlbeteiligung nur wenig über die Zustimmung innerhalb der Gesamtbevölkerung aus: Gemessen an der Zahl aller Wahlberechtigten erreichte die LDP kaum 22 Prozent aller Stimmen bei den Wahlen zu den Direktmandaten und sogar noch weniger als 20 Prozent bei der Listenwahl.

Erste Analysen haben sehr deutlich gemacht, daß die LDP zwar ihr traditionelles Wählerpotential – in den ländlichen Regionen mit einer eher kleinindustriell geprägten Struktur – hat weitestgehend ausschöpfen können, es ihr aber nicht gelungen ist, die jungen, städtisch geprägten Schichten zu erreichen. In diesem Sinne ist der – relative – Erfolg der LDP auch ein Zeichen für die Unsicherheit in der japanischen Bevölkerung angesichts der wachsenden Notwendigkeit zu grundlegenden innen- und außenpolitischen Entscheidungen: Während der eine, geringer werdende Teil der Bevölkerung in dieser Situation weiterhin konservativen Gruppierungen vertraut, von der LDP also den Schutz vor tiefgreifenden Veränderungen oder zumindest die Abmilderung ihrer Konsequenzen erwartet, traut der andere, wachsende Teil der Bevölkerung vor allem in den wirtschaftlichen Zentren weder der LDP noch offensichtlich irgendeiner anderen politischen Kraft die Energie und Vision zu, solche Veränderungen überhaupt in Gang zu setzen, und verharrt in einer zunehmenden politischen Apathie.

Diese politischen Instabilitäten aber können gleichzeitig die ohnehin schon starke Rolle der Administration weiter ausbauen, denn auch, wenn Parteien und Parlament sich immer mehr auf selbstreferentielles Handeln beschränken und ein großer Teil der Bevölkerung sich nicht mehr um Politik zu kümmern scheint, bleibt doch die Notwendigkeit, Politik in die Gesellschaft hinein zu gestalten und umzusetzen. Und diese Notwendigkeit wird in Japan während der nächsten Jahre eher noch größer werden als bisher. Die Frage ist also, wie weit wenigstens die Administration, möglicherweise in ihrer Allianz mit den Unternehmen, in der Lage sein wird, neuartige Strategien zu entwickeln. Die japanische Bevölkerung traut der Administration derartige Leistungen nicht mehr unbedingt zu: Zu den wesentlichen Themen des Wahlkampfs gehörte die Diskussion darüber, wie man den Einfluß der Bürokratie auf das tägliche Leben in Wirtschaft und Gesellschaft zurückdrängen kann, wie man einerseits die innere Struktur der Verwaltung – und hierbei insbesondere diejenige des Finanzministeriums – reformieren und andererseits die bereits begonnenen Maßnahmen der Deregulierung energisch fortsetzen kann. Diesen Fragen muß sich die neue Koalitionsregierung unter Führung der LDP stellen, wenn das Interesse und die Akzeptanz der Bevölkerung für die Politik nicht noch weiter nachlassen sollen und damit die Legitimation des politischen Systems in Japan insgesamt in Gefahr gerät. Ob der weiterhin amtierende Ministerpräsident Hashimoto Ryutaro seine entsprechenden Ankündigungen auch tatsächlich umsetzen kann, bleibt angesichts der geringen inneren Kohärenz der LDP noch abzuwarten. Auch wenn die LDP im Zweifel alleine regieren könnte – kann doch im Parlament nur mit den Kommunisten *gegen* die LDP agiert werden, was wenig wahrscheinlich ist –, so sind doch in den Wahlen eher die reformfeindlichen Gruppierungen innerhalb der LDP gestärkt worden.

Bevor wir uns aber der Frage nach der Rolle der Administration in Japan widmen, wollen wir die Ergebnisse dieses Kapitels über die Veränderungen in der sozialen Kohärenz der japanischen Gesellschaft noch einmal zusammenfassen:

1 Das Erdbeben in Kobe und das Giftgasattentat in der Untergrundbahn von Tokyo im Jahre 1995 haben der japanischen Gesellschaft auf fast symbolische Art und Weise deutlich gemacht, daß sie – und ihr ökonomischer und sozialer Entwicklungsstand – durchaus von innen her gefährdet sein können. Desorganisation und Managementprobleme bei der Aufarbeitung der Folgen jener Katastrophen haben zudem Zweifel an der Effizienz von Regierung und anderen gesellschaftlichen Institutionen geweckt.

2 Nachdem sich die Gesellschaft lange Zeit auf das nationale Ziel des wirtschaftlichen Wiederaufbaus und des Erreichens eines hohen Wohlstandsniveaus hatte einigen und während der *bubble economy* ihre Konsumneigung hatte ausleben können, tauchen nun vermehrt Fragen nach der Befriedigung individuell differenzierter emotionaler und sozialer Bedürfnisse auf, für die weder Wirtschaft noch Staat in einem gruppenorientierten System ausreichende Angebote bereitstellen können.

3 Die Familie als ein wesentlicher Ort der sozialen Einbindung und Sicherung innerhalb der japanischen Gesellschaft befindet sich in einer Phase der Umstrukturierung: Die Mehrgenerationenfamilie verliert an Bedeutung, gleichzeitig gewinnen andere Familienformen bis hin zum Einzelhaushalt an sozialer Akzeptanz. Dies wirft schwerwiegende Fragen vor allem unter Berücksichtigung der Verschiebungen in der Altersstruktur auf, wo einer wachsenden Zahl alter Menschen weder ein ausreichendes finanzielles noch institutionelles System der sozialen Sicherung gegenübersteht.

4 Auf der anderen Seite ist das Erziehungssystem mit seiner starken Ausrichtung auf Disziplinierung und Zertifizierung immer stärker in die Diskussion geraten. Angesichts der relativ sinkenden Bedeutung der industriellen Massenproduktion und der wachsenden Notwendigkeit, zur Entwicklung und zum Aufbau neuer Technologien und Wirtschaftszweige auch Fähigkeiten wie Kreativität und Individualität zu fördern, wird eine Revision von System und Inhalten des Erziehungswesens gefordert.

5 Nachdem die japanische Gesellschaft über lange Zeit beim Ausbau der Infrastruktur und beim Umweltschutz die Priorität der Wirtschaft akzeptiert hatte, geraten nun auch diese Fragen verstärkt in das Bewußtsein der Öffentlichkeit. Gefordert werden dabei nicht nur technische, sondern vor allem konzeptuelle Strategien, deren Umsetzung jedoch erheblich in die bisherige Funktionsweise des Wirtschaftssystems in Japan eingreifen würde.

6 Das politische System in Japan hat sich während der vergangenen Jahrzehnte angesichts der augenscheinlichen ökonomischen Erfolge als sehr stabil, wenngleich wenig innovativ erwiesen. Diese Stabilität ist jedoch – nicht zuletzt als Ergebnis der Veränderungen in der Wahrnehmung und den Interessen großer Bevölkerungsteile – nun in eine Phase des Umbruchs eingetreten, deren Ergebnisse sich zur Zeit noch kaum absehen lassen.

7 Die Wahlen im Oktober 1996 haben keine grundlegenden Veränderungen in der politischen Landschaft Japans bewirkt; eher haben sich die Strukturen verfestigt – sowohl, was die beherrschende Position der LDP anbetrifft, als auch in bezug auf das wachsende Desinteresse weiter Teile der Bevölkerung an einer politischen Partizipation innerhalb des gegebenen Parteienspektrums. Grundlegende und weitreichende Reformen des politischen und administrativen Systems sind daher in absehbarer Zeit kaum zu erwarten.

Die innere Kohärenz und damit auch die bisherige Stabilität der japanischen Gesellschaft sind also während der letzten Jahre geringer geworden, wobei der Grad an sozialem Zusammenhalt und die Wahrscheinlichkeit, daß sich die notwendigen strukturellen Veränderungen auf einem geordneten und friedvollen Wege vollziehen werden, immer noch signifikant höher sind als in den meisten westlichen Industrienationen. Massendemonstrationen, Streiks oder gar Aufruhr müssen für Japan auf absehbare Zeit nicht befürchtet werden. Eher schon ist zu erwarten, daß sich der Wandel in kleinen, vom Westen kaum wahrnehmbaren Schritten vollziehen wird. Trotzdem und gerade in dieser Phase der inneren – man kann fast sagen: psychischen – Unsicherheit der japanischen Gesellschaft, in der sowohl Innen- als auch Außenorientierung einer neuen Bewertung unterzogen werden, bieten sich Kooperation und Austausch, nicht nur zugunsten der japanischen Seite, an.

Kapitel 7

Wirtschaftspolitik auf neuen Wegen

In den bisherigen Kapiteln haben wir uns immer wieder mit Fragen der sozialen und gesellschaftlichen Entwicklung in Japan befaßt. Das hatte sicherlich seine guten Gründe, denn diese Faktoren haben einen erheblichen, manchmal unterschätzten Einfluß auf die ökonomische und technologische Wettbewerbsfähigkeit eines Landes. Wir haben die Vorgänge und Strukturen in Japan auch an den Verhältnissen in Europa im allgemeinen und in Deutschland im besonderen zu spiegeln versucht, um auf diese Weise nicht nur den allseits bekannten Umstand zu belegen, daß sich die japanische von den westlichen Gesellschaften unterscheidet, sondern auch, um anzudeuten, daß sich unter der zweifellos exotisch erscheinenden Oberfläche einige auch für die westlichen Denkgewohnheiten durchaus nachvollziehbare und verständliche Strukturen finden lassen. In diesem Sinne bleibt Japan zwar immer noch geheimnisvoll genug, denn es fällt für einen Europäer auch weiterhin schwer, sich rückhaltlos in die Denk- und Verhaltensweisen eines Japaners zu versetzen (so wie man auch nur schwerlich das alltägliche Leben eines Menschen im Mittelalter begreifen kann), aber es sind doch häufig genug auflösbare Geheimnisse, wenn man sich nur ein wenig Mühe gibt.

Diese Mühe allerdings hat Europa über lange Zeit einigen wenigen Spezialisten der Ethnologie überlassen, so lange jedenfalls, wie sich die japanische Gesellschaft nicht als Bedrohung oder wenigstens doch als Herausforderung für die westlichen Kulturen darstellte. Dieser Moment war spätestens in den 1980er Jahren gekommen, als zumindest ein Teilsystem jener Gesellschaft, und zwar die japanische Wirtschaft, augenscheinlich dokumentierte, daß man auch mit einem anderen kulturellen Hintergrund und anderen sozialen Strukturen nicht nur theoretisch, sondern auch praktisch in ökonomischer Hinsicht erfolgreich sein kann. In den vorangegangenen Kapiteln haben wir an vielen Stellen auf diesen Umstand aufmerksam gemacht, ohne bislang allerdings diese ökonomischen Erfolge und ihre Voraussetzungen näher im Zusammenhang zu betrachten. Dies soll im folgenden ausführlicher geschehen.

Die sozialen und gesellschaftlichen Rahmenbedingungen für diese wirtschaftlichen Erfolge haben wir schon im einzelnen angesprochen: die hohe soziale *Kohärenz*, die eine weitgehende Akzeptanz nationaler Entwicklungsziele ebenso ermöglichte wie ein relativ großes Maß an sozialem Frieden während der Entwicklung und Strukturveränderung, die in die Phase der Industrialisierung übertragene *Gruppenorientierung*, welche die schnelle Herausbildung neuer gesellschaftlicher Institutionen ebenso förderte wie deren Vernetzung und vertrauensvolle Zusammenarbeit, die traditionelle Fähigkeit zur selektiven *Adaption* fremder Einflüsse in Kultur und Technik, insbesondere zur Optimierung jener Vorbilder. Wir haben an einigen Stellen auch die enge Verbindung zwischen Staat und Wirtschaft als eine weitere, wichtige Voraussetzung für die schnelle und erfolgreiche Industrialisierung Japans seit der *Meiji*-Restauration zur Mitte des 19. Jahrhunderts benannt. Gerade dieser Umstand aber hat in der Analyse der japanischen Wirtschaftsgeschichte zu vielen Mißverständnissen Anlaß gegeben, hat man sich doch lange Zeit nur Systeme vorstellen können, in denen sich der Staat entweder völlig aus der ökonomischen Entwicklung heraushält oder aber selbst weite Teile der Wirtschaft in eigene Verantwortung und Kontrolle übernimmt.

Jene oft formulierte Dichotomie zwischen Markt- und Planwirtschaft hat sicherlich ihre ideologische Funktion in der Diskussion über die Wettbewerbsfähigkeit von Kapitalismus und Kommunismus erfolgreich erfüllt, trägt aber nur wenig zum Verständnis historischer oder aktueller Wirtschaftssysteme bei, denn abgesehen von England (obwohl man auch in diesem Fall durchaus unterschiedlicher Auffassung sein kann) hat der Staat in allen Ländern Europas erheblichen Einfluß auf Beginn und Verlauf der wirtschaftlich-technischen Entwicklung gehabt. Im Falle Deutschlands kann man sogar der berechtigten Meinung sein, daß ohne das erhebliche staatliche Engagement die Industrialisierung zumindest sehr viel später und schwächer zustande gekommen wäre. Andererseits haben Wirtschaftssysteme, in denen die wirtschaftlichen Aktivitäten direkt dem Einfluß und der Kontrolle des Staates unterworfen waren – wie in den Ländern des kommunistischen Blocks und nach deren Vorbild in manchen Entwicklungsländern – auch keine effiziente, sich letztlich selbst tragende ökonomische Entwicklung als Grundlage für Wohlstand und Sicherheit in Gang gebracht. Daraus kann nun die Folgerung abgeleitet werden, daß es überhaupt nicht um eine solche Grundsatzfrage nach einem staatlichen Engagement in der Wirtschaft und möglicherweise noch nicht einmal um dessen relatives Gewicht geht, sondern eher um die optimale Organisation der Abstimmungsprozesse zwischen Staat und Wirtschaft. Jedenfalls wird sich am Beispiel Japans zeigen lassen, daß das effiziente Zusammenwirken eben zwischen Staat und Wirtschaft eine erhebliche positive Voraussetzung für den Prozeß der Industrialisierung dargestellt hat.

Die Zusammenarbeit zwischen Staat und Wirtschaft seit der *Meiji*-Restauration hat sich natürlich nicht erst im Prozeß der Industrialisierung herausgebildet, sondern war – wie auch in Deutschland – durch die historische Entwicklung vorbereitet. Wir haben schon darauf verwiesen, daß Japan während des größten Teils seiner Geschichte zwar zumeist zentral, aber nicht zentralistisch in dem Sinne organisiert war, daß alle politischen Entscheidungen auf der zentralen Ebene getroffen und kontrolliert wurden. Hinzu kommt, daß sich die tatsächlichen Machtverhältnisse nur selten auch gleichzeitig in der Organisationsstruktur widerspiegelten: Dem Kaiser wurde beispielsweise immer die formale Position an der Spitze der staatlichen und gesellschaftlichen Hierarchie zugeordnet, aber er hat sie – von wenigen Ausnahmen – nie tatsächlich als absoluter Monarch ausüben können; selbst in der eindeutig auf ihn zugeschnittenen *Meiji*-Verfassung werden seine Handlungsoptionen dadurch relativiert, daß er und seine Entscheidungen sich allein innerhalb des durch die kaiserliche Tradition festgelegten Rahmens zu bewegen haben. Auch das *Tokugawa*-Shôgunat, das sich zunächst zu Beginn des 17. Jahrhunderts im Machtkampf zwischen den rivalisierenden *daimyô* durchgesetzt hatte, geriet bald in eine ähnliche Situation, daß nämlich die reale Macht von der inzwischen dynastisch regierenden Tokugawa-Familie auf bestimmte andere Funktionsträger innerhalb der Administration überging, die dann ihrerseits wiederum ihre Funktionen auf fast dynastische Art und Weise vererbten.

Es scheint so, als habe die japanische Gesellschaft nie ein eindeutiges und auch nach außen hin sichtbares Machtzentrum entwickeln können; immer wieder ergab sich analog zum Dualismus zwischen *tatemae* und *honne* zwar keine Gewaltenteilung im Sinne von Montesquieu, aber doch eine stetige und sich immer wieder ändernde Teilung der Macht, so daß es für das westliche Verständnis schwerfällt, Staat, Politik und Regierung in Japan zu identifizieren. Man hat sogar davon gesprochen, daß Japan in gewisser Weise eine »Gesellschaft ohne Staat« darstelle; jedenfalls hat sie davon nie eine umfassende Theorie oder Philosophie entwickelt.

In der japanischen Sprache gibt es den Begriff des *kagemusha*, mit welchem eine Person beschrieben wird, die zwar formal, nach außen hin, die oberste Position in einer hierarchischen Ordnung einnimmt, tatsächlich aber über keinerlei Macht verfügt, sondern abhängig ist von anderen, die im allgemeinen eine eher niedere, wenn überhaupt näher zu definierende Stellung im hierarchischen Gefüge innehaben. Aber auch deren Macht ist nicht unumschränkt und nur selten im westlichen Sinne autokratisch; diejenigen Personen der japanischen Geschichte, die einem *Herrscher* nach westlicher Vorstellung am nächsten kommen, weil sie auf Grund einer starken Persönlichkeit in der Lage waren, ihre Macht deutlich nach außen hin zu zeigen und durch ihre Entscheidungen gesellschaftliche Entwicklungen zu beeinflussen, wie etwa der Shôgun Tokugawa Tsunayoshi (Regierungszeit 1680 bis 1709), haben keine besonders gute Reputation. Selbst für diejenigen, die herrschen, gelten die Regeln einer gruppenorientierten Gesellschaft, in der allein die Akzeptanz durch die Gruppe über Gut und Böse entscheidet.

Die kapitalistische Revolution fand nicht statt

Nun hatte die japanische Gesellschaft schon während der *Tokugawa*-Periode, wie eben unter jenem Shôgun Tsunayoshi, längere Phasen des wirtschaftlichen Wachstums erlebt, in denen sich Handwerk und Gewerbe entwickelten, Kapital bildete und das Land von der Natural- in das Stadium der Geldwirtschaft überging. Ähnlich wie im 16. und 17. Jahrhundert in Europa entstand auf diese Weise in Japan eine zahlenmäßig recht große Schicht von wohlhabenden Händlern, die allerdings in ihrer ökonomischen Entwicklung weitgehend von den Bedürfnissen des Feudaladels, vor allem der Nachfrage nach Luxusgütern abhing. Der überwiegende Teil des Marktpotentials war also identisch mit dem Konsum des Adels. Zwar geriet auch umgekehrt der Adel wegen des Überganges zur Geldwirtschaft in eine zunehmende Abhängigkeit von der neuen Händlerschicht, diese aber konnte daraus keinen politischen und gesellschaftlichen Nutzen ziehen, denn die strikte Standesordnung jener Zeit – in welcher die Händler entsprechend konfuzianischen Vorstellungen nur den untersten Stand bildeten – ließ keinen Raum für irgendwelche Emanzipationsbemühungen des Bürgertums. Überdies gab es für die Händler kaum Möglichkeiten, die Schulden des Adels auch tatsächlich einzutreiben und auf diese Weise eine wirkliche ökonomische Macht auszuüben.

Da die Abschließung des Landes nicht nur die Einfuhr, sondern auch die Ausfuhr von Gütern unmöglich machte, war die Entwicklung der japanischen Wirtschaft allein von den Potentialen des Inlandsmarktes abhängig, die aber wiederum zu klein und im Zeitablauf zu unsicher waren, als daß sich daraus eine innere Notwendigkeit zur Industrialisierung und Technisierung ergeben hätte. Die Steigerung der Produktivität als Ergebnis einer wachsenden Arbeitsteilung innerhalb des Handwerks und die Erschließung neuer Produktionsstandorte außerhalb der wirtschaftlich umfassend regulierten Städte reichten völlig aus, um die Nachfrage der heimischen Märkte zu befriedigen. Die Voraussetzungen für das, was man in der Theorie der wirtschaftlichen Entwicklung die *take-off*-Phase genannt hat, also den Beginn eines sich selbst tragenden, anhaltenden wirtschaftlichen Wachstums, waren am Ende der *Tokuga-*

wa-Periode noch nicht vorhanden, obwohl sich manche der dafür notwendigen Faktoren – wie Kapital, Arbeitsteilung, Distributionssystem – durchaus schon entwickelt hatten, was natürlich der späteren Industrialisierung zugute kam. Vor allem der Umstand, daß es den Händlern im Rahmen der Standesordnung verboten war, ihr Geld in Land zu investieren, sollte sich dabei als großer Vorteil erweisen, denn auf diese Weise stand schon zu Beginn der Industrialisierung genügend freies Kapital zur Verfügung und war nicht – wie etwa im Falle Preußens – in der Landwirtschaft gebunden.

Die Händler und Handwerker jener Periode waren also beim Absatz ihrer Produkte weitgehend auf den Adel und vor allem den Staat als Nachfrager angewiesen, so daß sich in dieser Zeit eine enge Form der Kooperation herausbildete. Die in manchen Regionen Japans geübte Praxis, staatliche Monopole privaten Pächtern zu überlassen, hatte ebenso Bindungen entstehen lassen wie die gemeinsamen Erfahrungen von Reformern und Händlern beim Sturz des Shôgunats. Diese Zusammenarbeit verstärkte sich noch, als in der Folge der *Meiji*-Restauration sehr deutlich wurde, daß ohne den umfassenden Transfer von Wissen und Technologie aus dem Ausland eine Industrialisierung des Landes kaum möglich sein würde. Ob bewußt oder nicht: Schon bald entwickelte sich eine Arbeitsteilung zwischen Staat und Wirtschaft, in welche die Unternehmen das Kapital und der Staat die Technologie einbrachten. Entsprechend der aus Deutschland übernommenen Strategie einer nationalen Handelspolitik sorgte der Staat dann auch noch dafür, daß sich die heimische Industrie geschützt durch Zölle und Importrestriktionen zunächst entwickeln konnte, ohne sofort der überlegenen internationalen Konkurrenz ausgesetzt zu sein. Hinzu kam, daß der Staat in seinem eigenen Investitionsverhalten dem Ausbau der wirtschaftsnahen Infrastruktur, vor allem dem Eisenbahnbau und der Schiffahrt, absolute Priorität einräumte. Davon profitierte der Privatsektor seinerseits wiederum direkt in Form von öffentlichen Aufträgen.

Die Kooperation zahlte sich für beide Seiten aus – für die Wirtschaft, indem sie äußerst vorteilhafte Entwicklungsbedingungen vorfand, für den Staat, indem die Unternehmen schnell ihre Aufgabe erfüllten, die ökonomischen Voraussetzungen für den dringend erwünschten Aufbau militärischer und politischer Macht zu erbringen. Von Anfang an also hatte sich der japanische Staat nicht für eine regelungs-, sondern für eine entwicklungsorientierte Strategie entschieden, indem er nicht allein wie im angelsächsischen Entwicklungsmodell einen rechtlichen und institutionellen Regelungsrahmen vorgab und dann auf die freie Entfaltung der Marktkräfte hoffte (so als öffne man ein Ventil für den angestauten sozialen Druck innerhalb der Gesellschaft), sondern analog zu den Erfahrungen in Kontinentaleuropa und besonders in Preußen selbst die Initiative für die Definition und die Umsetzung der gesellschaftlichen Entwicklung übernahm (eben in Ermangelung einer solchen inneren sozialen Dynamik). Aus diesen unterschiedlichen strategischen Auffassungen in der Wirtschaftspolitik lassen sich im übrigen bis auf den heutigen Tag viele der ideologischen und tatsächlichen ökonomischen Konflikte zwischen Japan und den USA ableiten.

Man hat häufig zu Recht betont, daß die Orientierung auf Ziele eine Art kulturelle Konstante in der japanischen Gesellschaft darstellt. Tatsächlich schlug sich diese Orientierung von Anfang an nieder in einer dezidierten Industriepolitik (*sangyô seisaku*) der japanischen Regierung, welche, wenn auch in zunehmender Absprache mit den Unternehmen, die Ziele und Strategien der wirtschaftlichen Entwicklung festlegte. Und eine solche Strategie funktionierte auch so lange recht reibungslos, wie die Interessen von Staat und Unternehmen weitgehend übereinstimmten. Damit allerdings war es spätestens nach dem Ende des Ersten Weltkrieges vorbei, als sich einerseits die Unternehmen ökonomisch so weit entwickelt hatten, daß sie glaubten, die staatliche Führung nicht nur in der Wirtschaft, sondern in der Gesellschaft insgesamt in Frage stellen zu können, und andererseits in Staat und Regierung politische und militärische gegenüber den bisher vorrangigen wirtschaftlichen Entwicklungszielen in den Vordergrund traten. Der staatlichen und in zunehmendem Maße der militärischen Führung gelang es, unter Ausnutzung einer wachsenden sozialen Unzufriedenheit vor allem der ländlichen Bevölkerung diese Emanzipationsbemühungen des neu entstandenen Bürgertums teils politisch zu desavouieren, teils durch direkte Gewaltmaßnahmen wie politische Morde und militärische Putschversuche zu unterdrücken.

In gewisser Weise durchaus vergleichbar zur Weimarer Republik hatte die parlamentarische Demokratie, selbst mit einer bürgerlich-konservativen Orientierung, auch in Japan keinerlei Chance, zumal die Weltwirtschaftskrise von 1929 auch die sich gerade konsolidierende und nach dem schweren Erdbeben in Tokyo 1923 noch mitten in einer Aufbauphase befindliche japanische Wirtschaft schwer in Mitleidenschaft zog. Gleichwohl mußte die Militärführung – die spätestens seit Mitte der 30er Jahre auch gleichbedeutend mit der politischen Führung des Landes war – ein massives Interesse daran haben, die wirtschaftliche Entwicklung zu fördern, um auch weiterhin eine Strategie der militärischen Expansion verfolgen zu können, denn es war klar, daß diese Strategie irgendwann einmal in einem Konflikt mit den Westmächten enden würde. Zunächst noch über direkte Vorgaben und Kontrollen, dann aber immer mehr über ein System, das später unter dem Begriff der *administrativen Lenkung* bekannt werden sollte, versuchte die japanische Regierung, die Wirtschaft so schnell und so umfassend wie möglich wieder auf einen Wachstumspfad zu bringen. Ebenso wie im Deutschland jener Jahre wurden die staatlichen Eingriffe in die Wirtschaft desto direkter und weitreichender, je mehr die desolater werdende militärische Lage eine striktere Bewirtschaftung der knappen Ressourcen erforderte. Die Eigentumsfrage wurde dabei jedoch ebenso wenig gestellt, wie man den Unternehmen die Möglichkeit nahm, Gewinne zu erzielen und weitgehend nach eigener Entscheidung zu verwenden. So sehr sich die politische Rhetorik sowohl in Japan als auch im Deutschland jener Jahre antikapitalistisch gab, von sozialistischem Handeln konnte keine Rede sein.

Wirtschaftswunder nach Plan

Trotz der tiefgreifenden Veränderungen in der japanischen Wirtschafts- und Unternehmensstruktur nach dem Kriegsende (Übergang von Familien- zu Kapitalgesellschaften, Zerschlagung der *zaibatsu* und Entwicklung der *keiretsu*) wirken die politökonomischen Strukturen, die im Jahrzehnt zwischen 1935 und 1945 geschaffen wurden, bis zum heutigen Tag. Da ist zum einen die damals systematisch auf alle Lebensbereiche übertragene Standardisierung zur Förderung und Forcierung der industriellen Produktion. Dabei spielten die *Japan Industrial Standards* (JIS), mit denen alle Produkte standardisiert und klassifiziert wurden, eine wesentliche, aber nicht die alleinige Rolle. Bau- und Sicherheitsvorschriften wurden ebenso erlassen wie strikte Regeln für das Gesundheitswesen; 1941 versuchte die Regierung sogar, einen Standard für Kleidung durchzusetzen, der beispielsweise nur noch zwei Typen von Herrenkleidung zuließ, aber das stieß auf so wenig Akzeptanz in der Bevölkerung, daß man diese Vorschriften bald wieder abschaffen mußte.

Die Regierung hatte damit sicherlich auch politische Absichten verfolgt – die Homogenisierung und Formierung der Gesellschaft in eine ideologische Richtung –, und für die Wirtschaft bedeutete eine solche Standardisierung die Möglichkeit zur effizienten und profitablen Massenproduktion. In der Tat lassen sich für Japan heutzutage zwar gewisse schicht- und vor allem einkommensspezifische Konsumgewohnheiten feststellen, aber kaum Unterschiede in ihrer regionalen Verteilung; Japan verfügt, was den Konsum angeht, über einen weitgehend einheitlichen Binnenmarkt. Eine zweite, heute noch wirksame Konsequenz aus der Politik jener Jahre ist die Standardisierung und Klassifizierung auch im Erziehungswesen, die den Zweck hatte, ein Arbeitskräftepotential bereitzustellen, das den Anforderungen der industriellen Massenproduktion entsprach; darüber haben wir schon im vergangenen Kapitel gesprochen, so daß wir es hier bei diesem Hinweis belassen können.

Ein dritte Hinterlassenschaft jener nationalistischen Periode hat ebenfalls heute noch erhebliche – und immer dramatischer werdende – Konsequenzen, nämlich die Konzentration aller politischen und wirtschaftlichen Macht in der Hauptstadt Tokyo. In seiner Geschichte bis in die *Meiji*-Periode hinein war – wie gesagt – Japan ein zwar zentral, aber nicht zentralistisch regiertes Land gewesen mit durchaus vielfältigen Wachstums- und Entwicklungspolen. Ein nicht unerheblicher Teil der Industrialisierung hatte sich ohnehin dezentral, sogar außerhalb der urbanen Zentren abgespielt. Wenn aber – gemäß der nationalistischen Ideologie – eine Gesellschaft organisiert sein soll wie ein Körper, dann kann es auch nur einen Kopf geben, in diesem Fall die Hauptstadt Tokyo. Indem man Industrieverbände schuf, die ihren Sitz naturgemäß in Tokyo hatten und dort ihre Aktivitäten entwickelten, indem man die Medienwirtschaft, an der Spitze das neuartige Rundfunkwesen, aber auch die Verlage ebenso in Tokyo konzentrierte wie die staatlich geförderte Kultur, entstand innerhalb nur weniger Jahre eine sich selbst verstärkende Dynamik in Richtung auf ein einziges Zentrum.

Diese Entwicklung verlief von Anfang an nicht ohne Widerstände, war aber letztlich für die staatliche Administration so attraktiv, daß auch nach Kriegsende von ihr keinerlei ernsthafte Versuche zu einer erneuten Dezentralisierung des Landes unternommen wurden. Im Gegenteil: Auch die Nachkriegspolitik hat alles darangesetzt, etwa durch eine spezifische Verteilung von Zuweisungen und Investitionen, diesen Zustand aufrechtzuerhalten. Was sich für eine gewisse Zeit noch damit begründen ließ, daß bei einer solchen Konzentration von Wirtschaft, Politik und Bevölkerung die Kosten für Kommunikation und Logistik niedrig gehalten werden können, ist heute kein tragfähiges Argument mehr; die Ballungskosten Tokyos übersteigen die Vorteile inzwischen bei weitem. Und es werden auch die indirekten Kosten immer deutlicher, die sich beispielsweise aus einer zentralisierten Informations- und Medienlandschaft ergeben: Dieser Wirtschaftszweig ist nicht nur hochgradig oligopolistisch quer über die einzelnen Medien (Rundfunk, Fernsehen, Presse, Werbung) organisiert, er ist zudem fast ausschließlich in Tokyo zentriert, was durch entsprechende Gesetze weiterhin unterstützt wird. Aus Sicht der deutschen Geschichte und Erfahrung ein eher seltsam anmutender Zustand, ist diese ausschließliche Orientierung auf Tokyo offenbar so tief in der japanischen Gesellschaft verankert, daß sich bislang keine ernstzunehmenden politischen Gruppierungen gefunden haben, die mit Macht auf eine Veränderung drängen.

Schließlich und endlich haben sich auch die strategischen Grundzüge der »administrativen Lenkung« in der Wirtschaftspolitik bis zum heutigen Tage fast unverändert erhalten. Die damals schon beschrittenen Wege, um die regierungsamtlichen Vorgaben in die Wirtschaft zu transportieren, existieren immer noch: die administrative Kontrolle (*kanryô tôsei*), die Selbstorganisation der Wirtschaft (*jishu chôsei*) und schließlich die Verwaltung durch Führung im engeren Sinne (*yûdô gyôsei*). Die direkte administrative Kontrolle der Wirtschaft ist während der vergangenen Jahre sicherlich in dem Maße geringer geworden, wie die japanischen Unternehmen wettbewerbsfähig und organisiert genug waren, sich gegenüber der ausländischen Konkurrenz erfolgreich zu behaupten. Vor allem der ausländische Druck im Rahmen der GATT-Verhandlungen über den Freihandel machte es der japanischen Regierung kaum mehr möglich, alle inneren und äußeren Beschränkungen des wirtschaftlichen Handelns aufrechtzuerhalten, ohne daß die Wirtschaft bei ihren Exportbemühungen selbst darunter zu leiden gehabt hätte.

Aber noch immer halten sich in manchen Wirtschaftsbereichen höchst regulierte Inseln, die es nicht nur ausländischen, sondern auch japanischen Investoren schwer machen, in derartige Märkte einzudringen. Beispiele dafür lassen sich vor allem im Medienmarkt finden, wo es erst seit dem Frühjahr 1995 ausländischen Investoren möglich ist, Anteile an japanischen Sendern und vor allem Sendelizenzen zu erwerben. Auch die gesetzlichen Vorschriften für den Betrieb von Kabelnetzen sind so gestaltet, daß die wirtschaftlichen Interessen der vorhandenen privaten Fernsehsender sowie der Werbeindustrie nicht durch eine zu große Programmvielfalt gestört werden. Aber auch hier vollziehen sich Veränderungen, nicht zuletzt, weil wesentliche Teile der japanischen Industrie selbst an einer Lockerung interessiert sind und dabei gezielt die Divergenzen und Konflikte zwischen den zuständigen Ministerien ausnutzen. Es hat sich gezeigt, daß ein lang anhaltender Schutz der heimischen Unternehmen letztlich eher zu Wettbewerbsnachteilen vor allem auf den globalen Märkten führen kann – der kritische Moment, die sich entwickelnde Industrie aus der Protektion in die Konkurrenz zu entlassen, kann leicht verpaßt werden. Daß die japanische Medienwirtschaft international konkurrenzfähig wäre (oder auch nur national, setzte man sie denn einem Wettbewerb aus), läßt sich jedenfalls nicht unbedingt behaupten.

Der zweite Teil der Strategie, die Selbstorganisation der Wirtschaft in Verbänden und Vereinigungen, hat demgegenüber immer noch große Bedeutung; nicht nur der Gesamtverband der japanischen Industrie (*Keidanren*), sondern auch die einzelnen Branchenorganisationen erfüllen weiterhin die Aufgabe, an der Definition wirtschafts- und industriepolitischer Ziele und Strategien im Abstimmungsprozeß mit der Regierung mitzuwirken. Denn was man auch immer im Westen vor allem über den ökonomischen Einfluß des berühmt gewordenen Ministeriums für Internationalen Handel und Industrie (MITI) vermuten mag, von ihm sind weder strategische Ziele, geschweige denn einzelne Umsetzungsschritte durch Anordnung vorgegeben worden. Dieser dritte Teil der Strategie, die administrative Führung im eigentlichen Sinne, vollzieht sich fast ausschließlich auf dem Wege der positiven Verstärkung, also der zumeist finanziellen Belohnung derjenigen, die sich an Entwicklungsprojekten und -programmen des MITI aktiv beteiligen. Eine solche Beteiligung fällt den meisten Unternehmen um so leichter, als sie an der Entstehung jener Projekte und Programme zumeist selbst oder aber über ihre Verbände von Anfang an mitgewirkt haben. Wer aber von diesen Angeboten, aus welchen Gründen auch immer, keinen Gebrauch machen will, hat daraus keinerlei gravierende Nachteile zu erwarten, wie die Beispiele einiger Unternehmen zeigen, die sich den Versuchen einer administrativen Führung durch die Regierung entzogen und trotzdem wirtschaftlichen Erfolg gehabt haben.

Insgesamt wird das System der administrativen Führung von der japanischen Gesellschaft im allgemeinen und der Wirtschaft im besonderen weitgehend akzeptiert, obwohl durch solche Verfahren – und darauf muß man wohl hinweisen – der Administration mehr Macht zuwächst, als wenn sie sich allein innerhalb eines definierten gesetzlichen Rahmens bewegen würde, denn dadurch, daß sie informell tätig wird, entzieht sie sich einer politischen oder gesetzlichen Kontrolle. In diesem Sinne legitimieren sich Teile des japanischen Verwaltungshandelns nicht durch die Einhaltung von formalen Regeln, sondern allein durch die erzielten Ergebnisse und ihre Akzeptanz bei den Betroffenen und in der Gesellschaft insgesamt – auch dies kann man als Beleg dafür nehmen, wie sehr die japanische Kultur auf Ziele und deren Erreichung hin ausgerichtet ist. Dieses System allerdings funktioniert auch in Japan nur so lange, wie zwei Bedingungen auf Dauer erfüllt sind: Zum einen müssen sich die angestrebten Ziele auch tatsächlich realisieren (das System ist also in höchstem Maße erfolgsabhängig), zum anderen darf die Verwaltung das Vertrauensverhältnis zu den Unternehmen nicht durch willkürliches oder erratisches Handeln in Gefahr bringen. Sind diese Bedingungen aber erfüllt, dann hat ein solches auf Verhandlung und Vertrauen basierendes System erhebliche Vorteile, erlaubt es doch ein schnelles, an den jeweiligen Besonderheiten orientiertes Handeln im Einvernehmen mit allen Betroffenen.

Für ein vor allem an angelsächsischen Vorstellungen ausgerichtetes Demokratiemodell hat das eben beschriebene System der administrativen Lenkung gravierende systematische Nachteile, denn es schwächt das Primat der Politik und damit auch der nach demokratischen Regeln zustande gekommenen Entscheidungsgremien. Nicht nur, daß das Verwaltungshandeln sich auf diese Weise weitgehend außerhalb politischer Vorgaben und Kontrollen bewegt, es richtet sich auch nicht nach dem Prinzip der Gleichbehandlung aus, denn es ist ja gerade das dezidierte Ziel dieses Systems, spezifische Einzelfallentscheidungen zu ermöglichen. Auch der Umstand, daß man sich damit zumeist außerhalb eines kodifizierten Rechtssystems bewegt, was dem Staat die Durchsetzung seiner Vorgaben, den Betroffenen aber den formellen Widerspruch im Konfliktfalle erschwert, entspricht nicht unbedingt westlichen Auffassungen. Hier nämlich hat die Entwicklung eines kodifizierten Rechtssystems – vor allem, um das Verhältnis zwischen Individuum und Staat zu definieren – eine wesentliche Rolle in der Emanzipation des Bürgertums gerade gegenüber der oft als willkürlich empfundenen Regierungspraxis der absolutistischen Monarchie gespielt, war also in einem gewissen Sinne Instrument im Kampf um die gesellschaftliche Vorherrschaft.

Das kodifizierte Recht sollte vor allem für den Unternehmer die Chance erhöhen, sich innerhalb eines vorhersagbaren und verläßlichen administrativen Systems bewegen zu können, und ihm zudem die Möglichkeit geben, sich im Falle des Konfliktes an eine unabhängige Judikative zur Überprüfung nicht der inhaltlichen, sondern der formalen Rechtmäßigkeit zu wenden, denn Ergebnisse können auf der Grundlage unterschiedlicher Interessen auch unterschiedlich interpretiert werden, Regeln und ihre Einhaltung aber sind durch die Anwendung logischer Verfahren intersubjektiv kontrollierbar. In Japan aber gab es – wie wir gesehen haben – keine bürgerliche Schicht, die ihren gesellschaftlichen Machtanspruch anhand der Durchsetzung eines solchen Rechtssystems hätte dokumentieren können; außerdem erforderte die Handlungsrationalität der *Meiji*-Restauration eher eine strategische Ausrichtung an der Effektivität als an der Legalität staatlichen Handelns, und schließlich war es möglich, das spezifische Vertrauensverhältnis zwischen Regierung und Bürgern aus der vormodernen Zeit in die Bedingungen des Industrialisierungsprozesses hinein zu transponieren. Unterschiedliche gesellschaftliche Verhältnisse lassen eben auch unterschiedliche Strukturen und Strategien entstehen.

Auch die deutsche Wirtschaft wird gelenkt

Derartige Modelle staatlichen Handelns, die eher auf Kommunikation und Kooperation statt auf Rahmensetzung oder Anweisung beruhen, sind allerdings auch für Deutschland weder neu noch ungewöhnlich. Schon bei der Ausgestaltung der Wirtschafts- und Sozialpolitik Ende des 19. Jahrhunderts hat man sich Methoden bedient, die den gerade geschilderten sehr ähnlich sind: Auch dafür hätte man jenen Dreiklang von Kontrolle, Selbstorganisation der Wirtschaft und administrativer Führung als strategisches Modell benennen können. In jüngerer Vergangenheit waren es dann die Vorstellungen, die seit Mitte der 60er Jahre sowohl von konservativer als auch von sozialdemokratischer

Seite als Reflex auf die erste Konjunkturkrise der Bundesrepublik entwickelt wurden, die weit mehr als nur das klassische keynesianische Instrumentarium erhöhter öffentlicher Ausgaben zur Problemlösung anbieten konnten: Das vom damaligen christdemokratischen Bundeskanzler Ludwig Erhard entwickelte Modell einer *formierten Gesellschaft*, aber auch das dann vom Bundeswirtschaftsminister der Großen Koalition, Karl Schiller, umgesetzte Konzept der *konzertierten Aktion* beruhten letztlich auf der Erkenntnis, daß in einer modernen Gesellschaft staatliches Handeln zumindest auch, wenn nicht sogar überwiegend, der Kommunikation und der konsensualen Abstimmung zwischen den beteiligten, autonomen Gruppen und Teilsystemen bedarf, von denen der Staat ein zwar wichtiges, aber eben doch nur ein Teilsystem unter vielen darstellt.

Seit Mitte der 80er Jahre haben solche Modelle einer auf Kommunikation und Kooperation basierenden Wirtschafts- und Entwicklungspolitik in Deutschland wieder eine verstärkte Bedeutung erhalten, und zwar in der Regionalpolitik. Die Formulierung und Umsetzung von Entwicklungsstrategien auf der nationalen Ebene wurde angesichts der zunehmenden Komplexität und Globalisierung des ökonomischen Systems immer schwieriger. Außerdem haben sich die gesellschaftlichen Auswirkungen jener globalen Entwicklungen in regionaler Hinsicht immer mehr differenziert, was die Wirkungsmöglichkeiten einer nationalen Entwicklungsstrategie noch weiter reduzierte. In einigen Bundesländern, vor allem in Nordrhein-Westfalen, wurden daher strategische Ansätze entwickelt, die in dem Sinne regelungsorientiert waren, daß sie die politischen Bereiche und Verfahren definierten, innerhalb derer sich dann auf der lokalen und regionalen Ebene die Formulierung und Umsetzung entwicklungspolitischer Strategien vollziehen konnten.

Was solche Ansätze in die Nähe des japanischen Systems bringt, ist dabei sicherlich nicht der Aspekt der Regionalisierung, dem – wie wir ebenfalls schon gesehen haben – in Japan überhaupt keine Bedeutung zugemessen wird, sondern der Umstand, daß die Entscheidungen über die Ausrichtung der einzelnen regionalen Strategien sowie der dazu einzusetzenden Instrumente weitestgehend der Abstimmung zwischen den jeweiligen Akteuren in Politik, Staat, Wirtschaft und Wissenschaft überlassen wurde. Dabei kam der staatlichen Administration in Land und Kommunen durchaus eine Rolle zu, wie sie im japanischen System mit den Begriffen des *kanryô tôsei*, hier verstanden als der eigenständigen staatlichen Verantwortung für bestimmte gesellschaftliche Bereiche (etwa: Sicherheit, öffentliche Ordnung, Ausbildung, Infrastruktur), des *jishu chôsei*, der Selbstorganisation der Wirtschaft etwa durch die systematische Einbeziehung der Industrie- und Handelskammern, aber auch der Gewerkschaften in den Prozeß der Vorbereitung und Umsetzung strategischer Entscheidungen, und schließlich auch des *yûdô gyôsei*, also einer Art von moderativer Führung im Rahmen der Prozesse von Willensbildung und Entscheidung, beschrieben werden.

Insoweit sind die Vorstellungen und Handlungsweisen der japanischen Politik gar nicht so weit von denen in Deutschland entfernt, vor allem, wenn man die beiden Ländern gemeinsame Grundausrichtung (wirtschafts)politischen Handelns betrachtet, nämlich die Überzeugung, daß durch den Staat nicht allein der Rahmen für die gesellschaftliche Entwicklung vorgegeben werden soll (und man sich mit dem Ergebnis zufriedengibt, wie es sich eben gerade ergibt), sondern daß dem Staat durchaus die Aufgabe zukommt, aktiv auf Ziel und Richtung der gesellschaftlichen Entwicklung einzuwirken (wobei die Rolle des Staates in einem solchen Konzept irgendwo zwischen der eines Führers und der eines Beteiligten oder Betroffenen angesiedelt ist). Aber auch die Unterschiede zwischen den deutschen und japanischen Vorstellungen sind klar: Während sich in Deutschland der Staat immer mehr auf die Rolle eines aktiven Beteiligten an diesem Prozeß zurückzieht, nicht zuletzt deshalb, weil eine andere Rolle von der Wirtschaft gar nicht mehr akzeptiert wird, sieht sich der japanische Staat noch eher in einer führenden Funktion; seine Zielvorgaben haben immer noch eine hohe Verbindlichkeit für das Handeln der privaten Individuen und Gruppen.

Das hat sicherlich eine Menge damit zu tun, daß sich diese Strategie in der Vergangenheit im Interesse aller Beteiligten durchaus bewährt hat und daß die Gruppenorientierung in der japanischen Gesellschaft – und damit auch die Bereitschaft zu Abstimmung und gemeinschaftlichem Handeln – größer ist als in der deutschen. Es wird daher – wie wir schon weiter oben angedeutet haben – eher zu einem deutschen als zu einem japanischen Entwicklungsproblem, daß gerade zu dem Zeitpunkt, da das ökonomische System immer mehr von Clusterbildung, Komplexität, Vernetzung und Globalisierung, also auch von der Notwendigkeit, tragfähige Formen für die Organisation von Kooperation zu finden, geprägt wird, die Gesellschaft sich individualisiert und in ihrer sozialen Kohärenz auflöst. Anders ausgedrückt: Die spezifischen Wettbewerbsvorteile der deutschen Gesellschaft gehen in dem Augenblick verloren, da sie am ehesten benötigt würden, um in der internationalen Konkurrenz zu bestehen. Während also aus deutscher Sicht die Herausforderung darin bestehen wird, wie man solche Organisationsformen findet und stabilisiert, wird in Japan eher zu erwarten sein, daß sich auch dort der Staat noch weiter aus seiner bisherigen präzeptoralen Rolle zurückzieht, also den wenn auch im Vergleich zu den europäischen Ländern eher schwachen, aber doch sichtbaren Prozeß der Deregulierung fortsetzt, um gleichzeitig seine moderative Funktion zu stärken.

Das Unternehmen als soziale Gruppe

Die im bisherigen Verlauf unserer Betrachtungen häufig angesprochene und beschriebene Gruppenorientierung der japanischen Gesellschaft hat natürlich auch Auswirkungen auf die innere Organisation der Unternehmen. Wir haben schon darauf hingewiesen, daß im Verlaufe der Industrialisierung und Modernisierung das Unternehmen als soziale Einheit viele derjenigen Aufgaben übernommen hat, die in vormoderner Zeit von der Familie oder der Dorfgemeinschaft wahrgenommen worden waren – bis hinein in Bereiche, die in den westlichen Gesellschaften als höchst intim und individuell angesehen würden, wie Eheschließung oder Familienplanung. Wie auch immer man dazu stehen mag, in Japan jedenfalls haben solche Verhaltensstrukturen dazu geführt, daß sich im Rahmen jenes tiefgreifenden Strukturwandels tradierte soziale Sicherheiten und Bindungen nicht einfach auflösten, sondern auf neue Organisationsformen übertragen wurden, was es der japanischen Gesellschaft sicherlich deutlich erleichterte, die Transformation einigermaßen friedvoll und akzeptabel zu vollziehen.

So wichtig diese Funktionen des Unternehmens auch aus gesellschaftlicher Sicht sein mögen, so wenig beschreiben sie diejenigen Strukturmerkmale, die besonders seit dem Ende des Zweiten Weltkrieges zum Erfolg der japanischen Unternehmen im internationalen Wettbewerb beigetragen haben, denn die Zufriedenheit der Bevölkerung im allgemeinen und der Arbeitnehmer im besonderen entscheidet nun einmal nicht über die Konkurrenzfähigkeit von Produkten, Unternehmen oder ganzen Volkswirtschaften. Jene Strukturmerkmale sind während der letzten Jahre häufig analysiert und beschrieben worden, und man hat angesichts des offenbaren Erfolges der japanischen Unternehmen auch oft genug versucht, daraus Folgerungen oder sogar Modelle für die westlichen Nationen abzuleiten. Ihre Anwendung ist jedoch zumeist gescheitert. Das hat eine Menge damit zu tun, daß der grundlegende Erfolgsfaktor der japanischen Wirtschaft und Gesellschaft insgesamt nicht als bloße Imitation von Vorbildern, sondern als deren bewußte und überlegte Anpassung an die eigenen Gegebenheiten zu verstehen ist, also auch umgekehrt ein Lernen von Japan – wenn man es denn wirklich ernst meint – sich nicht allein auf ein möglichst exaktes Nachahmen des oberflächlichen Erscheinungsbildes beschränken kann. Das, was man auf den ersten Blick von außen als Struktur japanischer Unternehmen erkennen kann, basiert auf einem umfassenden System kultureller und gesellschaftlicher Normen und Traditionen, das sich selbst wiederum in einem langen Entwicklungsprozeß herausgebildet hat und eine einfache Übertragung auf andere Gesellschaften verhindert. Daraus könnte man im übrigen auch lernen, daß sich die westlichen Entwicklungsmodelle ebenfalls nicht so ohne weiteres zur Imitation eignen.

Bevor wir uns aber näher mit Strategie und Organisation der japanischen Unternehmen befassen, wollen wir zunächst einen weiteren, kulturell bedingten Faktor ansprechen, der ebenfalls häufig genannt wird, wenn es um die Wettbewerbsfähigkeit der japanischen Wirtschaft geht. Die Rede ist von einem besonderen Arbeitsethos in der japanischen Kultur, das – durchaus dem von Max Weber als so wichtig für die Entwicklung der westlichen Gesellschaften bezeichneten *asketischen Protestantismus* vergleichbar – religiöse Ursprünge hat und einen wesentlichen Faktor für die Industrialisierung und Modernisierung in Japan darstellt. Tatsächlich ist die von der japanischen Bevölkerung über lange Zeit erbrachte Arbeitsleistung (lange Arbeitszeiten, geringer Urlaub) beeindruckend, auch wenn man einiges davon sicherlich wieder relativieren muß, wenn man einmal die realen Abläufe in einem japanischen Unternehmen hat beobachten können. Aber weder dieser Umstand noch die bekannte Gruppenorientierung auf nationale Entwicklungsziele hin reichen als Erklärung dafür aus, daß die Ausrichtung einer ganzen Gesellschaft auf Arbeit und der bewußte Verzicht auf andere Lebensformen so stark und eindeutig ist wie in Japan. Nur in Japan offenbar kennt man den plötzlichen Tod als Folge von Überarbeitung (*karôshi*) und hat ihn lange als schicksalhaft hingenommen; erst im Jahre 1996 wurde erstmals ein japanisches Unternehmen zu einer Schadensersatzzahlung in einem solchen Fall verurteilt, weil es bei der Verteilung von Arbeit auf die Vorbelastung seines Angestellten nicht geachtet hatte und damit seiner Fürsorgepflicht nicht nachgekommen war.

Eine derartige Fixierung der japanischen Gesellschaft auf Arbeit ist mit äußerem Zwang alleine aber nicht zu erklären, und auch der Wunsch nach Akzeptanz und Geborgenheit durch die Gruppe (*amae*), deren Normen, zu denen eben auch Arbeit gehört, man sich nicht entziehen kann, läßt wenigstens die Fragen offen, wie und wann diese hohe gesellschaftliche Wertschätzung von Arbeit entstanden ist. Bei der Suche nach einer Antwort findet man zunächst einmal heraus, daß auch der Arbeitsrhythmus im vormodernen Japan wie in allen agrarischen Gesellschaften von der natürlichen Zeiten- und Klimafolge geprägt war und man körperliche Arbeit als zwar unvermeidlich, nicht aber als erstrebenswert ansah. Interessanterweise wird sowohl von den Deutschen als auch von den Japanern der vorindustriellen Ära berichtet, daß sie in hohem Maße allen Arten des sinnlichen Vergnügens zugeneigt gewesen seien und sich als nur wenig arbeitsam erwiesen hätten; den Begriff *Fleiß* jedenfalls hat kein Berichterstatter aus jenen Tagen mit diesen beiden Völkern in Verbindung gebracht.

Sicherlich haben die Bedingungen der industriellen Arbeit erheblich dazu beigetragen, daß sich die Zeitorganisation des größten Teils der Bevölkerung dramatisch verändert hat; nicht mehr der Wechsel von Tages- und Jahreszeiten bestimmte nun das Leben, sondern die absolute, gleichförmige Zeit der Industrie. Man arbeitete nicht mehr nur dann und so viel, wie man gerade zum Überleben brauchte, sondern kontinuierlich über das gesamte Jahr und lange Perioden des Lebens hinweg. Diese Entwicklung aber hat sich in allen Industrienationen in mehr oder minder gleicher Art vollzogen, so daß sich die Spezifika der japanischen Gesellschaft damit nicht hinreichend erklären lassen. In Europa waren das neue Verständnis von Arbeit und daraus folgend die neuen Formen der Zeitorganisation auch aus einem neuen religiösen Verständnis entstanden, demzufolge man Arbeit als Teil des göttlichen Heilsplanes anzunehmen und pfleglich mit den daraus resultierenden Ergebnissen umzugehen hatte. Zumindest nach protestantischer Auffassung zeigte sich die göttliche Gnade schon im Diesseits daran, daß man in Arbeit und Geschäft erfolgreich war. Daß eine solche religiöse Vorstellung Ursache oder Auslöser der kapitalistischen Entwicklung in Europa gewesen ist, hat auch Max Weber nie behauptet, wohl aber, daß sie eine brauchbare Legitimation für das ökonomische Handeln eines Unternehmers im Kapitalismus abgibt.

Auch in Japan kann man einen solchen Zusammenhang zwischen der sozioökonomischen Entwicklung und der Entstehung einer religiös untermauerten Vorstellung von Arbeit beobachten, dort allerdings nicht, um ein dynamisches Handeln zu legitimieren, sondern auf Grund der spezifischen wirtschaftlichen Situation eher das Gegenteil. Als am Ende des 17. Jahrhunderts die lange Phase der Prosperität zu Ende gegangen war, stellte sich die Frage nach gesellschaftlichen und individuellen Zielen, die nun ja nicht mehr auf wirtschaftliches Wachstum und Expansion ausgerichtet sein konnten. Die für unseren Zusammenhang entscheidende Antwort darauf fand der im Westen fast unbekannte Philosoph Ishida Baigan; er postulierte, daß Arbeit die Suche nach Wissen sei (*shôgyô soku shôgyô*), und meinte damit, daß jede Form von Arbeit gleichzeitig ein Mittel darstelle, um Seele und Charakter auszubilden. In einer solchen Vorstellung geht es letztlich gar nicht mehr um die möglichen Ergebnisse von Arbeit, sondern um die Tätigkeit an sich, wobei sich der Charakter des Menschen desto besser entwickeln kann, je härter die Arbeit ist.

Wenn aber die Ergebnisse von Arbeit nur sekundär sind, dann spielen auch Reichtum und Wohlstand keine Rolle mehr, sondern die Kargheit der Lebensführung wird zur Tugend. So wie der asketische Protestantismus die Legitimation für Arbeit in einer Wachstumsgesellschaft zur Verfügung stellte, löste Ishidas Philosophie das Problem der Legitimation von Arbeit in einer stagnierenden Gesellschaft. Überträgt man aber seine Vorstellung von der Arbeit um der Arbeit willen auf die Strukturen wirtschaftlicher Entwicklung, bindet man diese religiös bedingte Arbeitsbereitschaft also in ein industrielles System ein, dann entsteht daraus ein enormes Wachstumspotential, denn anders als in den westlichen Gesellschaften muß eine erhöhte Arbeitsleistung im Rahmen einer solchen Weltanschauung nicht nur monetär abgegolten werden; man erhält eine Arbeitnehmerschaft, die – pointiert ausgedrückt – froh darüber ist, daß sie die Gelegenheit zur harten Arbeit erhält.

Fukukawas Definition des japanischen Unternehmens

Kehren wir nun aber wieder zu den ökonomischen Fragen im engeren Sinne zurück. Was sind die Charakteristika von Organisation und Strategie japanischer Unternehmen und vielleicht sogar deren Erfolgsfaktoren? – Auf diese Frage sind, wie gesagt, in den letzten Jahren viele Antworten gegeben und in der interessierten Öffentlichkeit ausführlich diskutiert worden. Wir wollen uns hier deshalb auf die Beschreibung von fünf Faktoren beschränken, die der japanische Autor Fukukawa Shinji ein wenig abweichend von den sonst üblichen Darstellungen vorgeschlagen hat.

1   Da ist zuerst einmal die strategische Ausrichtung auf das Ziel einer Ausweitung von Marktanteilen und nicht unbedingt auf die Erhöhung der Gewinne. Dadurch wird der langfristigen Entwicklung der Unternehmenspotentiale Vorrang vor kurzfristigen Gewinnerwartungen eingeräumt. Wie auch immer eine solche strategische Entscheidung entstanden ist – man kann die Ursachen dafür in bestimmten Phasen der wirtschaftlichen Entwicklung während der *Tokugawa*-Periode suchen, als mit dem Ende einer langen Wachstumsphase das Ziel des Erhalts von Unternehmen und Familienvermögen in den Vordergrund trat, oder aber in den Notwendigkeiten einer nationalen Entwicklungsstrategie nach der *Meiji*-Restauration, als der Aufbau langfristig stabiler Wirtschaftsstrukturen absolute Priorität hatte –, die Entscheidung für eine Umsatzoptimierung und erst in der Folge für eine Gewinnoptimierung hat weitreichende Konsequenzen gehabt. Durch die Akzeptanz auch vergleichsweise geringer Renditen war es den japanischen Unternehmen möglich, Märkte langfristig zu entwickeln und dabei sogar durchaus in der Anfangsphase auf Gewinne zu verzichten; ebenso hat diese strategische Entscheidung dazu geführt, daß der Erfolg von Unternehmen letztlich von realen Größen, also dem Umsatz von Produkten und Dienstleistungen, abhängig war und nicht von rein monetären Transaktionen, die volkswirtschaftlich gesehen zumeist nur geringe Effekte haben. Andererseits aber setzt eine solche Strategie ein stetiges Maß an Wachstum und Expansion voraus, denn sonst lassen sich keine Gewinne in der absolut für Investition und Kapitaldienst erforderlichen Größenordnung erzielen. Hinzu kommt, daß neuerdings auch in Japan zunehmend darüber diskutiert

wird, wie man Forderungen nach einem möglichst hohen *shareholder value* nachkommen kann, also dem vermuteten Interesse von Kapitalanlegern nach hohen, kurzfristig realisierbaren Renditen. Mit der bisherigen Strategie der japanischen Unternehmen sind solche Erwartungen in der Regel nicht zu erfüllen, so daß für den Fall, daß die Internationalisierung der Kapitalmärkte auch Japan erreicht, mit erheblichen Strukturveränderungen zu rechnen sein wird.

2 Japanische Unternehmen legen Fukukawa zufolge viel Wert auf die Qualität des Humankapitals und sind dafür bereit, sich erheblich bei Ausbildung, Entlohnung und sozialer Sicherung ihrer Mitarbeiter zu engagieren. Die lebenslange Beschäftigungsgarantie und ein Lohnsystem, das sich überwiegend nach der Betriebszugehörigkeit richtet, sind ebenso spezifisch japanische Ausprägungen wie das vorhin schon genannte Selbstverständnis der Unternehmen als fürsorgendes soziales System. Tatsächlich wird die Motivation der Beschäftigten für die Belange des Unternehmens dadurch erheblich gestärkt, was sich wiederum nicht erst langfristig im betriebswirtschaftlichen Erfolg der Unternehmen ausdrückt. Dieses System hat auch bewirkt, daß sich konjunkturelle Probleme nicht sofort auf dem Arbeitsmarkt bemerkbar machen und zu einer Belastung der Solidargemeinschaft oder der staatlichen Haushalte führen; man spricht davon, daß zur Zeit rund 2 Millionen Arbeitnehmer auf den Gehaltslisten der Unternehmen stehen, obwohl sie eigentlich ohne Beschäftigung sind. Bei ihrer Entlassung würde sich die Arbeitslosenrate in Japan auf mindestens neun gegenüber den offiziellen dreieinhalb Prozent im ersten Quartal 1996 erhöhen (auch diese offizielle Zahl scheint im Verhältnis zu Deutschland zu gering angesetzt zu sein, denn die Definition von Arbeitslosigkeit ist in Japan enger; zum Beispiel ist die Jugendarbeitslosigkeit geringer, weil nur diejenigen als arbeitslos gelten, die vorher schon einmal in einem Beschäftigungsverhältnis gestanden haben).

Die Kosten für Arbeitslosigkeit werden also internalisiert, was aber angesichts der unter 1 genannten Strategie der geringen Renditen nur so lange funktioniert, wie es sich nur um konjunkturelle, kurzfristige Schwankungen handelt; auf mittlere oder lange Sicht und bei strukturellen Veränderungen sind solche Verhaltensweisen – wie sich allmählich zeigt – nicht mehr durchzuhalten. Auch in Japan muß also in Zukunft mit einer steigenden offenen Arbeitslosigkeit gerechnet werden, zumal das System der Beschäftigungsgarantie ohnehin nur bei den Großunternehmen verwirklicht ist, die im Rahmen ihres Konzerns über viele Einsatzmöglichkeiten für ihre Arbeitnehmer verfügen. Zwar haben auch kleine und mittlere Unternehmen dieses System in Zeiten des Mangels an Arbeitskräften übernommen, sehen sich aber immer weniger in der Lage, die betriebswirtschaftlichen Konsequenzen daraus zu tragen.

An dieser Stelle muß schließlich auch noch auf die besondere Struktur der japanischen Gewerkschaftsbewegung hingewiesen werden, in der die Betriebsgewerkschaften eine wesentlich wichtigere Rolle spielen als diejenigen, die wie die *Sôhyô* oder die *Dômei* nach übergreifenden politischen oder branchenbezogenen Kriterien organisiert sind. In einem System, das angesichts eines anhaltend hohen Wirtschaftswachstums, einer weitverbreiteten lebenslangen Beschäftigungsgarantie und immer noch geringer Arbeitslosigkeit auch nur eine geringe Mobilität auf dem Arbeitsmarkt kennt, konzentriert sich die gewerkschaftliche Tätigkeit als organisierte Interessensvertretung der Beschäftigten eher auf spezifische Fragen innerhalb des einzelnen Betriebes und vor allem die soziale Flankierung der jeweiligen Unternehmensstrategien. Obwohl immer wieder prognostiziert wird, daß die strukturellen Veränderungen in der japanischen Wirtschaft eines Tages auch die Gewerkschaften erreichen werden, ist bislang – wie in den meisten westlichen Gesellschaften – auch für Japan kaum erkennbar, daß sich ökonomische Probleme in einer höheren Mitgliederzahl oder einem Bedeutungszuwachs von politisch orientierten und agierenden Gewerkschaften auswirken. Eher im Gegenteil, denn wenn die modernen Industriegesellschaften durch eine zunehmende Auflösung der inneren Kohärenz und wachsende Individualisierung gekennzeichnet sind, dann hat das auch Auswirkungen auf die Akzeptanz von Organisationen der kollektiven Interessensvertretung: Ihre soziale und politische Bedeutung nimmt entsprechend ab. Von dieser Seite sind also keine wesentlichen Veränderungen für das traditionelle System der Betriebsorganisation in Japan zu erwarten.

3 Entsprechend den unter 1 und 2 genannten Verhaltensweisen verfolgen japanische Unternehmen gegenüber ihrem wirtschaftlichen Umfeld insgesamt eine Strategie der langfristigen Bindungen. Dies hat beim Nachteil einer geringen Flexibilität den Vorteil, daß damit auch das hier schon oft genannte soziale Kapital in Form von gegenseitigem Vertrauen in hohem Maße betrieblich nutzbar gemacht werden kann. Ebenso wie im Falle der Arbeitslosigkeit hat diese Tradition volkswirtschaftlich zudem die positive Konsequenz, daß konjunkturelle Krisen in viel höherem Maße als in den meisten anderen Industrienationen vom Unternehmenssystem selbst internalisiert und abgefedert werden, weil Einbrüche in einem Teil der Wirtschaft nicht sofort in die anderen hinein multipliziert werden. Allerdings ist auch in diesem Fall nicht abzusehen, wie dieses System auf mittel- und langfristige strukturelle Herausforderungen reagiert, wenn angesichts ohnehin geringer Renditen und veränderter Ansprüche der Kapitaleigner ein an den individuellen Bedürfnissen eines Unternehmens orientiertes Verhalten eingefordert wird.

4   Die Wettbewerbsfähigkeit japanischer Unternehmen bezieht sich – wie Fu-kukawa ausführt – eher auf die Verbesserung bereits vorhandener Produkte und auf Strategien der Kostenreduzierung als auf ihre Fähigkeit zur Entwicklung neuer Produkte und Verfahren. Auch darüber haben wir bereits früher ausführlich gesprochen (und als eine Erklärung dafür das geringe Interesse der japanischen Kultur an gesellschaftlicher und technischer Dynamik angeboten), so daß wir uns hier auf den zusätzlichen Hinweis beschränken können, daß eine auf Langfristigkeit angelegte Unternehmensstrategie, in der sich die Ab-schreibungszeiten der Investitionen in Maschinen oder die Ausbildung der Beschäftigten wegen der geringen Renditen zwangsläufig erhöhen müssen, wenig Raum für häufige und grundlegende Änderungen in der Produktstruk-tur läßt.

5   Schließlich weist Fukukawa noch darauf hin, daß japanische Unternehmen kaum dazu neigen, eigenständige Entscheidungen bei der Entwicklung von Produkten, Prozessen oder Märkten zu treffen, sondern sich normalerweise im Rahmen eines Konvois mit anderen Unternehmen der gleichen Branche oder im Einklang mit den Vorschlägen der Regierung und der Verbände bewe-gen. Dies hat viel mit der traditionellen Gruppenorientierung und dem gene-rellen Desinteresse an Dynamik, aber auch mit dem Versuch der Risikomini-mierung zu tun, denn nach dem, was wir in den anderen Punkten ausgeführt haben, sind japanische Unternehmen besonders dann erfolgreich, wenn es um darum geht, Märkte für standardisierte Massenprodukte langfristig zu erschlie-ßen und zu stabilisieren. Das inkorporierte Sicherheitsbedürfnis führt also dazu, daß man nicht der einzige und schon gar nicht der erste sein will, der sich in neue Märkte hinein bewegt. Daher auch das Interesse, bei der Entwicklung neuer Produktbereiche recht schnell international geltende Normen und Stan-dards allgemein festzulegen, weil sich nur auf diese Weise Märkte einer genü-genden Größe für die japanische Industrie entwickeln können. Tatsächlich ist es der japanischen Wirtschaft mit Unterstützung der Politik gelungen, den fak-tischen Geltungsbereich der JIS zumindest in Asien immer weiter auszudeh-nen, was nicht nur die Märkte vergrößert, sondern auf diese Weise auch den westlichen Konkurrenten japanische Wettbewerbsbedingungen auferlegt.

Insgesamt – und darin ist sich der Großteil der japanischen Autoren einig – werden die meisten dieser bisherigen Erfolgsfaktoren für die heutzutage vor-hersehbare technologische und wirtschaftliche Entwicklung eher Hindernisse darstellen, so daß sie einen tiefgreifenden strukturellen Wandel in der Wirt-schaft bis hinein in die Organisation der Unternehmen, ihre Strategien und die Verhaltensweisen des Managements für letztlich unausweichlich halten. Auf der anderen Seite – und auch das darf man nicht unterschätzen – sind die japanischen Unternehmen mit ihrer jetzigen Organisation und Strategie offenbar durchaus in der Lage, sich auf den dynamischen Wachstumsmärkten in Ostasien zu behaupten, zumal die Bedingungen dieser Märkte sehr denjenigen in Japan selbst ähneln. Gleichwohl entscheidet sich die Wettbewerbsfähigkeit der japanischen Unternehmen nicht auf den Auslandsmärkten und vor allem nicht auf denen in Asien (ebensowenig, wie sich die Wettbewerbsfähigkeit der deutschen Unternehmen auf den Märkten in Mittel- und Osteuropa entscheidet), denn diese Märkte haben auf absehbare Zeit ein hohes Aufnahmevermögen für Produkte von niedrigem bis mittlerem Technologiegehalt; viel wichtiger wird es sein, wie sich die japanischen Unternehmen auf den heimischen Märkten behaupten, auf denen sie den weitaus größten Teil ihrer Umsätze erzielen. Diese Frage wird sich um so dringlicher stellen, je mehr das bisherige Maß an rechtlicher oder tatsächlicher Protektion und an Regeldichte in Japan abnehmen wird.

Bubble und die Folgen

Eine solche Deregulierung und Öffnung der Märkte auch über die Ansätze von 1993 hinaus, als etwa die bis dahin geltenden Restriktionen bei Verkauf und Zulassung von Mobiltelephonen aufgehoben wurden, wäre sicherlich zum Nutzen der japanischen Verbraucher, denn nicht nur Sakaiya Taichi stellt fest, daß die Struktur der japanischen Wirtschaft überwiegend auf die Interessen der Produzenten und nicht der Verbraucher ausgerichtet ist. Zwar sind auch während der vergangenen Jahre die verfügbaren Einkommen gestiegen, und auch die Güterversorgung hat sich deutlich verbessert, aber das Preisniveau liegt trotz einer im internationalen Vergleich niedrigen Inflationsrate für viele Produkte sehr hoch. Insbesondere gilt dies für Häuser und Wohnungen. Zunächst einmal ist in Japan auf Grund der topographischen Situation und der ohnehin schon hohen Bevölkerungsdichte vor allem in der Kanto-Region um Tokyo das verfügbare Land tatsächlich sehr knapp, und zusätzlich schränkt das japanische Steuersystem, das einerseits die landwirtschaftliche Nutzung begünstigt und andererseits hohe Steuersätze bei der Transaktion von Land auferlegt, dessen Verfügbarkeit noch weiter ein.

Ökonomisch gesprochen war also die Annahme, daß bei konstantem Angebot und wachsender Nachfrage die Preise für Land immer weiter steigen müssen, gar nicht so falsch, so daß der Beginn jener Entwicklung, die schließlich in der *bubble economy* gipfelte, durchaus rational verständlich bleibt. Was schließlich zur Katastrophe führte, war der Umstand, daß sich zum einen wildeste Spekulationen und auch kriminelle Machenschaften immer mehr ausbreiteten und zum anderen die vermuteten Wertsteigerungen vor allem von Land auf Einschätzungen und nicht mehr auf realisierten Transaktionen beruhten, die tatsächliche Nachfrage also gar nicht mehr den Preisen folgen konnte. Was übrig blieb, waren nicht mehr abgesicherte und verlorene Forderungen von Banken und anderen Finanzinstituten, die sich auf insgesamt mindestens fünf Prozent des gesamten Kreditvolumens in Japan addierten, in Einzelfällen mehrere Milliarden Mark umfaßten und das wirtschaftliche Überleben der jeweiligen Institute durchaus gefährdeten.

Obwohl es den großen Banken gelang, ihre eigenen Verluste in Grenzen zu halten, sind nach dem Ende der *bubble economy* mehrere kleinere Kreditinstitute zusammengebrochen, was vor allem die Frage aufgeworfen hat, ob und inwieweit die entsprechenden Verluste und Konkurskosten aus den öffentlichen Haushalten abgedeckt werden sollen. Diese Frage hat eine hohe politische Brisanz, denn es sind vor allem die kleineren, regionalen Institute von Vergleich oder Konkurs bedroht; sie aber halten den größten Teil der Spareinlagen der japanischen Bevölkerung, so daß ihr Zusammenbruch viele Menschen direkt treffen würde, weil – wie wir gesehen haben – das hohe individuelle Sparvolumen (immerhin mehr als ein Fünftel des durchschnittlichen Monatseinkommens) die unabdingbare Voraussetzung für die soziale Absicherung des einzelnen ist. Insoweit blieb dem Staat kaum etwas anderes übrig, als sich an der Sanierung und der Abdeckung der Verluste der *jusen* zu beteiligen, indem man trotz eines erheblichen Widerstandes in der Bevölkerung die erst jüngst eingeführte Verbrauchssteuer von drei auf fünf Prozent erhöhte. Auch hier machen sich im übrigen deutliche Differenzen zwischen der Bevölkerung in den ländlichen (die am ehesten vom Zusammenbruch der kleinen Kreditinstitute betroffen sind) und in den städtischen Regionen (die eine erhöhte Steuerlast zu tragen haben) bemerkbar.

Für das Preisniveau jedoch und damit auch für den Verbraucher hatte das Ende der *bubble economy* eher positive Effekte: Die Steigerungsrate des Preisindex halbierte sich nach 1991. Auch die Preise für Land haben sich seitdem wieder normalisiert, soweit man für Japan überhaupt von einem im westlichen Sinne normalen Niveau sprechen kann. Zwar besitzen etwa 60 Prozent aller Haushalte das Haus oder die Wohnung, in der sie leben, aber weiterhin sind dafür erhebliche finanzielle Anstrengungen erforderlich; das offiziell verkündete Ziel jedenfalls, daß die Preise für Haus oder Wohnung nicht das Fünffache des Jahreseinkommens übersteigen sollten, ist trotz sinkender Landpreise vor allem in den städtischen Regionen bei weitem noch nicht erreicht. Auch die Qualität entspricht in der Regel kaum den westlichen Ansprüchen, geschweige denn den dafür aufzuwendenden Kosten: Gerade einmal die Hälfte aller Haushalte in Japan verfügt über einen direkten Anschluß an ein unterirdisches Abwassersystem, wobei hier allerdings die Bewohner der städtischen Regionen deutlich im Vorteil sind. Dafür müssen sie aber – wie wir schon erwähnt haben – lange und zeitaufwendige Anfahrtswege zu ihrem Arbeitsplatz und dabei vor allem ein öffentliches Verkehrssystem in Kauf nehmen, das seine Aufgabe zwar quantitativ auf beeindruckende Art und Weise bewältigt, qualitativ jedoch noch erhebliche Defizite aufweist. Obwohl ein Ausweichen auf den individuellen Nahverkehr, also auf das Automobil, angesichts der chronisch überlasteten Straßen und des eklatanten Mangels an Parkmöglichkeiten gerade in den Städten wenig sinnvoll erscheint, steigt die Zahl der Zulassungen für private Kraftfahrzeuge auch in Japan weiterhin an und hat sich seit den 70er Jahren vervierfacht. Der heimischen Automobilindustrie mit ihren häufigen Modellwechseln sichert dies zwar einen kontinuierlichen Absatz, die offenkundigen Verkehrsprobleme erhöhen sich dadurch jedoch weiter.

Im Gegensatz zur Versorgung mit derartigen öffentlichen Gütern ist diejenige mit individuellen, privaten Konsumgütern für Haushalt und Unterhaltung durchaus so gut und weitreichend wie in den westlichen Industrienationen, wobei der von den Produzenten und Händlern angebotene Service zumeist sogar weitaus besser und umfangreicher ist. Diese hohe Serviceorientierung allerdings hat ihre volkswirtschaftlichen Folgen: Zum einen werden die Kosten dafür in Form hoher Preise an die Verbraucher weitergegeben, zum anderen hat die für den westlichen Beobachter oftmals erstaunliche Vielfalt an Dienstleistungen vor, während und nach dem Kauf zwar eine große Menge an Arbeitsplätzen mit niedriger Qualifikation entstehen lassen, von der man jedoch vermuten kann, daß sie im Vollzug der strukturellen Anpassungen als Rationalisierungspotential genutzt werden wird, und das wird die bislang eher verdeckten Arbeitsmarktprobleme weiter verschärfen. Hinzu kommt noch ein verschachteltes und kompliziertes Distributionssystem für die meisten Waren. Es hat seinen Ursprung – wie so vieles in Japan – schon in der *Tokugawa*-Periode, konnte sich aber mit nur geringen Modifikationen bis auf den heutigen Tag erhalten. Auch dieses System führt zu vergleichsweise hohen Kosten für den Endverbraucher, sichert aber gleichzeitig die Existenz einer Vielzahl von eher kleinen Unternehmen und vor allem von Arbeitsplätzen, so daß man – ähnlich wie im Dienstleistungssektor – davon sprechen könnte, daß über die hohen Verbraucherpreise in Japan auch ein Teil der sozialen Sicherung finanziert wird, was in anderen Ländern wie Deutschland über spezielle Einrichtungen geschieht und natürlich ebenfalls die Kaufkraft beeinflußt.

Bei allen Hinweisen auf einen strukturellen Wandel der japanischen Wirtschaft und vor allem die Defizite in ihrer internen Organisation darf natürlich nicht ihre weiterhin hohe Leistungsfähigkeit übersehen werden: Es scheint ihr

– und zwar ohne Hilfe von außen, also eben nicht über eine Steigerung der Exporte – inzwischen gelungen zu sein, nicht nur die ökonomischen Folgen der *bubble economy* zu bewältigen, sondern auch die Rezession der frühen 90er Jahre zu überwinden, in der sich für Japan die Verluste jener *bubble economy* mit der Konjunkturkrise bei den meisten westlichen Handelspartnern zu einer wirtschaftlichen Herausforderung von bislang unbekannter Dimension addierten. Vor allem das Wachstum beim privaten Verbrauch hat erheblich dazu beigetragen, diese ökonomischen Probleme zu lösen. Gleichzeitig haben aber auch gerade in der jüngsten Vergangenheit enorme technologische Veränderungen innerhalb der japanischen Unternehmen stattgefunden, und zwar sowohl in Richtung auf die Prozeß- als auch auf die Produktinnovation. Durch diese Anpassungen sind die Unternehmen auf der Kosten- und auf der Erlösseite wettbewerbsfähiger geworden.

Was die mittelfristigen Perspektiven der japanischen Wirtschaft anbetrifft, kommt ein wichtiger Faktor hinzu: Die meisten der bereits beschriebenen Defizite (Telekommunikation, Umwelt, soziale Infrastruktur, Veränderungen in der Altersstruktur) tragen ihrerseits wiederum ein erhebliches Wachstumspotential in sich, wenn denn die japanische Regierung und in der Folge auch die Unternehmen sich einmal entschließen sollten, in diese Bereiche zu investieren. Schon heute sieht das MITI in einer Prognose für den Beginn des nächsten Jahrtausends gerade durch die Umstellung auf Glasfaserkabel, die Beseitigung der Umweltprobleme und das Entstehen neuer Bedürfnisse in einer Schicht kaufkräftiger alter Menschen die Chancen für ein strukturelles Wachstum der japanischen Unternehmen und der Volkswirtschaft im allgemeinen. Manche der im Vergleich zu den westlichen Industrieländern festzustellenden Defizite der japanischen Gesellschaft können sich also sehr schnell in neue Felder des wirtschaftlichen Wachstums verwandeln, für deren Nutzung die bewährte Kooperation zwischen der Regierung und den Unternehmen sicher sorgen wird.

Immerhin wurde im September 1995 von der japanischen Regierung ein Investitionsprogramm verabschiedet, mit dem Mittel im Wert von fast zwei Prozent des Sozialproduktes für den Ausbau der Infrastruktur, einschließlich der Telekommunikation, bereitgestellt werden. Denn darin unterscheidet sich Japan vielleicht am ehesten von den westlichen Gesellschaften, daß derartige Defizite nicht nur als Gegenstand langwieriger politischer Diskussionen und vor allem als Probleme wahrgenommen werden, sondern zuerst und zumeist als Chancen für die wirtschaftliche Entwicklung, neue Investitionen, neue Produkte und neue Gewinnchancen für die Unternehmen. Während in Deutschland also über die aus der Alterung der Gesellschaft entstehende Kostenbelastung debattiert wird, sind japanische Unternehmen dabei, spezifische

Produkte für alte Menschen zu entwickeln, um damit schlicht und einfach Geld zu verdienen. Man kann daher durchaus auch für die Zukunft erwarten, daß sich die japanischen Unternehmen bei der Erschließung neuer Märkte als überaus wettbewerbsfähig erweisen werden. Insoweit sind Prognosen, denen zufolge die japanische Wirtschaft ihren Zenit überschritten habe und sich nun in einer Phase des langsamen, aber sicheren Abstiegs befinde, eher verfrüht. Das gilt um so mehr, wenn man – wie der bekannte amerikanische Autor John Naisbitt – wie selbstverständlich davon ausgeht, daß die weltweiten gesellschaftlichen Megatrends nur in eine Richtung gehen können, nämlich den von den USA vorgegebenen Weg. Unsere bisherigen Überlegungen sollten jedoch gezeigt haben, daß die japanische Gesellschaft dafür länger benötigt, als manche im Westen es sich erhoffen – wenn Japan denn überhaupt diesen Weg eingeschlagen hat.

Fassen wir also noch einmal die Überlegungen dieses Kapitels in einigen Thesen zusammen, nicht zuletzt, weil die Frage nach der ökonomischen Zukunft Japans von vielen als wesentlich angesehen wird:

1 Der Staat – in diesem Zusammenhang: die Regierung – hat vom Anfang des Industrialisierungsprozesses an einen starken Einfluß auf die Entwicklung der Gesellschaft und insbesondere der Wirtschaft genommen, aber nicht durch direkte Steuerung und Kontrolle, sondern, von historischen Ausnahmen abgesehen, mehr über das, was man in Japan als »administrative Führung« bezeichnet, also über Kommunikation und Abstimmung mit den Unternehmen und ihren Verbänden.

2 Die japanische Regierung hat dabei immer eine entwicklungs- und keine regelungsorientierte Strategie verfolgt; sie hat industriepolitische Vorgaben definiert und diese durch Verhandlung und Abstimmung mit den betroffenen Unternehmen umgesetzt.

3 Ein wichtiger Teil einer solchen entwicklungspolitischen Strategie bestand jeweils darin, die heimischen Märkte so weit wie möglich zu homogenisieren und zu standardisieren, um auf diese Weise ein ausreichendes ökonomisches Potential für ein endogenes Wachstum zu schaffen.

4 Auf Grund der kulturellen Struktur der japanischen Gesellschaft, aber auch als Ergebnis der staatlichen Entwicklungsstrategie, können spezifische Erfolgsfaktoren der japanischen Unternehmen benannt werden: die strategische Entscheidung für den Ausbau von Marktanteilen und nicht für die Maximierung von Renditen, die Förderung des Humankapitals innerhalb der Unternehmen, die hohe Bewertung von langfristigen Bindungen zu Lieferanten, Kunden und Arbeitnehmern, die strategische Entscheidung für die Optimierung der vorhandenen Strukturen und nicht die Innovation dieser

Strukturen sowie schließlich das Vorgehen als Konvoi mit anderen Unternehmen und nicht unbedingt als Einzelunternehmen.

5 Die japanische Wirtschaft ist nicht zuletzt wegen der engen Abstimmung zwischen Unternehmen und Regierung in hohem Maße produzenten- und nicht verbraucherorientiert, was sowohl für die Ausgestaltung der ökonomischen Rahmenbedingungen als auch für die Ausrichtung der öffentlichen Investitionen in die Infrastruktur gilt, in denen wirtschaftsnahen Projekten bislang höchste Priorität zukam.

6 Gerade die letzten Jahre haben jedoch gezeigt, daß die japanische Gesellschaft weiterhin über eine ausreichende strukturelle Anpassungsfähigkeit verfügt, um endogene Wachstumspotentiale vor allem aus dem privaten Verbrauch, aber auch aus der Beseitigung der offenkundigen Defizite in der Infrastruktur zu mobilisieren und auf diese Weise ihre Wettbewerbsfähigkeit zu erhalten und sogar gegenüber den westlichen Industriegesellschaften noch auszubauen.

Die Entwicklungsprobleme der japanischen Gesellschaft sind in vielerlei Hinsicht denjenigen in den meisten anderen Industrienationen sehr ähnlich. Fragen des Umweltschutzes oder der sozialen Sicherung, insbesondere in bezug auf eine ständig älter werdende Gesellschaft, stellen sich überall, ebenso wie die Fragen nach einer angemessenen Organisation der Zusammenarbeit zwischen Staat und Wirtschaft generell. Man kann sicherlich sehr lange darüber diskutieren, welche Mischung der Verantwortlichkeiten zwischen öffentlichem und privatem Sektor für eine Gesellschaft unter den jeweiligen historischen und kulturellen Bedingungen adäquat ist; diese Entscheidung kann aber auch nur innerhalb einer jeden Gesellschaft selbst, und wenn möglich, mit einem hohen Grad an Konsens, getroffen werden. Sich der politischen Einmischung in eine solche Entscheidungsfindung zu enthalten, bedeutet aber nicht zwangsläufig, auch gleichzeitig ökonomisch abstinent zu bleiben. Was die besondere Situation in Japan für die deutschen Unternehmen an Chancen bereithält, das soll im nächsten und abschließenden Kapitel ausführlicher besprochen werden.

Kapitel 8

Deutschland und Japan: neue Chancen durch Kooperation

In den vorangegangenen Kapiteln haben wir uns darum bemüht, einige Aspekte der japanischen Gesellschaft und Kultur, die wichtig für ein Verständnis der Entwicklungen in Wirtschaft und Politik sein können, ein wenig näher zu beschreiben, wobei es nicht in erster Linie um das exotische Potential Japans ging, sondern vielmehr darum, auf die vielen strukturellen Ähnlichkeiten besonders zu Deutschland zu verweisen. Diese Ähnlichkeiten werden zunächst einmal in der historischen Sicht deutlich. Beide Länder wurden zu Beginn bzw. in der Mitte des 19. Jahrhunderts vor die Herausforderung gestellt, den Entwicklungsvorsprung ihrer ökonomischen und politischen Konkurrenten möglichst schnell aufzuholen. Dafür aber fehlte es sowohl in Deutschland als auch in Japan an vielen notwendigen Voraussetzungen, so daß sich Staat und Regierung dazu veranlaßt sahen, eigene Initiative und Verantwortung für den Prozeß der Industrialisierung zu entwickeln. Was dabei herauskam, war in beiden Ländern unter technologischen und ökonomischen, schließlich aber auch unter politischen und militärischen Aspekten zunächst außerordentlich erfolgreich.

Die innere Struktur der Gesellschaft mit ihrer starken Gruppenorientierung und hohen Kohärenz blieb jedoch weitgehend unangetastet. In beiden Ländern bildete sich eine Art »ungleichzeitige« Industriegesellschaft heraus, in der sich nicht alle Teile umfassend und gleichzeitig modernisierten, sondern eine sehr spezifische Mélange aus fortschrittlicher Wirtschaft und Technik einerseits und vorindustrieller Sozialstruktur andererseits entstand. Diese Asynchronizität der gesellschaftlichen Entwicklung wurde in beiden Ländern über lange Zeit dadurch gemildert, daß nationale oder gar nationalistische Ideologien als Ersatz für die traditionellen Formen der sozialen Bindung (Familie, Dorfgemeinschaft, Zunft) angeboten und von weiten Teilen der Bevölkerung auch angenommen wurden. Eine soziale Modernisierung fand in Deutschland und Japan erst in der Folge des Zweiten Weltkrieges statt, als nach der militärischen Niederlage politische und institutionelle Reformen durch die westlichen Besatzungsmächte eher zwangsweise verordnet wurden. Der wachsende gesellschaftliche Wohlstand in beiden Ländern, ihre zunehmende Einbindung in die Weltwirtschaft, nicht zuletzt aber auch die neuen Techniken von Kommunikation und Medien sorgten zusätzlich dafür, daß sich Deutschland und Japan allmählich in den kulturellen *mainstream* der Industrieländer einordneten und ihre Sonderrolle immer weniger sichtbar wurde.

Wer lernt von wem?

Gleichwohl sind viele jener Faktoren, durch die Deutschland und Japan eine Sonderrolle vor allem gegenüber den angelsächsischen Ländern einnehmen, weiterhin wirksam. Gerade ihre ökonomischen Erfolge haben in den vergangenen Jahren dazu geführt, daß Länder, die sich heute vor die Herausforderung von Industrialisierung und Modernisierung gestellt sehen, auf diese Modelle zurückgreifen und sie an ihre eigenen Bedingungen anzupassen versuchen, wobei die Frage nach der Synchronizität der ökonomischen und sozialen Entwicklung eine wesentliche Rolle spielt. Die ökonomische und soziale Situation der meisten Entwicklungsländer ist weit von der Englands zur Mitte des 18. Jahrhunderts entfernt, als genügend Kapital und Technik, vor allem aber eine ausreichend große und selbstbewußte bürgerliche Schicht vorhanden war, aus der heraus sich auf freien Märkten ein stabiles, endogenes Wachstum entwickeln konnte. In diesem Sinne entsprechen die Vorstellungen eines Adam Smith von einer freien, wettbewerblich organisierten Marktwirtschaft weniger den Bedingungen eines Entwicklungslandes als die eines Friedrich List, der das Primat nationaler Entwicklungsziele in der Ökonomie postulierte.

Fast alle jene Länder, die seit der Mitte des 19. Jahrhunderts nach und nach den Anschluß an die fortgeschrittenen westlichen Industrienationen gefunden haben – also Deutschland, Japan, Korea, aber auch die neuen Industrieländer in Südostasien –, sind den Weg einer asynchronen Entwicklung auf der Basis einer vom Staat formulierten und umgesetzten nationalen Strategie gegangen, in der sich markt- und planwirtschaftliche Elemente mit dem Bestreben vermischen, die innere, soziale Kohärenz der vorindustriellen Gesellschaft so lange wie möglich aufrechtzuerhalten. Eine sich selbst tragende wirtschaftliche Entwicklung erfolgreich zu initiieren, scheint auf Grund dieser Erfahrungen nur möglich zu sein, wenn sich eine Gesellschaft diesem Ziel – zumindest zeitweise – in all ihren Teilsystemen strikt unterordnet; hat sich eine solche Entwicklung aber erfolgreich stabilisiert, dann entsteht auch der Bedarf zur sozialen

Modernisierung von selbst – und in der Folge auch der entsprechende Druck, wie die Beispiele (Süd-)Koreas und in jüngster Vergangenheit auch Indonesiens zeigen.

In Europa wurde am Ende des Mittelalters die Emanzipation des bürgerlichen Individuums nicht zuletzt dadurch wirksam und sichtbar, daß die in ihrem alltäglichen Leben erfolgreichen Bürger und Unternehmer der Kirche nicht mehr zugestehen wollten, in alle Bereiche der Gesellschaft regulierend und kontrollierend einzugreifen. Und durchaus dem vergleichbar entzünden sich die politischen Konflikte jetzt in den jungen Industrienationen daran, daß sich durch Wachstum und Wohlstand eine neue bürgerliche Schicht herausgebildet hat, die auf Grund ihrer eigenen wirtschaftlichen Erfolge genügend Selbstbewußtsein entwickelt hat, um dem Staat und vor allem seiner Bürokratie nun die Kompetenz zur Regelung und Lenkung der ökonomischen und sozialen Prozesse abzusprechen. Es zeigt sich dann auch sehr schnell, daß man von diesen Schichten der Bevölkerung nicht einerseits eine hohe Kreativität und Innovationsfähigkeit in technischen und unternehmerischen Fragen erwarten kann, wenn man ihr andererseits gleichzeitig die politische Emanzipation und Partizipation verweigert. Aber – um es noch einmal zu betonen – ein solches Interesse an gesellschaftlicher Modernisierung in weiten Teilen der Bevölkerung entsteht erst im Verlaufe des Entwicklungsprozesses und ist eben nicht von Anfang an vorhanden. Das Versagen demokratisch-parlamentarischer Modelle in Deutschland und Japan während der 20er und 30er Jahre kann sicherlich auch darauf zurückgeführt werden, daß hier die ökonomischen und sozialen Voraussetzungen für demokratische »Mündigkeit« zu diesem Zeitpunkt noch nicht gegeben waren.

Man könnte an dieser Stelle auch darüber spekulieren, wie die soziale und politische Entwicklung in China verlaufen würde, wenn man dort umgehend eine rein nach marktwirtschaftlichen und demokratischen Prinzipien ausgerichtete Strategie implementieren würde. Jeder Strukturwandel verursacht ein hohes Maß an sozialen Kosten, zumeist in Form von Arbeitslosigkeit und Armut; der sogenannte *Pauperismus* des frühen 19. Jahrhunderts in England war eben keine Ausnahme, sondern zwangsläufige Konsequenz eines weder politisch noch psychologisch abgefederten Übergangs von einer agrarischen zu einer industriellen Gesellschaft. Schon heute gibt es in China als Folge der regional ungleichgewichtigen Entwicklung eine kaum mehr übersehbare Zahl von Wanderarbeitern, die in den Wachstumszonen an der Küste unter frühkapitalistischen Bedingungen arbeiten und leben müssen. So sehr man sicherlich zu Recht die Einhaltung elementarer Menschenrechte auch in einem sich wirtschaftlich entwickelnden China (oder Indonesien) einfordern muß, so wenig kann das bedeuten, daß sich dort der Staat von einem Tag auf den anderen völlig aus der Regelung und Lenkung der ökonomischen und sozialen Prozesse zurückzieht. In diesem Sinne haben Deutschland und Japan solchen Ländern durchaus Erfahrungen und Modelle aus der Zeit nach dem Ende des Zweiten Weltkrieges anzubieten, mit denen sich nach entsprechender Anpassung an die jeweiligen Bedingungen gesellschaftliche Konflikte abschwächen oder sogar vermeiden lassen. Dies wäre im übrigen die wahrscheinlich effektivere Form der Entwicklungshilfe, als sich wie bisher auf finanzielle Zuwendungen oder moralische Appelle zu beschränken, und es wäre darüber hinaus auch noch eine recht intelligente Form der Außenwirtschaftspolitik, denn wer Lösungen für gesellschaftliche Probleme kommuniziert, erhöht damit auch gleichzeitig seine Chancen, die dazu notwendigen Techniken und Produkte zu verkaufen.

Wie japanisch sind deutsche Unternehmen?

Wie auch immer: Auch wenn sich Deutschland (mehr) und Japan (weniger) während der letzten Jahrzehnte modernisiert und sich die traditionellen Strukturen der Gesellschaft abgeschwächt haben, bleiben diese gleichwohl wirksam – und damit auch die strukturellen Ähnlichkeiten zwischen beiden Ländern. Wendet man beispielsweise die fünf Kriterien, die wir im vorangegangenen Kapitel zur Charakterisierung der japanischen Unternehmen vorgeschlagen haben, einmal auf die deutschen Unternehmen an, so findet man bei allen oberflächlichen Unterschieden erstaunliche Parallelen:

1   Deutsche Unternehmen verfolgen in ihren Strategien die Ausweitung der Marktanteile sicherlich nicht mit der gleichen expliziten Priorität wie die japanischen Unternehmen. Sie bewegen sich aber innerhalb deutlich geringerer Gewinnmargen als etwa die Unternehmen in den USA, was eine Menge damit zu tun hat, daß institutionelle Anleger und ihr Interesse an schneller und hoher Verzinsung kaum Einfluß auf die strategischen Entscheidungen von deutschen Unternehmen haben. Die enge Kooperation und Abstimmung zwischen den Unternehmensvorständen und den Banken, die in Deutschland über eigene Anteile oder das Depotstimmrecht einen erheblichen Einfluß ausüben, hat zudem bis heute *de facto* zu einer strikten Abschottung der deutschen Kapitalmärkte für ausländische Anleger geführt. Das ermöglichte es den Unternehmern, unabhängig von Kriterien wie dem *shareholder value* oder der Orientierung an Quartalsbilanzen, langfristige Strategien für das jeweilige industrielle Kerngeschäft zu entwickeln und umzusetzen und dabei auch Investitionen in Forschung und Entwicklung oder die Ausbildung der Beschäftigten vorzunehmen, ohne allein kurzfristige Renditeinteressen befriedigen zu müssen.

2   Auch in Deutschland wird ebenso wie in Japan dem Humankapital innerhalb der Unternehmen sehr viel Bedeutung zugemessen, und zwar nicht nur in
bezug auf die Ausbildung, sondern auch auf die sozialen Beziehungen insgesamt. Dabei spielt die in deutschen Unternehmen immer noch virulente Tradition des Handwerks sicherlich eine wichtige Rolle, wo der Betrieb als umfassendes soziales System verstanden wurde und nicht nur als ein Ort der
kommerziellen, entlohnten Arbeit. Diese handwerkliche Tradition legt viel Wert
auf die technische und organisatorische Ausbildung der Beschäftigten, was
sicherlich erheblich dazu beigetragen hat, daß die Wettbewerbsfähigkeit der
deutschen Industrie trotz Kostensteigerungen in den vergangenen Jahrzehnten
eher zugenommen hat, denn der Produktivitätsfortschritt hat die Erhöhung von
Löhnen und anderen Kosten mehr als nur kompensiert. Das läßt sich unter
anderem äußerst eindrucksvoll an den seit Beginn der 80er Jahre konstant gebliebenen Lohnstückkosten ablesen. Und: Es hat sich eindeutig gezeigt, daß
sich die technologische Entwicklung nur dann erfolgreich in den Unternehmen implementieren läßt, wenn sie von einem entsprechenden Fortschritt in
der Qualifikation vorbereitet und begleitet wird. Nicht von ungefähr werden in
Deutschland also Einrichtungen der technischen Forschung und Entwicklung
inzwischen mit solchen der Aus- und Weiterbildung gekoppelt, um eine – wenn
man es so ausdrücken will – *just-in-time*-Qualifikation zu ermöglichen.

Das Angebot zur Qualifikation ist aber nur ein Teil jenes Systems der sozialen Beziehungen in den deutschen Unternehmen: Was wir für Japan mit der
lebenslangen Beschäftigungsgarantie, den internen Verfahren der Kommunikation und Konsensbildung und der sozialen Fürsorge beschrieben haben, findet in Deutschland seine Entsprechung im Kündigungsschutz, der Mitbestim-
mung und den freiwilligen Sozialleistungen, wie sie vor allem in den Großunternehmen sehr ausgeprägt sind. Sozialpläne und Maßnahmen der
Frühpensionierung nicht nur in der Montanindustrie zeigen zudem, daß deutsche Unternehmen sich selbst in einer weitgehenden sozialen Verpflichtung
gegenüber ihren Beschäftigten sehen und bereit sind, auch die entsprechenden
finanziellen Konsequenzen zu tragen. Ebenso wie in Japan hat auch in
Deutschland diese hohe Wertschätzung des Humankapitals die Wettbewerbsfähigkeit der Unternehmen gesteigert, denn der soziale Friede – sichtbar an
geringer Streikneigung, hoher Motivation der Beschäftigten und letztlich an
hoher Produktivität – ist in beiden Ländern zu einem wichtigen Produktions-
faktor geworden. Und das entspricht durchaus der Bedeutung, die der amerikanische Autor Fukuyama dem Sozialkapital in einer Volkswirtschaft beimißt,
nämlich dem innerhalb einer Gesellschaft herrschenden Grad an gegenseitigem Vertrauen. Vertrauen in den sozialen Beziehungen kann natürlich die Entstehung von Konflikten nicht verhindern, aber doch wenigstens die Chancen

zu ihrer schnellen und allseits akzeptierten Lösung erhöhen und damit auch die Chancen zu einer effizienten Kooperation, was wiederum für eine komplexer werdende Wirtschaft zu einer entscheidenden Voraussetzung für den Erhalt der Wettbewerbsfähigkeit geworden ist.

3 Aus dem, was unter 1 und 2 gesagt wurde, läßt sich leicht ableiten, daß deutsche Unternehmen ebenso wie japanische sich eher für eine Strategie der langfristigen Bindungen in ihrem ökonomischen Umfeld entscheiden – einschließlich einer engen Kooperation mit Staat und Politik. Hinweise auf eine soziale und regionale Verantwortung werden von deutschen Unternehmen in der Regel akzeptiert, auch wenn man sich damit außerhalb des direkt betriebswirtschaftlich erforderlichen Verhaltens bewegt. Diese Nachteile werden aber mehr als ausgeglichen durch die aus der Bindung entstehende Verläßlichkeit im ökonomischen Umfeld und langfristig angelegte Auftrags- und Lieferbeziehungen, die wiederum die Planungssicherheit erhöhen und überhaupt erst ein auf längerfristige Renditen ausgelegtes Investitionsverhalten sinnvoll erscheinen lassen. Eine solche Orientierung an langfristigen Zielen und Strategien ist in Deutschland allerdings nicht nur typisch für große Unternehmen, deren Kapitalstärke und Diversifikation es ihnen ohnehin erleichtert, Phasen von Vorbereitung und Abwarten mit vergleichsweise geringer Rendite zu überstehen; es sind gerade die kleinen und mittleren Unternehmen in Deutschland, die sich in hohem Maße als eingebunden in die jeweiligen regionalen und sozialen Systeme verstehen und daraus für ihr Handeln auch eine weitgehende ökonomische Verantwortung ableiten.

4 Für Japan haben wir im vorangegangenen Kapitel festgestellt, daß sich ein erheblicher Teil der Wettbewerbsfähigkeit aus einer Strategie der Prozeßinnovation und Kostensenkung ergeben hat; für Deutschland muß man angesichts der aktuellen Diskussionen einen ähnlichen strategischen Ansatz vermuten, denn die wirtschafts- und sozialpolitischen Forderungen von seiten der Unternehmen richten sich in erster Linie auf eine Senkung der Kosten (für die bestehende Produktstruktur) und weniger auf eine Förderung von neuen Produkten und Dienstleistungen. Diese Orientierung hat auch Anlaß für erhebliche Kritik an den Managementfähigkeiten in den deutschen Unternehmen gegeben, denen vorgeworfen wird, sich zu wenig um die Entwicklung neuer Produkte und vor allem neuer Märkte zu kümmern. Tatsächlich scheint ein Defizit deutscher Unternehmen darin zu bestehen, daß technische Inventionen nicht schnell und entschieden genug in wirtschaftlich tragfähige Innovationen umgesetzt werden oder man aber – wenn es denn geschieht – eher auf die technische Perfektion der Produkte achtet als auf die spezifischen Bedürfnisse potentieller Nachfrager.

Hinzu kommt, daß sich die technische Entwicklung in Deutschland oft auf die Perfektionierung von Komponenten und weniger auf Systeme richtet, was angesichts der Strukturveränderungen in der Weltwirtschaft zu einem Problem für die Wettbewerbsfähigkeit deutscher Unternehmen werden kann. Wir haben in einem der vorangegangenen Kapitel schon ausführlich darauf verwiesen, daß gerade in den Entwicklungs- und Schwellenländern die Zahl der Projekte mit Systemcharakter – einschließlich Finanzierung, Bau, Betrieb und Investition – zunimmt, was es den kleinen und mittleren deutschen Unternehmen, die sich auf die Produktion hochentwickelter Komponenten spezialisiert haben, sehr schwer macht, bei der Vergabe solcher Projekte erfolgreich zu sein. Dieses Problem wird noch durch die besondere Ausrichtung der Technologie- und Industriepolitik in Deutschland verschärft, der es in erster Linie um die Förderung von Forschung und Entwicklung in kleinen und mittleren Unternehmen geht, ohne daß dabei die Umsetzung in marktfähige Produkte und deren Einpassung in ebenfalls marktfähige Systemlösungen eine explizite Rolle spielt. Dadurch, daß die Frontlinie der technischen Entwicklung durch eine solche Politik immer weiter nach vorne verlegt wird, vergrößert sich der Abstand zu den Bedürfnissen der potentiellen Nachfrager weltweit, und das schmälert wiederum die Absatzchancen gerade auf den sich entwickelnden Märkten in Ostasien.

An dieser Stelle mag ein kurzer Exkurs zur strategischen Ausrichtung vieler deutscher Unternehmen erlaubt sein: Es gehört schon fast zu ihren Charakteristika, daß die Festlegung der Ziele und Strategien in hohem Maße von technischen Überlegungen bestimmt wird, die Entwicklung der technischen Ausgestaltung der jeweiligen Produkte also eine hohe Priorität einnimmt und Fragen der Preisgestaltung demgegenüber eine geringere Rolle spielen. Deutsche Unternehmen sind in der Regel nicht über den Preis, sondern über ihre Qualität (Sicherheit, Zuverlässigkeit) wettbewerbsfähig, was so lange kein Problem darstellt, wie dafür auf den entsprechenden Märkten eine genügend große Nachfrage besteht. Solche Märkte findet man üblicherweise in denjenigen Ländern, die technisch und sozial einen ähnlichen Entwicklungsstand aufweisen wie Deutschland selbst, also überwiegend in den westlichen Industrienationen. Dort kann man zum einen erwarten, daß technisch avancierte Produkte aus Deutschland überhaupt benötigt werden, und zum anderen, daß die potentiellen Kunden selbst wissen, wo sie diese Produkte und Komponenten technisch und wirtschaftlich sinnvoll einsetzen können.

Auf Märkten allerdings, wo die technische Qualität eine geringere Rolle spielt, weil die Kunden auf Grund ihres eigenen Entwicklungsstandes sie weder benötigen noch einschätzen können, wo der Wettbewerb somit eher über den Preis erfolgt (und darüber, daß Systemlösungen angeboten werden), haben deutsche Unternehmen erhebliche strukturelle Probleme. Notwendig wäre eine auch technologisch breit gefächerte Produktpalette, deren Struktur sich an den unterschiedlichen Bedürfnissen der Nachfrager und nicht nur am hohen technischen Standard ausrichtet; dazu aber wäre es erforderlich, daß deutsche Unternehmen – und das gilt insbesondere für die kleinen und mittleren Unternehmen – ihre bislang dominierende strategische Orientierung an technischen Kriterien durch Überlegungen zu Marketing und Verkauf wenigstens ergänzen. Notwendig wäre aber auch eine Technologie- und Industriepolitik, die nicht allein die Entwicklung in spezifischen Bereichen der Hochtechnologie fördert, sondern ein diversifiziertes Angebot für die unterschiedlichen Nachfragestrukturen auf den jeweiligen Märkten, und dabei vor allem auch Formen der Organisation bei der Integration von Komponenten zu marktfähigen Systemlösungen.

5   Nachdem wir in vier Punkten eine mehr oder weniger große Ähnlichkeit zwischen dem Verhalten japanischer und deutscher Unternehmen haben feststellen können, müssen wir beim fünften Kriterium allerdings eher auf die Unterschiede verweisen: Deutsche Unternehmen sind von ihrem Selbstverständnis her, aber auch nach ihrem tatsächlichen Verhalten viel weniger eingebunden in die für Japan so typischen Entscheidungsverfahren im Konvoi. Das hat jedoch nichts mit einer möglicherweise stärkeren Orientierung deutscher Unternehmen auf den Wettbewerb zu tun. Auch für die deutsche Wirtschaftsgeschichte ließe sich empirisch an der Vielzahl von Kartellen, Konzernen und Absprachen nachweisen, daß man sich im Zweifel immer eher für Kooperation und nicht für Wettbewerb entschieden hat – auch für deutsche Unternehmen könnte man also ein inkorporiertes Sicherheitsbedürfnis konstatieren. Die Verantwortung für die Gewährleistung dieser Sicherheit wird nach deutschem Verständnis aber an den Staat und nicht an Verbände oder Vereinigungen delegiert. Verbände nehmen zwar auch im deutschen Wirtschaftsleben eine wichtige Funktion ein, haben aber bei weitem nicht die gleiche zentrale Stellung wie in Japan etwa der *Keidanren*, der als Unternehmensverband Strategien für Investition und Markterschließung vorbereitet und begleitet, deren Verbindlichkeit selbst für große Unternehmen – auf freiwilliger Basis – immer noch erstaunlich hoch ist. In Deutschland hat man in den vergangenen Jahren durch die Formulierung von Regionalkonzepten – beispielsweise für Ostasien, den Nahen Osten oder Lateinamerika – versucht, eine ähnlich wirksame Abstimmung und Bündelung der Interessen von Politik und Wirtschaft herbeizuführen. Bislang sind die Ergebnisse dieser Versuche jedoch noch nicht dazu angetan, tatsächlich von anhaltenden Erfolgen zu sprechen.

Wie auch immer man jene Ähnlichkeiten zwischen deutschen und japanischen Unternehmen bewerten will, sie machen jedenfalls die strukturelle Nähe zwischen beiden Gesellschaften noch ein wenig deutlicher. Zwar würde man – natürlich – auch viele und bedeutsame Ähnlichkeiten zwischen Unternehmen aus Deutschland und den USA feststellen, wenn man deren Strategien und Verhalten einmal vergleichen würde, aber ein solches Ergebnis würde zum einen nur wenig überraschen, und zum anderen liegen Deutschland und Japan wenigstens für die hier genannten fünf Kriterien näher beieinander als jeweils einzeln zu den USA. Gerade das auf kurzfristige Renditen ausgerichtete Handeln der meisten amerikanischen Unternehmen oder ihre vergleichsweise geringe Wertschätzung des Humankapitals, vor allem in bezug auf die Ausbildung der Beschäftigten, werden von vielen Autoren für ihre nachlassende internationale Wettbewerbsfähigkeit verantwortlich gemacht, die sich in den letzten Jahren nur durch eine rigorose Anpassung der Währungsrelationen hat stabilisieren lassen.

Entsprechend gibt es eine Vielzahl von Untersuchungen und Veröffentlichungen in den USA, die zur Sicherung der langfristigen Konkurrenzfähigkeit eine stärkere Ausrichtung von Politik und Wirtschaft an den deutschen und japanischen Vorbildern fordern. Gerade japanische Produktionsstätten in den USA haben gezeigt, daß man die Methoden von Organisation und Management durchaus erfolgreich anpassen und übertragen kann. Wir haben jedoch schon darauf hingewiesen, daß von seiten der USA eine andere Art von Reaktion erfolgt: keine selbstkritische Auseinandersetzung mit den Strukturdefiziten der eigenen Wirtschaft, sondern der Versuch, durch politischen Druck den Mangel an ökonomischer Wettbewerbsfähigkeit auszugleichen. Und wir haben in diesem Zusammenhang auch schon angemerkt, daß man dabei weniger von einem Handelskrieg *zwischen* den USA und Japan als eher von einem der USA *gegen* Japan sprechen muß, der natürlich allen ansonsten so lauthals von der amerikanischen Regierung vorgetragenen Forderungen nach einem freien und fairen Welthandel zuwiderläuft.

Die unbekannten Märkte in Asien

Davon aber haben wir – wie gesagt – schon gesprochen; wichtiger ist hier, daß solche Diskussionen und Aktionen zwischen Deutschland und Japan kaum vorstellbar wären, auch wenn die Handelsbeziehungen zwischen beiden Ländern weit davon entfernt sind, ausgeglichen zu sein, geschweige denn einen Überschuß für die deutsche Wirtschaft aufzuweisen. Dabei wären die Möglichkeiten für eine Erschließung der japanischen Märkte und eine Kooperation mit japanischen Unternehmen durchaus gegeben. Das bestätigen die Beispiele von deutschen Unternehmen, die es sowohl bei den Konsum- als auch bei den Investitionsgütern einmal wirklich und ernsthaft versucht haben. Dort, wo systematisch, mit langem Atem und in einer strategischen Allianz mit einem japanischen Partner vorgegangen wurde, blieben die Erfolge nicht aus, ganz gleich, ob es sich um Mode, Automobile, Nahrungsmittel, Kosmetika oder Maschinen handelte. Voraussetzung dafür war allerdings, daß man bereit war, sich auf die Besonderheiten der Märkte – und das bedeutet vor allem: auf die Wünsche der Nachfrager – einzulassen. Japanische Partner zu finden, die für die Phase des Markteintritts oder auf Dauer zu Kooperationen bereit waren, stellte demgegenüber das geringere Problem dar, nicht zuletzt deshalb, weil sich eben unternehmerische Mentalität und Strategie in beiden Ländern als kompatibel erwiesen, Zusammenarbeit also auf einer Basis von Verständnis und Vertrauen möglich war.

Hinzu kommt, daß das sozio-ökonomische Ambiente, in dem sich die Unternehmen aus beiden Ländern bewegen, ebenfalls ähnliche Strukturen aufweist, man also etwa ähnliche Vorstellungen von der Organisation der Gesellschaft und den Zielen ihrer Entwicklung hat, woraus sich vergleichbare Verhaltensweisen ergeben, was seinerseits wiederum die Chancen für eine erfolgreiche interkulturelle Kommunikation erhöht. Dieser Umstand der strukturellen Nähe zwischen Deutschland und Japan ist erstaunlicherweise nur selten in Politik und Wissenschaft explizit thematisiert worden; eher beschreibt man auf beiden Seiten das ausgiebig, was man als unterschiedlich und exotisch empfindet. Diese Haltung aber hat in den vergangenen Jahren in Deutschland dazu geführt, daß die Entwicklung von Gesellschaft und Wirtschaft in Japan kaum ein größeres öffentliches Interesse fand. Während Mittel- und Osteuropa oder China und Vietnam im Mittelpunkt der politischen und unternehmerischen Aktivitäten stehen, hat die offizielle deutsche Wirtschaft erst jetzt (1996) damit begonnen, Analysen und Konzepte für eine systematische Erschließung der japanischen Märkte zu erarbeiten.

Offenbar wird die triviale volkswirtschaftliche Erkenntnis immer noch zu wenig beachtet, daß sich Märkte durch das Zusammentreffen von Angebot und Nachfrage bilden, wobei die Nachfrage wiederum als die Kombination aus Bedarf und Kaufkraft definiert wird; in China mag man allein schon aus Gründen der Quantität einen großen Bedarf vorfinden, von Kaufkraft und Nachfrage kann jedoch solange keine Rede sein, wie man als Anbieter noch selbst für die Finanzierung des Verkaufs sorgen muß. Anders ausgedrückt: Auch wenn Japan nur über ein Zehntel der Bevölkerung Chinas verfügt, so sind doch die Kaufkraft und damit auch die Marktchancen in Japan derartig viel größer, daß sich jeglicher Vergleich fast von selbst verbietet. Aus den Bevölkerungszahlen läßt sich möglicherweise auf das Leistungspotential, aber nicht auf die tatsächliche Leistung einer Volkswirtschaft schließen; für China jedenfalls bedeutet dieser Hinweis, daß sein Sozialprodukt – und damit vereinfacht ausgedrückt auch seine (kaufkräftige) Nachfrage nach Gütern und Dienstleistungen – gerade einmal um ein Viertel größer ist als im deutschen Bundesland Nordrhein-Westfalen. Das ist nun überhaupt kein Anlaß für Überheblichkeit, zeigt aber die wirklichen ökonomischen Dimensionen auf, wenn leichtfertig von »den Märkten« in China die Rede ist. Natürlich wächst die chinesische Wirtschaft, vor allem in den Küstenprovinzen, mit enormer Schnelligkeit, und natürlich macht es Sinn auch für deutsche Unternehmen, an dieser Entwicklung zu partizipieren, aber die chinesische Wirtschaft muß jährlich irgendwo in einem Korridor von 14 bis 20 Prozent wachsen, um in absoluten Zahlen einem Wachstum der japanischen Wirtschaft von einem Prozent zu entsprechen – und diese Raten hat Japan während der letzten Jahre allemal erreicht.

Überhaupt wird die Dimension der japanischen Wirtschaft im Vergleich zu anderen Ländern in der Region häufig unterschätzt: Wie hoch auch immer man die Leistungen der (süd-) koreanischen Gesellschaft bewerten mag, ein durch Besetzung und Krieg zerstörtes Land zu Fortschritt und Wohlstand geführt zu haben, man sollte gleichzeitig darauf verweisen, daß noch Ende der 80er Jahre das japanische Sozialprodukt jährlich um einen Betrag *gewachsen* ist, der dem Sozialprodukt (Süd-)Koreas entsprach. Und schließlich: Selbst wenn die Republik Singapur inzwischen ein Einkommen pro Kopf der Bevölkerung erzielen mag, das sich schon durchaus in den Bereichen mancher westlicher Industrienationen bewegt – mit einer Gesamtbevölkerungszahl von kaum mehr als drei Millionen Menschen sind dort die Marktpotentiale recht schnell ausgeschöpft. Insgesamt – und auch das scheint in Deutschland nur wenig bekannt zu sein – hat die japanische Volkswirtschaft einen Anteil von etwa 80 Prozent am Sozialprodukt der gesamten ostasiatischen Region; vor allem dieser Hinweis sollte deutlich gemacht haben, daß Japan wirtschaftlich – und sicherlich auch technologisch – in Ostasien eine Klasse für sich darstellt, also auch eine eigene Strategie und ein eigenständiges Engagement verdient.

Eine solche Strategie zu entwickeln und umzusetzen, hat die deutsche Wirtschaft gute Möglichkeiten: Die strukturelle Nähe ist vorhanden und damit auch die Basis für gegenseitiges Verständnis und Vertrauen. Deutschland, seine Wirtschaft, Gesellschaft und Kultur, haben aber auch in Japan immer noch eine hohe Akzeptanz. Das läßt sich nicht nur oberflächlich an der oft zitierten japanischen Wertschätzung für Beethoven und Heine ablesen, deren Werke in Japan beliebter und bekannter sind als in Deutschland. Daß man beispielsweise in Düsseldorf, der Geburtsstadt Heines, lange und unerfreuliche Diskussionen darüber führte, ob man denn nun die neue Universität nach dem Dichter benennen sollte, war für Japaner völlig unverständlich und erschütterte bei manchen nachhaltig den tiefen Glauben an die deutsche Kultur. Zwar führt diese japanische Affinität zu Deutschland auch manchmal zu Fehlurteilen, wenn etwa aus der Entscheidung für Berlin als deutsche Hauptstadt fälschlicherweise der Schluß gezogen wird, nun werde sich Berlin auch ähnlich wie Tokyo, Paris oder London zum Zentrum von Wirtschaft, Politik und Kultur entwickeln – was in der deutschen Tradition nicht nur des politischen, sondern auch des ökonomischen Föderalismus kaum vorstellbar erscheint –, aber bei derjenigen Generation, die heute noch die japanischen Unternehmen beherrscht, wird der Kooperation mit Deutschland auch weiterhin eine hohe Bedeutung zugemessen.

Dies gilt schon nicht mehr so unbedingt für die nachwachsenden Generationen in Japan: Man mag sich Deutschland zwar noch dadurch verbunden fühlen, daß die Geschichte in beiden Ländern während der vergangenen 50 Jahre einen ähnlichen Verlauf genommen hat, aber die Sozialisierung wenigstens der Nachkriegsgenerationen hat sich in Japan ebenso wie in Deutschland unter den dominierenden Einflüssen der amerikanischen Kultur vollzogen. Das hat Folgen nicht nur für die Ästhetik etwa in Kunst und Mode gehabt, sondern mehr noch bei den Entscheidungen über Investitionen und wirtschaftliche Zusammenarbeit. Die englische Sprache hat sich nun einmal auch in Japan seit dem Ende des Zweiten Weltkrieges als wichtigstes Instrument der internationalen Kommunikation durchgesetzt und damit auch als ein wesentliches Transportmittel für die anglo-amerikanische Kultur. Auch wenn die japanische Gesellschaft – wie wir gesehen haben – gegenüber solchen Einflüssen bislang ein hohes Maß an Resistenz aufweist, so werden doch die Möglichkeiten, über die Sprache auch Elemente der deutschen Kultur in Japan zu kommunizieren, allein schon aus Gründen der Opportunität kleiner.

Für eine Strategie der Kooperation

Was bleibt der deutschen Politik und Wirtschaft in dieser Situation? – Zum einen sicherlich, das verbleibende Zeitfenster (solange es nämlich in den Entscheidungsebenen der japanischen Regierung und Unternehmen immer noch genügend Menschen mit einem besonderen Zugang und einer besonderen Zuneigung zur deutschen Kultur gibt) aktiv und offensiv zu nutzen, denn die vertikale Struktur japanischer Unternehmen stellt sicher, daß die an der Spitze getroffenen Entscheidungen von den unteren Ebenen auch tatsächlich umgesetzt werden, sich also eine dort möglicherweise vorhandene mentale Distanz zu Deutschland noch nicht negativ auf die Chancen zur Kooperation auswirken kann. Zum anderen ist aus dem, was wir bisher beschrieben haben, auch deutlich geworden, daß sich die wirtschaftlichen und politischen Eliten in Japan in einer Phase der Neuorientierung befinden, vor allem, was ihr Verhältnis zu den USA anbetrifft. Die Versuche der US-Regierung seit Mitte der 80er Jahre, ökonomische Mißerfolge durch ein von vielen Japanern als sehr rabiat empfundenes politisches Handeln zu kompensieren, aber auch die veränderte geopolitische Lage in Ostasien seit dem Zusammenbruch des kommunistischen Blocks haben in Japan dazu geführt, daß sich die bislang oft einseitige Ausrichtung auf die USA allmählich wieder relativiert.

Es steht zu erwarten, daß sich Japan in Zukunft wirtschaftlich, politisch, aber auch kulturell im Kräftefeld zwischen den USA, Ostasien und Europa weiter diversifizieren wird, was vor allem für Europa und damit gerade für Deutschland eine neue Chance zur Kooperation bietet, nachdem das japanische Interesse für die europäische Entwicklung nach der Vollendung des Binnenmarktes und angesichts der ökonomischen Probleme bei der Integration Mittel- und Osteuropas zunächst eher erlahmt zu sein schien. Nun jedoch wird erkennbar, daß Politik und Unternehmen in Japan nach Partnern zur Zusammenarbeit vor allem in jenen Bereichen suchen, in denen die eigenen Defizite deutlich geworden sind: Kommunikation, Umwelt und Entwicklung der sozialen Sicherungssysteme. Sie verlassen sich dabei nicht allein auf Angebote und Vorbilder aus den USA, zumal es in diesen Bereichen nicht allein – wenn überhaupt – auf technische Lösungen ankommt, sondern auf integrierte und umfassende Systeme, in denen sich auch rechtliche und kulturelle Komponenten wiederfinden müssen. Wenn das aber stimmt, dann wird die größere strukturelle Nähe zwischen Japan und den europäischen Gesellschaften – und dabei vor allem Deutschland – zu einem nicht zu unterschätzenden Faktor im internationalen Wettbewerb um die sich öffnenden japanischen Märkte.

Eine solche Feststellung gilt aber auch in der umgekehrten Richtung: Auch für Politik und Unternehmen in Deutschland macht die Kooperation mit japanischen Partnern Sinn. Die technischen und sozialen Herausforderungen, die sich aus der globalen Entwicklung gerade von Kommunikation und Umwelt ergeben, haben eine Dimension, die von einem Land, geschweige denn von einem Unternehmen allein kaum bewältigt werden können. Das beginnt schon mit den enormen Kosten, die für die Weiterentwicklung der Technik aufgewendet werden müssen. Sie rechnen sich erst dann, wenn recht bald genügend große Märkte zur Verfügung stehen, die wiederum nicht durch den Wettbewerb um Standards und Normen entstehen, sondern eher und effizien-

ter durch eine enge Zusammenarbeit – die Geschichte der Unterhaltungselektronik während der vergangenen Jahrzehnte ist dafür ein eindrucksvolles
Beispiel. Was bei den Normen für die Speicherung von Bild und Ton vielleicht
noch im Sinne marktwirtschaftlichen Verhaltens nachvollziehbar erscheint,
wird allerdings in jeder Hinsicht irrational, wenn es um die grundlegenden
Strukturen der internationalen Kommunikationstechnik geht, zumal hier nicht
allein die Märkte entscheiden und schon gar nicht Fragen der technischen
Qualität, sondern die jeweiligen Regierungen, indem sie die rechtlich verbind-
lichen Normen setzen.

Deutschland scheint nun im Bereich der Telekommunikation über eine
der weltweit fortgeschrittensten technischen und wirtschaftlichen Strukturen
zu verfügen, die im globalen Vergleich durchaus wettbewerbsfähig ist; das
Marktpotential in Deutschland reicht aber nicht aus, um diese Struktur auf
mittlere Sicht zu stabilisieren, so daß eine weltweit ausgerichtete Strategie der
Markterschließung und Kooperation schon zu diesem frühen Zeitpunkt der
Entwicklung notwendig wird. Natürlich wird man sinnvollerweise zunächst
nach Partnern in Europa und in den USA suchen; Japan aber dabei zu vernachlässigen hieße, dabei gleichzeitig auch auf dieses immense technische und
ökonomische Potential zu verzichten. Märkte mit kaufkräftiger Nachfrage und
kompetenten Kooperationspartnern sind auf dieser Welt nicht so häufig vor-
zufinden, als daß man Japan außer acht lassen könnte; und wenn sich die deutsche Wirtschaft schon eher für einen technologischen als für einen Preiswett-
bewerb entschieden hat, dann sollte Japan mit seiner enormen Nachfrage nach
technologisch fortgeschrittenen Produkten erst recht in den Mittelpunkt von
unternehmerischen Globalisierungsstrategien rücken.

Die Vorteile für deutsche Unternehmen aus einem verstärkten und systematischen Engagement in Japan sind also schnell beschrieben: Die Struktur
der japanischen Nachfrage paßt zu dem, was deutsche Unternehmen anzubieten haben, für deutsche Produkte und Komponenten gibt es in Japan traditionell eine hohe Akzeptanz, die Märkte in Japan sind kaufkräftig und aufnahme-
fähig, Japan ist eine entwickelte Gesellschaft mit Industrieerfahrung und ver-
läßlichem Rechtssystem, die strukturelle Nähe von Gesellschaft und Kultur
erfordert nur geringe technische und konzeptuelle Anpassungen von deutscher
Seite, japanische Unternehmen sind technisch und wirtschaftlich kompetente
Kooperationspartner und suchen global nach Möglichkeiten der Zusammenarbeit. Der Umstand, daß sich trotz dieser Chancen deutsche Unternehmen
im weltweiten Vergleich bislang recht wenig um Japan gekümmert haben, ist
natürlich nicht ganz unerklärlich: Aufwand und Kosten, diese Märkte zu erschließen, sind zugegebenermaßen zunächst recht hoch, weil kurzfristige Erfolge in Japan kaum zu erwarten sind. Langfristige Strategien verursachen aber

nicht nur Kosten, sondern sind auch mit hohen Risiken behaftet, so daß schwierigen Märkten wie Japan so lange keine Priorität zukam, wie man auf anderen Märkten schneller und einfacher Geld verdienen konnte. Über lange Zeit galt das vor allem für die Märkte, wo die Risiken durch staatliche Zuschüsse, Garantien und Bürgschaften minimiert wurden – wie die ehemalige UdSSR oder jüngst auch China.

In Zeiten eines sich weltweit verschärfenden Wettbewerbs reichen solche strategischen Ansätze aber nicht mehr aus, um das unternehmerische und volkswirtschaftliche Wachstum auf längere Sicht zu stabilisieren, womit die japanischen Märkte eigentlich wieder neues Interesse finden müßten. Trotzdem werden weiterhin die Möglichkeiten unterschätzt und die – vermeintlichen oder tatsächlichen – Schwierigkeiten überschätzt. Hier lohnt sich der Hinweis, daß sich die japanischen Unternehmen beim Beginn ihrer ökonomischen Expansion in den USA oder Europa vor durchaus vergleichbare Herausforderungen gestellt sahen, denn auch sie hatten keine Erfahrung mit den jeweiligen Marktstrukturen, und ihre Produkte entsprachen zunächst überhaupt nicht den Bedürfnissen der Nachfrager. Wer sich noch an die ersten japanischen Automobile erinnern kann, die gegen Ende der 60er Jahre nach Europa kamen, weiß, wovon hier die Rede ist.

Von Japan die Markterschließung lernen

Wenn aber von der japanischen Wirtschaft etwas zu lernen ist, dann aus den Strategien, mit denen sie die für sie unbekannten und fremdartigen Märkte erschlossen. Würde man diese Strategien umgekehrt auf den japanischen Markt anwenden, so bedeutete dies, daß es zunächst einer Phase der systematischen Sammlung und Auswertung von Informationen über die Strukturen von Angebot und Nachfrage bedarf, wobei man sich einer jeglichen missionarischen oder präzeptoralen Attitüde zu enthalten hätte und vor allem die Bedürfnisse der Nachfrager bei der Gestaltung und Vermarktung seiner Produkte rückhaltlos ernst nehmen müßte. Japanische Unternehmen stellen sich nämlich im Zweifel nicht die Aufgabe, die Kunden davon zu überzeugen, daß sie das jeweilige Produkt *eigentlich* benötigen, sondern sie versuchen von vornherein, das Produkt den Wünschen der Nachfrager entsprechend zu gestalten – unabhängig davon, was man von diesen Wünschen aus der Sicht einer überlegenen Technik oder einer Ästhetik der Experten halten mag.

Der Kunde ist nach einer oft zitierten japanischen Redewendung nicht nur *König*, sondern *Gott*, was seinen Wünschen eine absolute Priorität bei der

Gestaltung und Vermarktung einräumt. Japanische Unternehmen waren beispielsweise relativ schnell davon zu überzeugen, daß sie Fernsehgeräte anbieten müßten, mit denen sich – durch wiederverwendbare Komponenten und geringen Energieverbrauch – die Umweltbelastungen minimieren lassen; nicht, weil die Unternehmen eine besondere Verantwortung für die Umwelt verspürten, sondern weil sie – zu Recht – eigene Umsatz- und Renditechancen vermuteten. Diese Wünsche der Kunden möglichst detailliert zu erkennen und vor allem, wie weit sie schon von potentiellen Wettbewerbern erfüllt werden, erfordert zunächst einmal viel Zeit und Aufwand, die von den japanischen Unternehmen im umgekehrten Fall üblicherweise aufgewendet worden sind. Auch für sie ist es sicherlich nicht immer einfach gewesen, sich in die Denkweisen und Gefühlswelt der Nachfrager auf den jeweiligen, unterschiedlichen Märkten hineinzuversetzen. Aber offenbar ist es ihnen in den vergangenen Jahren so gut gelungen, daß sie und ihre Produkte sich auf diesen Märkten anhaltend und erfolgreich durchgesetzt haben, was sich schon längst nicht mehr allein mit niedrigeren Preisen erklären läßt.

Für deutsche Unternehmen würde dies im umgekehrten Falle also bedeuten, daß man die japanischen Märkte zunächst einmal systematisch und analytisch aufbereitet; dafür stehen inzwischen in Deutschland genügend detaillierte Informationen zur Verfügung, ebenso wie ein großes Potential an gut ausgebildeten Fachleuten, die dieses Material auswerten und konzeptuell umsetzen können. Den nächsten notwendigen Schritt zu gehen, sich nämlich in Japan selbst zu etablieren und in eine Phase der direkten Marktbeobachtung einzutreten, fällt sicherlich gerade kleinen und mittleren Unternehmen eher schwer, denn damit sind nun wirklich hohe Kosten und auch Risiken verbunden. Die Erfahrung zeigt, daß auch in Japan letztlich nur große Unternehmen aus einem der *keiretsu* diesen Weg haben beschreiten können. Eine der Besonderheiten der japanischen Wirtschaft hat allerdings auch kleine und mittlere Unternehmen in die Lage versetzt, sich schon früh zumindest in einem gewissen Umfang zu internationalisieren, nämlich die Existenz der weltweit agierenden Handelshäuser (*sôgô shôsha*), die sich nicht nur als Beschaffungs- und Vertriebsorgan der jeweiligen *keiretsu* verstehen, sondern auch offen sind für die Zusammenarbeit mit anderen Unternehmen. Dabei ist ihr Verhalten nicht allein reaktiv in dem Sinne, daß sie auf Anfrage ihr Netzwerk für den Vertrieb zur Verfügung stellen; wenn sie Vermarktungschancen auf den jeweiligen Märkten identifizieren, so suchen sie dafür auch aktiv und gezielt nach potentiellen Anbietern in der japanischen Wirtschaft und umgekehrt nach ausländischen Produzenten für die Nachfrage in Japan.

Unternehmen mit einer ähnlichen Struktur und Strategie gibt es in Deutschland nicht; zwar sind auch in die deutschen Konzerne spezifische

Handelsunternehmen inkorporiert, aber sie sind als ehemals unselbständige Abteilungen zumeist noch immer den direkten Konzerninteressen verpflichtet, was die Palette der von ihnen gehandelten Güter ebenso limitiert wie die regionalen Schwerpunkte. Daneben existieren noch traditionelle Handelshäuser, die sich eher als Dienstleister gegenüber jeder Art von Unternehmen verstehen, aber bei weitem nicht die Größe und den Geschäftsumfang der japanischen *shôsha* aufweisen können. Für kleine und mittlere Unternehmen aus Deutschland ist es daher schwer, kommerzielle und professionelle Anbieter zu finden, die ihnen den Markteintritt in Japan durch eine kompetente Beratung, Betreuung oder andere Dienstleistungen erleichtern könnten, es sei denn, sie kooperieren direkt mit den *shôsha*. Dazu jedoch sind bislang nur wenige Unternehmen bereit, zumeist aus mangelnder Information, mehr aber noch, weil das Bewußtsein von Selbständigkeit gerade in den kleinen und mittleren Unternehmen solche Formen der Kooperation eher und grundsätzlich ausschließt.

Auch von der Seite öffentlicher Einrichtungen ist in diesem Zusammenhang wenig Unterstützung zu erwarten: Das deutsche System der Förderung in der Außenwirtschaft ist auf finanzielle und nicht auf organisatorische Hilfe ausgerichtet. Von ihm sind Subventionen bei der Markterschließung (etwa durch die Förderung der Messebeteiligung) oder im Zusammenhang mit dem Verkauf von Produkten (etwa durch Garantien und Bürgschaften) zu erwarten, nicht aber direkte Beratung und Betreuung. Zudem ist das Fördersystem inzwischen zwar vielfältig, aber deshalb auch intransparent geworden, was es dem hilfesuchenden Unternehmen zusätzlich erschwert, zum richtigen Zeitpunkt die richtige Art von Unterstützung zu erhalten. Nicht nur Gegenstand und Zweck der möglichen Förderung sind selbst für Experten kaum mehr durchschaubar, sondern ebenso das Geflecht an Einrichtungen und Organisationen, die im öffentlichen Auftrag und mit öffentlichen Mitteln im Bereich der Außenwirtschaft tätig sind. Auch hier wäre ein Blick auf das japanische System hilfreich, denn die *Japan External Trade Organisation* (JETRO) als Unterorganisation des *Ministry of International Trade and Industry* (MITI) bietet alle nur erdenklichen Dienstleistungen im Bereich der Außenwirtschaft aus einer Hand an, darunter sogar Unterstützung für ausländische Unternehmen bei deren Export nach Japan.

Eine nach ähnlichem Muster organisierte deutsche Einrichtung könnte in der Lage sein, wenigstens in der ersten Phase der Markterschließung die notwendigen Leistungen an Information, Beratung und Betreuung sowohl branchen- als auch unternehmensorientiert zu erbringen und dabei als öffentliche Einrichtung auch noch die Möglichkeiten eines entsprechenden und gezielten politischen Handelns systematisch zu nutzen. Angesichts des strukturellen Defizits der deutschen Wirtschaft in der zweiten Phase der Markterschließung, also der direkten Präsenz etwa durch global agierende Handelsunternehmen, müßte eine solche deutsche Institution auch noch bestimmte Funktionen eines Handelshauses limitiert entweder nach Zeit oder nach Umfang übernehmen, was durchaus als entgeltliche Leistung angeboten werden kann, denn die erbrachten Dienstleistungen enthalten einen hohen geldwerten Vorteil.

Diese Komplexität des öffentlichen Sektors in Deutschland hat viele Gründe: Zum einen entspricht es fast schon einer deutschen Tradition, daß sich für ein und dieselbe Aufgabe mehrere öffentliche Einrichtungen gleichzeitig zuständig fühlen, was dann aber nicht eine Abstimmung und Bündelung der Aktivitäten, sondern einen nahezu ungezügelten Wettbewerb zur Folge hat. Zwar sind diese Institutionen nicht mit dem Ziel gegründet worden, miteinander zu konkurrieren, sondern sie hatten zu Anfang durchaus eigenständige und abgrenzbare Aufgaben, aber mit der wachsenden Komplexität einer modernen Industriegesellschaft haben sich bestimmte Teilaufgaben immer mehr einander angenähert und sind zu einer neuen Funktion verschmolzen, so daß nun eine jede Einrichtung die Zuständigkeit für sich reklamiert. Die Industrie- und Handelskammern leiten ihre Legitimation aus ihrer generellen Aufgabe ab, die in ihnen zusammengeschlossenen Unternehmen zu vertreten und zu unterstützen, Gleiches aber tun auch die Unternehmensverbände, und die staatlichen Einrichtungen der Wirtschaftsförderung haben ebenfalls den Bedarf in der Außenwirtschaft entdeckt und eigene Angebote und Strategien entwickelt.

Die föderale Struktur der Bundesrepublik Deutschland mit ihren ungeklärten Zuständigkeiten gerade in der operativen Wirtschaftspolitik – wo letztlich eine jede Kommune weltweite Aktivitäten der Wirtschaftsförderung aus dem Artikel 28 des Grundgesetzes und seiner Garantie der kommunalen Selbstverwaltung und der Daseinsvorsorge herleiten kann und ein jedes Bundesland seine Standortqualitäten auch im Ausland darstellen will – tut ein übriges, um das System der Außenwirtschaftspolitik noch weiter zu komplizieren und in seiner Effizienz letztlich erheblich zu beeinträchtigen. In der Summe aller damit befaßten Einrichtungen stehen genügend finanzielle Mittel und Personal zur Verfügung, um eine schlagkräftige globale Strategie zu entwickeln und umzusetzen; Mittel und Personal werden jedoch zu oft für unabgestimmte und auch konkurrierende Aktivitäten verwendet, so daß ihre jeweilige Wirkung häufig genug begrenzt bleibt; eine kritische Masse kommt jedenfalls nur selten zustande.

Hinzu kommt noch eine seltsam anmutende Abstinenz der Wirtschaftspolitik auf der Bundesebene, die trotz der augenscheinlichen Erfolge anderer Nationen bei der Vergabe von internationalen Großprojekten immer noch an einem sehr ursprünglichen Liberalismus festhält, demzufolge eine allzu enge Kooperation zwischen Unternehmen und Staat zu unterbleiben hat. Eine solche Haltung reflektiert weder die geschilderten Veränderungen im Außenhandel in Richtung auf Produktintegration und Systemlösungen noch den Umstand, daß in vielen anderen Ländern und insbesondere in Ostasien staatliche Stellen einen erheblichen Einfluß selbst auf einfache Unternehmensentscheidungen haben, so daß gezielte und systematische politische Aktivitäten auch bei kleineren Projekten durchaus die Chancen deutscher Unternehmen verbessern könnten.

Diese Defizite in der Außenwirtschaftspolitik des Staates und der öffentlichen Einrichtungen in Deutschland sind den Beteiligten natürlich nicht verborgen geblieben, und so werden auch immer wieder Versuche erkennbar, durch freiwillige Zusammenarbeit an einzelnen Projekten oder in einzelnen Regionen der Welt durch Synergien ein größeres Potential zu mobilisieren. Aus der Distanz heraus verliert der Wettbewerb der bundesrepublikanischen Institutionen natürlich viel an Schärfe und Bedeutung; an den einzelnen Orten – sei es nun Japan, China, Südostasien oder in den USA – arbeiten die Vertreter der Kammern, Verbände und Länder in der Regel mit den Botschaften und anderen Einrichtungen der Außenwirtschaft sehr eng – und meist auch erfolgreich – zusammen. Was jedoch trotz dieser positiven Ansätze immer noch fehlt, ist eine langfristige und umfassende strategische Ausrichtung, die vor allem den spezifischen Bedürfnissen und Interessen der jeweiligen Zielländer gerecht wird.

Eine solche Strategie müßte mit den Instrumenten von Kommunikation und Marketing die Markterschließung durch die Unternehmen selbst vorbereiten und begleiten, indem einerseits zunächst einmal die erforderlichen Informationen gesammelt, ausgewertet und bereitgestellt werden und andererseits das Interesse im Zielland für deutsche Produkte oder Dienstleistungen durch Kommunikationskampagnen überhaupt erst geweckt wird, denn man kann nicht immer und unbedingt davon ausgehen, daß die spezifische Leistungsfähigkeit der deutschen Unternehmen bekannt und akzeptiert ist. So genießen sicherlich Deutschland und die deutschen Unternehmen weltweit einen guten Ruf, wenn es um den Umweltschutz und vor allem seine technischen Komponenten geht; gleichzeitig aber besteht immer noch die Meinung, daß diese fortgeschrittene Technik ihren – hohen – Preis hat und daher für die jeweiligen Zielländer überhaupt nicht in Frage kommt, weil sie eben nur unter den besonderen deutschen Bedingungen, aber nicht in Japan und erst recht nicht in China auch wirtschaftlich einsetzbar ist. Zudem – und darauf haben wir schon hingewiesen – wird heutzutage nicht unbedingt allein Technik nachgefragt, sondern integrierte Systemlösungen bis hin zu Finanzierung und

Betrieb; daß deutsche Unternehmen inzwischen auch solche Verbundlösungen konkurrenzfähig anbieten können, ist in den meisten Zielländern kaum bekannt und muß dort erst kommuniziert werden.

Beispiel Medienindustrie

Was aber können diese Überlegungen konkret für Japan und die Erschließung seiner Märkte bedeuten? – Antworten darauf können natürlich nicht umfassend über alle Branchen und Technologien gegeben werden, sondern müssen sich an den sehr spezifischen Belangen der jeweiligen Bereiche ausrichten. Deshalb sollen hier am Beispiel von Medien und Telekommunikation die möglichen Grundlinien einer solchen Strategie der Markterschließung vorgestellt werden:

1   Der Hinweis ist schon fast trivial, daß am Beginn solcher strategischer Überlegungen eine Phase der Sammlung und Auswertung von Informationen stehen sollte. Nicht mehr ganz so trivial ist allerdings der Umstand, daß man gerade für Japan häufig auf diese Phase zugunsten des Festhaltens an etablierten Vorurteilen verzichtet; zu diesen Vorurteilen gehört, daß man für nahezu alle Technikbereiche Japan einen mehr oder weniger großen Vorsprung gegenüber den anderen Industrieländern zugesteht, ohne diese Einschätzung an realen Zahlen und Fakten noch einmal zu überprüfen. Was immer man auch in anderen Technikfeldern feststellen mag, für Medien und Telekommunikation jedenfalls zeigt sich, daß es in Japan durchaus technische und ökonomische Defizite gibt, aus denen heraus sich Marktchancen für deutsche Unternehmen ergeben.

So würde man auf den ersten Blick kaum vermuten, daß in Japan nur zwei Millionen Haushalte an ein Kabelnetz angeschlossen sind, in Deutschland hingegen 16 Millionen, daß aber auch die Zahl der PC-Besitzer ebenso wie die der Internetnutzer relativ und absolut in Japan deutlich kleiner ist. Das Mobilfunknetz ist gerade einmal auf ein digitales Übermittlungssystem umgestellt worden, wobei das von den japanischen Unternehmen entwickelte PHS-System weder mit dem europäischen GSM-Standard noch mit der ebenfalls europäischen Weiterentwicklung, dem DECT-System, kompatibel ist. Dies erschwert angesichts der Markterfolge von GSM im Nahen Osten, Europa, Afrika, aber auch Ostasien die Verbreitung des japanischen Standards deutlich, so daß Unternehmen aus Japan sehr schnell für eine Kooperation mit Europa interessiert werden können. Ähnliches gilt für die infrastrukturelle Ausstattung mit Glasfaserkabeln und ihre systematische Nutzung für Unternehmen,

Wissenschaft und private Haushalte; während in Deutschland schon Pilotprojekte im Bereich von Multimedia in der Kombination von Breitbandnetzen auf Kupferbasis, Glasfaser und DECT-Technik im Rahmen des Internetstandards erfolgreich implementiert werden, ist in Japan weder die politische Zuständigkeit noch die Finanzierung vergleichbarer Projekte geklärt. Ähnliche Defizite müßte man auch für die Medienindustrie, also insbesondere den Fernsehsektor, konstatieren, die nicht zuletzt wegen der jahrelangen Abschottung kaum eine internationale Ausrichtung entwickelt hat, nun aber, da auch in Japan digital einstrahlende Satelliten zur Verfügung stehen, in den globalen Wettbewerb einbezogen wird. Darüber aber haben wir schon gesprochen, so daß hier dieser Hinweis genügen mag.

2 Es gäbe also in Japan genügend Bedarf, Nachfrage und damit auch Marktchancen in den Bereichen von Medien und Telekommunikation und ebenso das Interesse japanischer Unternehmen zur internationalen Kooperation; nun wäre zu fragen, ob deutsche Unternehmen willens und in der Lage sind, zum einen diese Marktchancen auch tatsächlich wahrzunehmen und dabei zum anderen mit interessierten japanischen Unternehmen zu kooperieren. Diese Frage beantwortet sich übrigens durchaus nicht von selbst dadurch, daß man die entsprechenden Informationen in Deutschland verbreitet; es gehört nämlich zu den großen Mythen unserer Gesellschaft, daß Wissen allein schon ausreichen würde, um auch Handeln zu induzieren. Das Wissen über die Struktur der japanischen Medien- und Kommunika-tionsmärkte wäre (und ist) ohne größere Probleme verfügbar zu machen, aber offensichtlich handeln Unternehmen erst dann, wenn man ihnen nicht nur die Informationen, sondern auch klar definierte Projekte mit einer genau berechneten Renditeerwartung anbietet und möglicherweise auch noch selbst auf eigene Kosten die ersten Schritte einleitet. Dies gilt aber nicht nur, wenn die Informationen aus dem öffentlichen Bereich stammen, dem man in den Unternehmen manchmal nur wenig an Kenntnis und Kompetenz zutraut, wenn es um Fragen der Markterschließung geht; den Repräsentanzen und Tochtergesellschaften der Unternehmen im Ausland ergeht es nicht besser, ihre Hinweise und Vorschläge werden häufig nicht ernstgenommen oder man stellt ihnen nicht genügend Mittel zur entsprechenden Umsetzung zur Verfügung.

Während man japanischen Unternehmen vorwerfen kann, sie verhielten sich im Ausland wie eine ökonomische Besatzungsarmee, so werden sie doch von der Zentrale aktiv genutzt; deutsche Unternehmen mögen ziviler organisiert sein, dafür hat man manchmal den Eindruck, die Vertretungen im Ausland dienten allein repräsentativen Zwecken. Anders und mit weniger Emotionen ausgedrückt: Die zweite Phase einer Strategie zur Erschließung der japanischen Märkte sollte in einem systematischen Marketing in Deutschland bestehen, um durch gezielte Kommunikation und Öffentlichkeitsarbeit das Interesse der deutschen Unternehmen dafür zu wecken. Das ist – wie gesagt – schwieriger, als man angesichts der unerfreulichen Wirtschaftslage vermuten möchte, denn eigentlich sollte jede Chance zur Steigerung von Umsätzen und Erlösen genutzt werden, aber offenbar dominiert das inkorporierte Sicherheitsbedürfnis immer noch die strategische Ausrichtung der meisten Unternehmen. Eher fordert man von überall her Kostensenkungen ein, als daß man sich um höhere Umsätze kümmert.

3   Falls man aber doch das ein oder andere deutsche Unternehmen dafür gewinnt, sich intensiv um die japanischen Märkte zu bemühen, kann eine dritte strategische Phase beginnen, nämlich die der Vorbereitung und Aufschließung der Märkte durch Marketing und Kommunikation. Wir haben vorhin schon angedeutet, daß man im Ausland – und das gilt auch für Japan – der deutschen Industrie nicht von vorneherein für alle Wirtschafts- und Technikbereiche eine höhere Kompetenz beimißt. Für Medien und Kommunikation muß man sicherlich von einem solchen Defizit an Wissen und Image ausgehen, denn so, wie man in Deutschland wenig über den Stand der Technik und der Märkte in Japan weiß, so vermutet man auch in Japan nicht unbedingt, daß deutsche Unternehmen in diesen Bereichen besonders innovative und fortgeschrittene Lösungen und Produkte anbieten können.

Es macht viel Sinn, wenn in einer solchen Situation die interessierten deutschen Unternehmen nicht nur mit eigenen, isolierten Marketing- und Kommunikationskampagnen versuchen, in Japan Interessenten, Kunden oder Partner zu finden, sondern wenn diese Bemühungen eingebettet werden in eine umfassende Strategie, mit welcher die Kompetenz der deutschen Gesellschaft im Bereich von Medien und Kommunikation insgesamt vermittelt wird. Wenn wir vorhin davon gesprochen haben, daß die Wettbewerbsfähigkeit eines Unternehmens immer mehr davon abhängt, ob und wie sehr es sich in sein entsprechendes industrielles *Cluster* einfügt und die Chancen dieses Netzwerkes nutzt, dann sollte sich dieser Umstand auch in einer gemeinsamen Kampagne wiederfinden, denn die Kompetenz der deutschen Unternehmen ist schließlich das Resultat ihrer Kooperation mit der Wissenschaft, der Politik und nicht zuletzt anderen Unternehmen. Gerade für die Medien- und Kommunikationsbranche gilt aber auch, daß die einzelnen, bislang durchaus als getrennt anzusehenden Produkte immer mehr miteinander verwachsen, die technische Ausstattung etwa in einer engen Beziehung zu den vermittelten Inhalten steht, so daß Begriff und Entwicklung von Multimedia nicht nur einen technischen, sondern mehr noch einen ökonomischen Prozeß der Integration beschreiben.

Wer aber derartig komplexe Informationen erfolgreich kommunizieren will und das auch noch in einer Gesellschaft mit einer andersartigen Kultur und Tradition, kann gar nicht anders, als sich auch einer entsprechend komplexen Strategie von Marketing und Kommunikation zu bedienen. Dabei spielen zwei Faktoren eine wichtige Rolle: zum einen die strikte Orientierung der Strategie an der Nachfrage in Japan und zum anderen eine möglichst große Kreativität und Innovation bei der Auswahl der verwendeten Instrumente und Medien. Vor allem der Hinweis auf die Bedeutung der Nachfrage klingt trivialer, als er in Wirklichkeit ist, denn das Wissen um den hohen technologischen Stand der eigenen Produkte läßt deutsche Unternehmen häufig genug vergessen, daß technische und rechtliche Voraussetzungen, der Geschmack der Kunden und die tatsächlichen Bedürfnisse nicht überall auf der Welt so aussehen wie in Deutschland, was im Zweifel eine Anpassung des Angebots und nicht der Nachfrage erfordert; schließlich läßt sich der Geschmack eines japanischen Kunden schwerer verändern als das eigene Produkt.

Aber auch in der konzertierten Nutzung von Instrumenten und Medien der Kommunikation sind deutsche Unternehmen immer noch eher konservativ und verlassen sich überwiegend auf die direkten Zugänge und Kontakte zu ihren potentiellen Kunden. Das stellt in Japan sicherlich zunächst einmal einen erfolgversprechenden Weg dar, weil dort das *nemawashi*, also das Pflegen der Wurzeln und Beziehungen, einen wichtigen Teil der Unternehmenskultur ausmacht, für den man auch bereit ist, viel Geld und Zeit zu verwenden. Wurzeln kann man jedoch nur pflegen, wenn die Pflanze schon im Boden verwachsen ist – anders ausgedrückt: Wenn man neue Märkte für neue Produkte und Technologien erschließen und dabei zunächst eine eher abstrakte Botschaft wie *Kompetenz* in den Vordergrund der Kommunikation stellen will, dann reicht das Instrumentarium von Kundenkontakten, Reklame und Werbung nicht aus, dann werden umfassende Strategien und Kampagnen erforderlich.

Gerade für einen notorisch hoch umworbenen Markt wie den japanischen, wo Raum und Zeit für die klassische Werbung knapp und teuer sind und von nur wenigen Anbietern beherrscht werden, ergeben sich daraus drei Folgerungen: Zum einen bedarf es einer detaillierten Definition von Zielen und vor allem Zielgruppen der Strategie, um die verfügbaren Mittel so effizient wie möglich einzusetzen, zum zweiten muß die Strategie langfristig und das operative Handeln auf Kontinuität (und nicht auf vereinzelte, auch noch so spektakuläre Aktivitäten) angelegt sein, und schließlich sollte man in die Kampagne solche Maßnahmen integrieren, die sich außerhalb der klassischen Linie von Kommunikation wie Zeitungsanzeige und Werbespot in Radio oder Fernsehen bewegen, weil man auf diese Weise die Zielgruppe mit dem gleichen Resultat, aber kostengünstiger erreichen kann.

4   Ohne an dieser Stelle in die Details einer solchen Kampagne zur langfristigen Erschließung der japanischen Märkte zu gehen: Es gibt durchaus einige Beispiele dafür, wie man als deutsches Unternehmen mit langem Atem und mit feinem Gespür für die Bedürfnisse der japanischen Nachfrager anhaltende Erfolge erzielen kann. Aus der Analyse dieser Erfolge läßt sich aber auch sehr schnell lernen, daß die direkte und personelle Präsenz auf den japanischen Märkten zu den wesentlichen Voraussetzungen gehört. Von den japanischen Unternehmen haben wir gehört, daß sie in ihrer Strategie der Markterschließung gerade diese Präsenz sehr ernst nehmen und darin auch viel Geld, Personal und Zeit investieren. So wichtig die Kommunikation von Kompetenz im allgemeinen oder speziell für bestimmte Produkte oder Technologien sein mag, sie stellt eine zwar notwendige, aber noch keine hinreichende Vorbedingung für den Markterfolg dar. Präsenz ist gerade im Bereich von Medien und Telekommunikation erforderlich, wo sich Veränderungen in der Technik sehr schnell und in einer hohen Frequenz vollziehen und wo Ästhetik und Geschmack die spezifischen Strukturen der örtlichen Nachfrage in vielleicht noch höherem Maße dominieren als in anderen Branchen. Das wiederum hat zur Konsequenz, daß auch eine viel stärkere Anpassung der ursprünglichen Produkte notwendig wird, die ihrerseits nur durch eine solche Präsenz in Japan vorbereitet und umgesetzt werden kann.

Nun muß man zugeben, daß eine solche Präsenz gerade in Japan angesichts des Niveaus von Mieten und Gehältern teuer und aufwendig ist, so daß die strategische Orientierung vieler deutscher Unternehmen allein an der Minimierung von Kosten es häufig genug verhindert, daß die japanischen Märkte systematisch angegangen werden, obwohl man eigentlich über marktgängige Produkte verfügen würde. Lieber – so hat es den Anschein – bemüht man sich um solche Länder und Märkte, wo sich der internationale Wettbewerb überwiegend über die Gewährung von öffentlichen und staatlichen Finanzierungszusagen aus internationalen oder nationalen Programmen vollzieht und weniger über die Qualität der jeweiligen Produkte, des Managements oder des Marketings. Als nach dem Erdbeben in Kobe deutlich wurde, daß die Produktionskapazitäten in Japan nicht ausreichten, um einen schnellen Wiederaufbau zu gewährleisten, bot die japanische Regierung ausländischen Unternehmen eine Quote von 15 Prozent an den zu vergebenden Aufträgen an, wodurch man im übrigen auch zeigen konnte, daß Japan selbst an einer Öffnung seiner Märkte interessiert ist. Obwohl daraufhin nun – wie unter 2 dargestellt – die entsprechenden Informationen in Deutschland, verbunden mit einem Angebot zur umfassenden Beratung und Unterstützung, verbreitet wurden, fand sich kein deutsches Unternehmen, das bereit gewesen wäre, diese Chance zum Markteintritt in Japan, möglicherweise sogar in einer strategischen und langfristigen Allianz mit einem japanischen Unternehmen, zu nutzen.

Man mag daraus schließen, was man will, die Präsenz deutscher Unternehmen in Japan ist – von wenigen Ausnahmen abgesehen – jedenfalls nur gering ausgeprägt, was sich nicht zuletzt auch an den niedrigen deutschen Investitionen in Japan zeigt, deren Umfang nicht nur in absoluten Zahlen, sondern auch gemessen am jeweiligen Sozialprodukt erheblich kleiner sind als umgekehrt die Investitionen japanischer Unternehmen in Deutschland. Wenn aber nicht investiert wird, dann entstehen zwar keine Kosten, aber auch kein Umsatz, von Renditen ganz zu schweigen. Sicherlich wird man zugestehen müssen, daß es gerade kleine und mittlere Unternehmen mit ihrer geringen Kapitalausstattung und ihrer ebenso geringen internationalen Ausrichtung schwer haben, die erforderlichen Potentiale an Geld und Personal für einen Marktzugang in Japan zu mobilisieren. Aber auch dafür gibt es inzwischen eine umfangreiche Palette an Möglichkeiten der Unterstützung und der Kooperation, mit denen die Risiken zumindest gemildert werden können.

Märkte der Zukunft

Man könnte diese Aufzählung von Chancen und Potentialen der japanischen Märkte sicherlich noch weiter fortsetzen und auch noch über andere Produkte und Branchen, etwa im Bereich der Konsumgüter, sprechen, denn die Erfahrungen der vergangenen Jahre haben deutlich gezeigt, daß es durchaus eine kaufkräftige Nachfrage in Japan nach deutscher Mode, Möbeln, Design oder Nahrungsmitteln gibt. Man könnte auch den Umweltschutz benennen, denn gerade dort gibt es in Japan einen erheblichen Nachholbedarf bei öffentlichen Leistungen und Investitionen sowohl in technischer als auch in konzeptueller Hinsicht. Gleichwohl darf man die Eigendynamik der japanischen Wirtschaft und Gesellschaft in diesen Fragen nicht unterschätzen, denn in Japan war man bislang immer darum bemüht, einer kaufkräftigen Nachfrage auch entsprechende Angebote gegenüberstellen zu können.

Es ist kein Zufall, daß die großen *keiretsu* während der letzten Jahre in erheblichem Maße in die Entwicklung von Technologien und Produkten des Umweltschutzes investiert haben, weil sie vor allem in der Abfallwirtschaft und im Recycling zunächst in Japan selbst, dann aber auch weltweit enorme Umsatzpotentiale erwarten und weil sie darin eine Möglichkeit sehen, die Verpflichtungen gegenüber ihren Beschäftigten auch dann aufrechtzuerhalten, wenn die Märkte für die traditionellen Produkte, etwa in der Unterhaltungs-

elektronik, schrumpfen. Noch aber hat die japanische Industrie nicht denjenigen technischen und konzeptuellen Stand erreicht wie gerade in Deutschland,
so daß sich für deutsche Unternehmen in den nächsten Jahren ein – allerdings
immer enger werdendes – Zeitfenster eröffnet, das jetzt ebenso wie im Bereich
von Medien und Kommunikation schnell und aggressiv zur Markterschließung
genutzt werden könnte. Dafür wiederum muß man jetzt Strategien entwickeln
und umsetzen, in denen gleichermaßen Elemente von Wettbewerb und Kooperation gemischt und ausbalanciert sein sollten, denn so, wie man keine
Übernahme ganzer Märkte in Japan durch deutsche Produkte erwarten kann,
sollte man seinen Vorsprung auch nicht durch leichtfertigen Technologietransfer allzu schnell preisgeben; schließlich gehört die Adaptionsfähigkeit von
Technik und Organisation ohnehin zu den besonderen Merkmalen der japanischen Gesellschaft.

Fassen wir zum Abschluß noch einmal einige der bisherigen Überlegungen
zusammen: Wir haben Japan als eine Gesellschaft beschrieben, die nicht nur
nach ihrer oberflächlichen Erscheinung, sondern auch in ihren Strukturen
selbst heute noch fremdartig bleibt, wenn man sie aus den westlichen Gewohnheiten von Denken und Verhalten zu begreifen versucht. Die spezifische
Geschichte Japans mit ihrer geographischen und über längere Phasen auch
politisch gewollten Abschließung des Landes hat eine besondere und einzigar-
tige Kultur und Tradition hervorgebracht, deren wesentliche Strukturen auch
nach anderthalb Jahrhunderten der Einbeziehung in Weltpolitik und Weltwirtschaft weiterhin bestimmend für das soziale und individuelle Leben geblieben
sind. Manche dieser Strukturen verlieren allerdings ihre Exotik, wenn man sie
nicht an angelsächsischen Modellen, sondern an den historischen Entwicklungen Europas und denen Deutschlands im besonderen spiegelt: Vor allem die Betonung von Gruppe und Gemeinschaft gegenüber den Ansprüchen
des Individuums und daraus folgend die enge Abstimmung zwischen Staat und
Wirtschaft sind auch aus einem deutschen Verständnis heraus durchaus nachvollziehbar. Die ökonomischen und politischen Entwicklungen seit dem Ende
des Kalten Krieges haben deutlich gemacht, daß es nicht nur mehrere Varianten des Kapitalismus geben kann, sondern daß dabei eher diejenigen Gesellschaften erfolgreich sind, die sich mehr auf Gruppe und Kooperation als auf
Individuum und Konkurrenz hin orientieren.

So gesehen geht es in den kommenden Jahren nicht unbedingt um einen
grundlegenden *clash of civilizations*, in welchem sich westliche und östliche Kulturen oder Religionen gegenüberstehen, sondern zunächst einmal um einen
Wettbewerb zwischen den verschiedenen Auffassungen innerhalb der kapitalistischen Gesellschaften. Mißt man die bisherigen Ergebnisse in diesem Wettbewerb nach kapitalistischen, also nach ökonomischen Maßstäben, dann sind

Deutschland und Japan in der Tat erfolgreicher als die USA. Man sollte daher die jüngsten wirtschaftspolitischen Bemühungen der US-Administration auch als einen Teil jenes Wettbewerbes verstehen, in dem es nicht allein um ökonomische, sondern auch um kulturelle Differenzen geht und letztlich um die Frage der Dominanz.

Ohne sich allzusehr in Fragen der Weltanschauung zu verlieren, darf doch nicht vergessen werden, daß dieser Wettbewerb handfeste ökonomische und damit auch soziale Konsequenzen hat. Es macht daher viel Sinn, nach Alliierten und Partnern zu suchen, von denen man annehmen kann, daß sie über zumindest ähnliche Vorstellungen von den Zielen und der Organisation einer Gesellschaft verfügen und mit ihnen daher eine Kooperation auf der Basis von Verständnis und Vertrauen möglich ist. Deutschland hat mit seiner wirtschaftlichen und politischen Integration in die Europäische Union einen wesentlichen Schritt zu einer solchen Allianz vollzogen, was aber nicht ausschließen sollte, daß auch die traditionellen Beziehungen zu Japan unter diesen Bedingungen neu geknüpft und organisiert werden können. Dies wäre dann nicht allein eine politische Aufgabe, obwohl auch dabei noch einiges vor allem von deutscher Seite aufzuarbeiten ist, es wäre auch eine Aufgabe von Wirtschaft und Unternehmen, denn die Kooperation wird letztlich nicht in Abkommen zwischen den Regierungen wirksam, sondern in der alltäglichen und erfolgreichen wirtschaftlichen Zusammenarbeit. Die Kompetenz deutscher Unternehmen wird sich nicht daran erweisen, ob und wie sehr man in der Lage ist, seine Kosten zu senken, sondern sich mit seinen Produkten, seinem Marketing und seinem Management im internationalen Wettbewerb zu behaupten.

Epilog

Das, was auf den vorangegangenen Seiten über Japan, seine Gesellschaft, seine Kultur und seine Traditionen geschrieben, kompiliert und zitiert worden ist, erhebt keinen Anspruch auf Vollständigkeit – wie sollte es auch. Es ging darum, Japan nicht in seiner Exotik und Fremdartigkeit zu beschreiben, sondern die Strukturen der japanischen Gesellschaft in eine auch für uns verständliche Form zu bringen, was immer dann gelingt – so erscheint es mir jedenfalls –, wenn man den anglo-amerikanischen Standpunkt aufgibt und sich eher auf einen Vergleich mit der europäischen Geschichte verläßt. Damit wird natürlich nicht alles und jedes in Japan sofort verständlich, weil bei aller Ähnlichkeit immer noch genügend Unterschiede bleiben und weil auch wir uns von unserer eigenen Geschichte immer weiter entfernt haben. Gleichwohl werden die japanische Gesellschaft und das Verhalten ihrer Individuen verständlicher und damit auch vorhersagbarer, wenn man sich die Mühe macht, nicht nur auf die äußere Erscheinung, sondern auf die inneren Strukturen des sozialen Handelns zu achten. Japan hat sich in seiner Geschichte diese Mühe gemacht, auch wenn man dabei – worauf Koestler zu Recht hingewiesen hat – eher die Ergebnisse der wirtschaftlichen und technischen Entwicklung in Europa und Amerika als deren philosophische und theoretische Grundlagen übernahm.

Offenbar ist es möglich – und das zeigt das Beispiel Japans sehr deutlich –, wirtschaftlichen und sozialen Fortschritt zu erzielen, ohne dabei gleichzeitig das europäische Kultursystem in all seinen Facetten und Details nachahmen zu müssen. Die Wirtschafts- und Sozialgeschichte Deutschlands ihrerseits führt zu den gleichen Schlußfolgerungen, daß nämlich eine Gesellschaft die Herausforderungen von Industrialisierung und Modernisierung vor allem dann erfolgreich beantworten kann, wenn sie nach Antworten sucht, die im Einklang mit ihrer eigenen Tradition und Kultur stehen. Auch Deutschland hat nicht einfach das angelsächsische Entwicklungsmodell kopiert, sondern sich derjenigen Erfahrungen bedient, die passend erschienen für die deutsche

Gesellschaft des 19. Jahrhunderts. Daraus nun Bewertungen abzuleiten – sei es im Sinne einer Überlegenheit des deutschen oder japanischen Modells, sei es im Sinne einer Kritik an fehlender Liberalität und Individualismus in diesen Gesellschaften – sollte jedermanns eigene Sache sein; um was es hier geht, ist allein der Hinweis auf die notwendige Diversität sozialer und kultureller Entwicklungen.

Dieses Buch erhebt – wie gesagt – keinen Anspruch auf Vollständigkeit, so daß manche Fragen, die sich aus der Befassung mit der Geschichte der japanischen Gesellschaft und Kultur ergeben mögen, auf den vorangegangenen Seiten nicht gestellt, geschweige denn beantwortet wurden, weil sie entweder zu sehr ins Detail gingen oder aber derart grundlegend waren, daß sich eine Befassung damit von selbst verbat. So wäre es sicherlich interessant gewesen, die Überlegungen von Helmut Willke und Niklas Luhmann zu den Möglichkeiten eines Staates, gesellschaftliche Prozesse zu gestalten und zu steuern, einmal umfassend auf die japanischen Verhältnisse zu spiegeln, um festzustellen, wie weit ihre These von der wachsenden Autonomie gesellschaftlicher Teilsysteme gegenüber dem staatlichen Handeln auch für die spezifischen Strukturen in Japan zutrifft und damit nicht nur eine lokale, sondern tatsächlich eine universelle Geltung beanspruchen kann. Zu vermuten wäre jedoch, daß auch diese Theorie – wie die meisten, die aus dem empirischen Material der kontinentaleuropäischen oder angloamerikanischen Gesellschaften abgeleitet werden – für Japan und die sich entwickelnden Länder in Ostasien nur sehr bedingt zutrifft – und zwar nicht, weil diese Länder noch nicht den Entwicklungsstand in Europa oder den USA erreicht haben, sondern weil sie sich auf einem *anderen* Entwicklungspfad befinden.

Eine ebenfalls interessante Frage hätte sich aus der Überlegung ergeben können, wie weit die vor allem von französischen Autoren formulierten Thesen über das Verhältnis der Industrienationen zur sogenannten Dritten Welt auch für Japan zutreffen: Jean-Christophe Rufin beispielsweise spricht in seinem 1991 erschienenen Buch *Das Reich und die Neuen Barbaren* davon, daß die Barrikaden zwischen den reichen Industriestaaten und dem, was er die *Archipele des Elends* nennt, immer höher werden und die Industriestaaten alles daransetzen, diese Grenzen auch politisch, militärisch und technisch unüberwindbar zu machen. Alain Minc (1993) sagt die Entstehung eines *Neuen Mittelalters* voraus, in dem sich die bislang geltenden Prinzipien der internationalen Ordnung auflösen und eine Vielzahl von nicht kontrollierbaren regionalen und lokalen Konflikten hinterlassen, die sich jedem Lösungsversuch der traditionellen Art entziehen. Auf Japan wird in diesen Büchern kaum Bezug genommen, und die Frage, auf welcher Seite sich Japan in diesem prognostizierten Konflikt zwischen der Zivilisation und der neuen Barbarei einordnen könnte, wird kaum gestellt, vielleicht weil französische Autoren sich eine Zivilisation außerhalb Frankreichs oder doch wenigstens Europas nicht vorstellen können.

Dabei wären manche der Fragen, die Rufin und Minc stellen, durchaus auf die japanischen Verhältnisse übertragbar, auch wenn man nicht gleich an einen Rückfall in ein neues *sakoku*, eine neue Periode der Abschließung, denken muß. Ganz in der Nähe Japans entstehen Archipele des Elends, etwa in Vietnam oder China, wo die ökonomische Dynamik nach der Auflösung der kommunistischen Strukturen zwar für einige Regionen und einige Gruppen der Bevölkerung Wachstum und Fortschritt gebracht hat, ansonsten aber noch nicht ausreicht, um die Gesellschaften insgesamt auf ein höheres soziales Niveau zu heben. Die innere Differenzierung in diesen Ländern wird immer größer mit der Folge, daß auch die sozialen Konflikte und vor allem die Bereitschaft zur Migration zunehmen. Europa erlebt seit einigen Jahren die Folgen einer solchen ökonomisch bedingten Migration, die in dem Maße noch zunehmen wird, wie die Entwicklungsbemühungen in den Ursprungsländern scheitern und der Reichtum in den Zielländern weiter ansteigt, die Differenz also immer größer und damit auch attraktiver wird. Was immer auch an ethnischer oder religiöser Legitimation benutzt wird, die meisten der regionalen oder nationalen Konflikte in Afrika und im Mittleren Osten haben ökonomische und soziale Hintergründe.

Japan hat bislang eine Politik der strikten Abschottung gegenüber jeglicher Art von Migranten verfolgt, die allerdings in Zukunft wohl nur noch sehr bedingt fortgeführt werden kann. Zum einen wächst der Druck in den Ursprungsländern, so daß sich die Quantitäten jener Migration erheblich verändern werden; schon jetzt wird in Japan darüber spekuliert, was zu geschehen hat, wenn der Zusammenbruch des kommunistischen Regimes in Nordkorea eine gewaltige Flüchtlingswelle erzeugt, die von Südkorea allein gar nicht bewältigt werden kann. Zum anderen werden zur Zeit in Japan Untersuchungen darüber angestellt, welche ökonomischen Konsequenzen aus der demographischen Entwicklung und insbesondere aus den Verschiebungen in der Alterspyramide zu ziehen sind; in manchen dieser Studien kommt man zu dem Ergebnis, daß auf absehbare Zeit bis zu zehn Millionen ausländische Arbeitskräfte erforderlich sein werden, um das bisherige Niveau der Versorgung mit Gütern und Dienstleistungen sicherzustellen. Allein sieben Millionen davon würden im Großraum Tokyo benötigt, was unter den heutigen Bedingungen nicht nur aus räumlichen, sondern mehr noch aus kulturellen Erwägungen kaum vorstellbar erscheint, denn – wie wir schon bemerkt haben – sind selbst Tokyo und erst recht Japan insgesamt noch weit von dem entfernt, was man eine multikulturelle Gesellschaft nennen könnte.

Wir wollen diese Fragen hier nur benennen, ohne sie beantworten zu können. Es wird jedoch interessant sein zu beobachten, wie sich die japanische Gesellschaft auf diese Entwicklungen einstellt, ob etwa der seit einigen Jahren begonnene Prozeß der – auch kulturellen – Öffnung unbeeinflußt von jenen Veränderungen in der unmittelbaren Umwelt bleiben kann oder sich die japanische Gesellschaft nicht doch – analog jenen Diskussionen in Europa über einen neuen Limes zwischen dem Reich und den Neuen Barbaren – erneut in ein *sakoku* zurückzieht, das dann auch wieder mit militärischen Mitteln geschützt würde. Ökonomisch wäre Japan dazu durchaus in der Lage, denn die Abhängigkeit des Landes vom Außenhandel ist vergleichsweise gering, und würde Japan den gleichen Anteil am Sozialprodukt für die Rüstung ausgeben wie etwa die USA, könnte es die drittgrößte Armee auf der Welt unterhalten mit einem technologischen Standard, der wahrscheinlich nur noch von den USA übertroffen würde.

Die Entwicklung zu einer eher abgeschlossenen Nation, die ihre Handelswege bei Bedarf auch militärisch sichern kann, steht als Option für Japan also immerhin offen. Es bleiben aber auch andere Optionen: Der amerikanische Forscher John L. Casti hat 1990 in seinem Buch *Szenarien der Zukunft* unter anderem auch einige theoretische und empirische Ansätze zusammengestellt, mit denen Entstehung und Ablauf von militärischen Konflikten erklärt werden sollen. In diesen Ansätzen spielen ökonomische Faktoren zumeist eine wichtige Rolle, wenn auch nicht immer in einer direkten, deterministischen Ursache-Wirkung-Relation. Casti weist zum Beispiel darauf hin, daß Bevölkerung, Ressourcen und Technologie die drei Hauptvariablen der Kriegsführung darstellen und die Wahrscheinlichkeit für einen Krieg in dem Maße steigt, wie eine Nation über ihre bisherigen Grenzen expandieren muß, um die Bedürfnisse einer wachsenden Bevölkerung oder den Bedarf an Ressourcen zu befriedigen. Diese Wahrscheinlichkeit wächst desto mehr an, je mehr die Nation über Vorsprünge bei der entscheidenden Hauptvariablen, nämlich der Technik, verfügt – oder zumindest an diesen Vorsprung *glaubt*. Auf Japan projiziert wird man schnell zu dem Ergebnis kommen, daß sich das Land mit seinem hohen technologischen Niveau und seinem wachsenden Bedarf weiterhin auf der Liste der möglichen Kandidaten für das befindet, was man einen Hegemonialkrieg nennen kann.

Ein anderer Ansatz der Konfliktforschung legt die Vermutung nahe, daß die Wahrscheinlichkeit für Konflikte immer dann ansteigt, wenn die Unterschiede in den Geschwindigkeiten, mit denen sich der Machtstatus von Ländern gemessen am Sozialprodukt verändert, größer werden, und zwar zumeist in dem Sinne, daß der führende Herausforderer auch der Angreifer sein wird. Auf die Situation in Ostasien angewendet, wächst damit das Potential für einen militärischen Konflikt zwischen Japan und China. Ein dritter Ansatz in Castis Buch schließlich weist darauf hin, daß reicher werdende Länder mit einer wachsenden, zumindest aber anspruchsvoller werdenden Bevölkerung, die sich nicht in ein übergreifendes kulturelles oder ethnisches Gefüge eingebunden fühlt und zudem das Gefühl hat, technisch überlegen zu sein – also anders ausgedrückt: eine glückliche Nation, die noch glücklicher werden möchte –, auch eher dazu neigt, militärische Konflikte zu beginnen. Auch diese Theorie könnte weitere Überlegungen mit Blick auf Japan veranlassen.

Nun gibt es allerdings nicht die geringsten Hinweise darauf, daß in Japan irgendwelche ideologischen oder tatsächlichen Vorbereitungen auf militärische Konflikte getroffen werden. Ganz im Gegenteil: In der japanischen Öffentlichkeit werden alle Diskussionen über militärische Fragen strikt und – so erscheint es jedenfalls – mit dem Ausdruck von Abscheu und Ekel zurückgewiesen. Über die militärischen Konfliktpotentiale, die sich in Ostasien entwickeln können, wird in Japan zur Zeit nicht viel debattiert, und nationalistische Politikoptionen welcher Art auch immer finden in der Öffentlichkeit nur eine sehr geringe Akzeptanz, wenngleich sich in der offiziellen Regierungspolitik der letzten Monate deutliche Hinweise darauf finden lassen, daß die Definition und Durchsetzung eigener Interessen in Zukunft einen größeren Stellenwert erhalten werden. Die aktuellen Auseinandersetzungen mit (Süd-)Korea und – erstaunlicherweise – Taiwan und China um den Besitz einiger eher kleiner Inseln und Inselgruppen und vor allem die härter werdenden Reaktionen der japanischen Regierung, die durchaus willens scheint, militärische Optionen wenigstens nicht mehr auszuschließen, machen diese Veränderungen sowohl in der Außen- als auch in der Innenpolitik deutlich.

Noch allerdings überwiegt bei weitem das japanische Bemühen, sich in die internationale Ordnung zu integrieren, nach Partnern für die Kooperation in der technischen, ökonomischen und sozialen Entwicklung und nach einem friedlichen Ausgleich der Interessen zu suchen. Die japanische Bereitschaft zur Zusammenarbeit mit den westlichen Nationen wird allerdings in dem Maße wieder abnehmen, wie man dort keine angemessene Resonanz findet, was auch und gerade die Akzeptanz für die spezifischen Strukturen der Kultur und Gesellschaft Japans einschließt. In Japan wächst angesichts der bisherigen ökonomischen Erfolge das Selbstbewußtsein; man will nicht mehr nur dann von Europa und den USA zur Kooperation zugelassen werden, wenn entweder die japanische Wirtschaft dafür in Form von Investitionen und Importen bezahlt oder sich aber die japanische Gesellschaft völlig verwestlicht. Die Chance für einen gleichberechtigten Dialog, vielleicht sogar für eine langfristige strategische Allianz zwischen Europa und Japan zu nutzen, gehört zu den wirklich großen Herausforderungen des 21. Jahrhunderts.

Wenn nämlich die Überlegungen von Huntington zutreffen, daß sich nach dem Zusammenbruch der bipolaren Welt des Kalten Krieges nun eine multipolare Welt entwickelt, in welcher über Zusammenarbeit oder Konfrontation eher nach kulturellen Kriterien entschieden wird, kommt Japan – als einer solitären Kultur – eine wichtige Rolle in der weltpolitischen Balance zu, denn Japan ist so ohne weiteres weder dem westlichen noch dem asiatischen Kulturkreis zugeordnet. Die Suche nach einer Antwort auf die Frage, was Japan eigentlich *ist* (oder als was es sich zumindest *fühlt*), hat in der japanischen Gesellschaft selbst längst begonnen. Wie immer die Antworten eines Tages auch aussehen werden: Die Definition der eigenen Interessen, die Wahl der politischen und ökonomischen Instrumente zu ihrer Durchsetzung und damit letztlich auch die weltpolitische Rolle Japans werden deutlich anders aussehen als in den vergangenen Jahren, in denen sich das Land mehr oder minder stillschweigend in das Umfeld der westlichen Allianz eingeordnet hat.

Bei denjenigen, die in Ostasien politische und wirtschaftliche Verantwortung tragen, scheint jedenfalls jetzt schon ausgemacht, daß Japan über die nächste Jahre in dem Maße eine größere militärische Rolle einnehmen wird, wie diejenige der USA abnimmt, und auf diese Weise auch eine Balance zu den chinesischen Bestrebungen der regionalen Hegemonie bilden kann. Darüber jedoch, für welche *Ziele* Japan seine wachsende politische, ökonomische und militärische Macht nicht nur in Asien einsetzen wird, gibt es in der japanischen Gesellschaft zwar schon Debatten, aber noch keinen umfassenden Konsens. Mit Japan jetzt den Dialog darüber zu beginnen, welche dieser Ziele kongruent zu denjenigen in Europa oder wenigstens in Deutschland sein könnten, welche Formen der Kooperation oder sogar der Allianz daraus entstehen sollten, würde die – einmalige – Chance bieten, einen der kompetentesten Partner in der sich entwickelnden multipolaren Welt zu finden, nicht um den Rest der Welt zu dominieren, sondern um gemeinsam an der Lösung gemeinsamer Probleme zu arbeiten. Angesichts der zu bewältigenden Herausforderungen können auch wir in Deutschland es uns bei allem Vertrauen auf die eigene Leistungsfähigkeit nicht leisten, auf die technologische, ökonomische, aber auch soziale Kompetenz der japanischen Gesellschaft zu verzichten.

So trivial es auch klingen mag: Diese Chancen zu nutzen, bleibt nicht mehr viel Zeit. Denn die japanische Gesellschaft, auch wenn sie sich nicht immer dazu bekennen mag, befindet sich in einer Phase des Überganges, die zur Zeit noch eher geprägt ist durch Zweifel und Zögern, die man aber angesichts historisch erwiesener Anpassungsfähigkeit selbst an größte Herausforderungen auch durchaus als den Beginn einer Reorganisation und eines erneuten, langfristig wirksamen Aufschwungs werten kann. Voraussetzung dafür ist allerdings, daß die japanische Gesellschaft – darin den westlichen gar nicht so unähnlich – eine neue Vision entwickelt, nachdem der Glaube an eine grenzenlos wachsende Wirtschaft zu Beginn der 90er Jahre mit dem Zusammenbruch der *bubble economy* endgültig enttäuscht worden ist. Japan hat während des vergangenen Jahrzehnts die Grenzen seines Systems kennengelernt, was aber nicht nur eine deprimierende Erfahrung sein muß, wenn es gelingt, daraus die notwendigen Konsequenzen zu ziehen. Der japanischen Gesellschaft jedoch vorzuwerfen, sie habe eine solche neue Vision noch nicht entwickeln, geschweige denn erfolgreich umsetzen können, wäre aus westlicher Sicht mehr als anmaßend, haben doch auch wir bislang kaum eine konsistente Strategie angesichts der Vielzahl miteinander verbundener Probleme und Herausforderungen in Wirtschaft und Gesellschaft anbieten können. Die geringer werdende Akzeptanz der Politik in der Gesellschaft, die sich nicht zuletzt in einer niedrigen Wahlbeteiligung widerspiegelt, ist kein spezifisches Phänomen der japanischen Gesellschaft – auch in den USA und in Europa nimmt die Bereitschaft zur politischen Partizipation über Wahlen, Parteien und Verbände ab.

Es scheint, als sei es ein generelles Problem entwickelter und wohlhabender Gesellschaften, sich angesichts des erreichten Niveaus an ökonomischer und sozialer Leistungskraft neu zu motivieren und dafür auch gemeinsame Ziele zu akzeptieren. Die Debatten in Deutschland sowohl im Rahmen der Einigung als auch um die Wettbewerbsfähigkeit des Standortes zeigen sehr deutlich, wie wichtig solche im breiten gesellschaftlichen Konsens entstandenen Ziele und Visionen wären, wenn man eine grundlegende Reorganisation der Strukturen für erforderlich hält und ihre schnelle Umsetzung anstrebt. Der ernsthafte Dialog mit Japan kann helfen, auf beiden Seiten neuartige Optionen und Varianten in der gesellschaftlichen Entwicklung zu identifizieren, die an anderer Stelle schon einmal mit Erfolg angewendet wurden. Dadurch wird weder die japanische Gesellschaft unbedingt westlicher noch die deutsche japanisiert. Eine umfassende, homogene Weltkultur kommt auf diese Weise erst recht nicht zustande, aber das Spektrum der Wahlmöglichkeiten erweitert sich, was in Zeiten einer offenkundigen Armut an Ideen und Konzepten schon nützlich und hilfreich genug wäre.

Literatur

Benedict, Ruth: *The Chrysanthemum and the Sword. Patterns of Japanese Culture*, 49. Aufl., Vermont – Tokyo 1994

Bloch, Marc u. a.: *Schrift und Materie der Geschichte. Vorschläge zur systematischen Aneignung historischer Prozesse*, Frankfurt/M. 1977

Casti, John L.: *Szenarien der Zukunft. Was Wissenschaftler über die Zukunft wissen können*, Stuttgart 1992

Coulmas, Florian: »Die neue Vielfalt. Japans allmählicher Abschied von der homogenen Gesellschaft«, in: *Neue Zürcher Zeitung*, 29./30. Juni 1996

DiNola, Alfonso: *Der Teufel. Wesen, Wirkung, Geschichte*, 2. Aufl., München 1994

Doi, Takeo: *Amae: Freiheit in Geborgenheit. Zur Struktur japanischer Psyche*, Frankfurt/M. 1982

Dore, Ronald: »Japan in the coming century: Looking East or West?«, in: *Asia-Pacific Review*, Vol. 3 (1996), No. 1

Economist Intelligence Unit: *Country Profile: Japan 1995 – 96*, London 1995

Eliade, Mircea: *Geschichte der religiösen Ideen*, Bd. 3/2: *Vom Zeitalter der Entdeckungen bis zur Gegenwart*, 2. Aufl., Freiburg – Basel – Wien 1994

Elias, Norbert: *Über den Prozeß der Zivilisation. Soziogenetische und psychogenetische Untersuchungen*, 2 Bde., Frankfurt/M. 1976

Elias, Norbert: *Über die Zeit*, Frankfurt/M. 1988

Foljanty-Jost, Gesine: »Informelles Verwaltungshandeln: Schlüssel effizienter Implementation oder Politik ohne Politiker?«, in: Menzel, U.: *Im Schatten des Siegers: Japan*, Bd. 3: *Ökonomie und Politik*, Frankfurt/M. 1989

Fuhrmann, Horst: *Überall ist Mittelalter. Von der Gegenwart einer vergangenen Zeit*, München 1996

Fukukawa, Shinji: *Global Human Resource Management – Mega-Transformations of Business Environment and the Reform of Japanese Style Management*, Tokyo 1995

Fukuyama, Francis: *Konfuzius und Marktwirtschaft. Der Konflikt der Kulturen*, München 1995

Giddens, Anthony: *Die Konsequenzen der Moderne*, Frankfurt/M. 1995

Glasenapp, Helmuth von: *Die nichtchristlichen Religionen*, Frankfurt/M. – Hamburg 1957
Gurjewitsch, Aaron J.: *Das Weltbild des mittelalterlichen Menschen*, 3. Aufl., München 1986

Habermas, Jürgen: *Die Neue Unübersichtlichkeit*, Frankfurt/M. 1985
Hall, John Whitney: *Das japanische Kaiserreich*, Frankfurt/M. 1968
Hartmann, Jürgen: *Politik in Japan. Das Innenleben einer Weltmacht*, Frankfurt/M. – New York 1992
Hauser, Arnold: *Sozialgeschichte der Kunst und Literatur*, München 1983
Herzog, Peter J.: »Minorities«, in: Megarry, T. (Hg.): *The Making of Modern Japan. A Reader*, Dartford 1995
Hobsbawm, Eric J.: *Die Banditen*, Frankfurt/M. 1972
Hobsbawm, Eric J.: *Nationen und Nationalismus. Mythos und Realität seit 1780*, 2.Aufl., Frankfurt/M. – New York 1992
Huizinga, Johan: *Herbst des Mittelalters. Studien über Lebens- und Geistesformen des 14. und 15. Jahrhunderts in Frankreich und den Niederlanden*, 11. Aufl., Stuttgart 1975
Huntington, Samuel P.: *Kampf der Kulturen. Die Neugestaltung der Weltpolitik im 21. Jahrhundert*, München – Wien 1996

Immoos, Thomas: »Archetypen religiöser Erfahrung im Shintôfest«, in: Waldenfels, H. / Immoos, T. (Hg.): *Fernöstliche Weisheit und christlicher Glaube*, Mainz 1985
Ishihara, Shintaro: *The Japan That Can Say No. Why Japan Will Be First Among Equals*, New York 1991

Jonas, Hans: *Das Prinzip Verantwortung. Versuch einer Ethik für die technologische Zivilisation*, Frankfurt/M. 1984

Kamper, Dietmar / van Reijen, Willem (Hg.): *Die unvollendete Vernunft: Moderne versus Postmoderne*, Frankfurt/M. 1987
Kantorowicz, Ernst H.: *Die zwei Körper der Königs. Eine Studie zur politischen Theologie des Mittelalters*, 2. Aufl., München 1994
Kaplan, David E. / Marshall, Andrew: *The Cult at the End of the World. The Incredible Story of Aum*, London 1996
Kennedy, Paul: *Aufstieg und Fall der großen Mächte. Ökonomischer Wandel und militärischer Konflikt 1500 bis 2000*, Frankfurt/M. 1992
Kennedy, Paul: *In Vorbereitung auf das 21. Jahrhundert*, Frankfurt/M. 1993
Koestler, Arthur: *The Lotus and the Robot*, London 1960

Landes, David S.: »Japan and Europe: Contrasts in Industrialization«, in: Megarry, T. (Hg.): *The Making of Modern Japan. A Reader*, Dartford 1995
Lützeler, Ralph: *Die japanische Familie der Gegenwart – Wandel und Beharrung aus demographischer Sicht, Duisburger Arbeitspapiere Ostasienwirtschaft* No. 7/1996
Luhmann, Niklas: *Soziale Systeme. Grundriß einer allgemeinen Theorie*, Frankfurt/M. 1987

Megarry, Tim (Hg.): *The Making of Modern Japan. A Reader*, Dartford 1995
Menzel, Ulrich (Hg.): *Im Schatten des Siegers: Japan*, 3 Bde., Frankfurt/M. 1989
Minc, Alain: *Das Neue Mittelalter*, Hamburg 1994

Naisbitt, John: *Megatrends Asien. Acht Megatrends, die unsere Welt verändern*, Wien 1995

Nakane, Chie: »Die japanische Sozialstruktur. Theorie einer unilateralen Gesellschaft«, in: Menzel, U. (Hg.): *Im Schatten des Siegers: Japan*, Bd. 1: *Kultur und Gesellschaft*, Frankfurt/M. 1989

Naumann, Nelly: *Die Mythen des alten Japan*, München 1996

Nelson, Benjamin: *Der Ursprung der Moderne. Vergleichende Studien zum Zivilisationsprozeß*, Frankfurt/M. 1986

Nipperdey, Thomas: *Deutsche Geschichte 1800 – 1866. Bürgerwelt und starker Staat*, 5. Aufl., München 1991

Nobuyuki, Kaji: »Die konfuzianischen Wurzeln japanischer Religiosität«, in: *Japan Echo*, Nr. 4/1995

Plessner, Helmuth: *Die verspätete Nation. Über die politische Verführbarkeit bürgerlichen Geistes*, 3. Aufl., Frankfurt/M. 1988

Pohl, Manfred: »Japans Rolle in Ostasien: Großmacht wider Willen?«, in: *Aus Politik und Zeitgeschichte*, B 50/94

Reading, Brian: *Japan. The Coming Collapse*, London 1993

Rufin, Jean-Christophe: *Das Reich und die Neuen Barbaren*, Berlin 1993

Saage, Richard: *Politische Utopien der Neuzeit*, Darmstadt 1991

Sachs, Hannelore u.a.: *Christliche Ikonographie in Stichworten*, 5. Aufl., München – Berlin 1994

Sakaiya, Taichi: *Chika Kakumei. Die Geschichte der Zukunft*, Düsseldorf 1994

Sakaiya, Taichi: *What is Japan? Contradictions and Transformations*, New York 1995

Sato, Seizaburo: »Three Major Twentieth Century Trends and Japan's Future Role«, in: *Asia-Pacific Review*, Vol. 3 (1996), No. 1

Schoettli, Urs: »Schattenreiche. Ethnische Vorurteile und Rassismen in Asien«, in: *Neue Zürcher Zeitung*, 29./30. Juni 1996

Schulze, Hagen: *Staat und Nation in der europäischen Geschichte*, 2. Aufl., München 1995

Schumpeter, Joseph A.: *Kapitalismus, Sozialismus und Demokratie*, 5. Aufl., München 1980

Simmel, Georg: *Philosophie des Geldes*, 2. Aufl., Frankfurt/M. 1991

Simmel, Georg: *Soziologie. Untersuchungen über die Formen der Vergesellschaftung*, Frankfurt/M. 1992

Sombart, Werner: *Der moderne Kapitalismus*, Band I: *Die vorkapitalistische Wirtschaft*, München 1987

Spiegelberg, Frederic: *Die lebenden Weltreligionen*, Frankfurt/M. 1986

Toynbee, Arnold J.: *Der Gang der Weltgeschichte*, Bd. 2: *Kulturen im Übergang*, 2. Aufl., München 1979

Tsuji, Kiyoaki: »Entscheidungsfindung in der japanischen Regierung: Eine Studie des ringisei«, in: Menzel, U. (Hg.): *Im Schatten des Siegers: Japan*, Bd. 2: *Staat und Gesellschaft*, Frankfurt/M. 1989

Vondung, Klaus: *Die Apokalypse in Deutschland*, München 1988

Waldenfels, Hans / Immoos, Thomas (Hg.): *Fernöstliche Weisheit und christlicher Glaube*, Mainz 1985

Weggel, Oskar: *Die Asiaten. Gesellschaftsordnungen, Wirtschaftssysteme, Denkformen, Glaubensweisen, Alltagsleben, Verhaltensstile*, München 1994

Wehler, Hans-Ulrich: *Deutsche Gesellschaftsgeschichte*, 2. Band: *Von der Reformära bis zur industriellen und politischen ›Doppelrevolution‹ 1815 – 1848/49*, München 1987

Williams, David: *Japan: Beyond the End of History*, London – New York 1994

Willke, Helmut: *Ironie des Staates. Grundlinien einer Staatstheorie polyzentrischer Gesellschaft*, Frankfurt/M. 1992

Wood, Christopher: *The Bubble Economy. The Japanese Economic Collapse*, London 1992